Kummer · Ausländerkriminalität

Jochen Kummer

Ausländer-kriminalität

Legenden und Fakten
zu einem Tabu

Ullstein

Ullstein Report
Ullstein Buch Nr. 36620
im Verlag Ullstein GmbH,
Frankfurt/M – Berlin

Originalausgabe

© 1993 by Verlag Ullstein GmbH,
Frankfurt/M – Berlin
Umschlagentwurf:
Hansbernd Lindemann
Herstellung:
Ditmar Bernhardt
Gesamtherstellung:
Ebner Ulm
Printed in Germany
ISBN 3 548 36620 1

Gedruckt auf Papier
mit chlorfrei
gebleichtem Zellstoff

Meinen ausländischen Freunden

Wladimir Steschenko

Vo Bac Hue

Schawki Helmi Zaki

Simeon Lucas Shitai

Rudolf Rajewsky

Eva Bednarikova

Inhalt

Vorwort

In einer Zeit, in der sich rechtsextremistisch motivierte Anschläge auf Ausländer häufen, in der rechte und rechtsextreme Parteien versuchen, Stimmungen gegen Ausländer
auszunutzen, darf man da überhaupt über ein Thema wie die
»Ausländerkriminalität« schreiben? Besteht nicht die Gefahr, daß allein die Thematisierung dieses Komplexes Emotionen schürt?

Diese Fragen sind berechtigt, doch bleiben die Alternati-
ven unklar. Denn das Ignorieren eines Themas, das nicht nur
erhebliche Ängste in der Bevölkerung auslöst, sondern dem
auch – wie in diesem Buch zu zeigen sein wird – zunehmend
objektive Beurteilung beikommt, kann nicht der richtige
Weg sein. Wer nicht über Ausländerkriminalität spricht,
überläßt dieses Thema den rechten Extremisten, die sich nur
darüber freuen, wenn Demokraten sich nicht damit beschäf-
tigen.

Die Diskussion um das Thema Asyl sollte in dieser Hinsicht für uns eine Lehre sein. Viele Jahre weigerten sich die
Politiker, das Asylthema überhaupt als Problem anzuerkennen. Verdrängte Probleme lösen sich aber nicht von selbst,
sondern entwickeln eine Eigendynamik, die schließlich nicht
mehr zu kontrollieren ist. Die Verharmlosung und Ignorie-
rung dieses Problems hat keineswegs zu seiner Lösung beigetragen, sondern es sogar noch verschärft.

Eine ähnliche Entwicklung ist im Hinblick auf die Ausländerkriminalität zu befürchten. Es hilft nichts, durch statistische Manipulation das Problem zu verharmlosen oder gar
seine Existenz zu leugnen. Wer beispielsweise meint, das
Problem könne gelindert werden, wenn man den Statistikern

und der Presse verbietet, auf die Nationalität von Straftätern hinzuweisen, betreibt eine Vogel-Strauß-Politik.

In unserer angeblich tabufreien Gesellschaft gibt es zunehmend Tabus, die gerade von jenen aufgerichtet werden, die sich sonst gerne als Tabubrecher gerieren. Ein solches Tabu ist der hohe Anteil von Ausländern an Straftaten.

Nach dem Motto, daß »nicht sein kann, was nicht sein darf«, versucht man mit höchst fragwürdigen statistischen Operationen die Zahlen »herunterzurechnen«, bis das Ergebnis mit den ideologischen Vorgaben übereinstimmt. Die Motive sind sicher in vielen Fällen ehrbar: Man möchte die Ausländer in Schutz nehmen vor ungerechtfertigten Vorwürfen und einen Beitrag gegen die Ausländerfeindlichkeit leisten.

Vergessen wir dabei, daß die Opfer der Ausländerkriminalität in vielen Fällen selbst Ausländer sind. Der Verfasser will die Gefahr nicht leugnen, daß zunehmend ausländerfeindliche Stimmungen in Deutschland entstehen. Dem kann aber nicht mit einem Verschweigen von Fakten und einer Beschönigung von Problemen entgegengewirkt werden. Das Zusammenleben zwischen Deutschen und Ausländern wird durch solche Tabus nicht erleichtert, sondern erschwert.

Es besteht die Gefahr, daß differenzierte Einschätzungen in einer sich zunehmend polarisierenden und emotionalisierenden Debatte zurückgedrängt werden: Die einen denunzieren Ausländer generell als »kriminell« und sind nicht bereit, auch die Bereicherungen anzuerkennen, die die Ausländer für unser Land bedeuten. Die anderen idealisieren die »multikulturelle Gesellschaft« und sind nicht bereit, die Gefährdungen und Problemlagen zu sehen.

Die steigende Kriminalität wird ohnehin – objektiv, wie im

Bewußtsein vieler Bürger – zum Problem Nr. 1 in Deutschland. Wenn sich dieses Problem mit dem der Zuwanderung, des Asyls und des Zusammenlebens zwischen Deutschen und Ausländern verbindet, dann entsteht ein explosives Gemisch, dessen Brisanz offenbar von vielen Politikern noch gar nicht erkannt wurde.

Der Mehrheit der gesetzestreuen und friedlichen Ausländer in Deutschland ist nicht mit der Tabuisierung des Problems gedient. Diese Mehrheit muß vor undifferenzierten Vorwürfen und Vorteilen geschützt werden, Kollektiv(vor)urteilen gilt es entgegenzuwirken.

Der Verfasser hat sich als Redakteur der Wochenzeitung *Welt am Sonntag* seit mehreren Jahren mit den Problemen der Ausländerkriminalität befaßt. Die Datenlage ist oft dürftig, und zahlreiche Recherchen waren nötig, um die in diesem Buch vorgestellten Fakten zusammenzutragen. Ein nicht unerheblicher Teil des Buches besteht aus der Präsentation von Zahlen und Fakten. Dabei dürfen die menschlichen Schicksale, die sich hinter diesen Zahlen verbergen, nicht vergessen werden. Und vergessen werden dürfen vor allem nicht die Opfer, für deren Schicksal und Leiden man oft leider weniger Interesse hat als für die Problemlagen der Täter.

Über Ausländer, die Opfer von deutschen Straftätern und Rechtsextremisten werden, wird täglich viel geschrieben – zu Recht. Dabei darf aber nicht in Vergessenheit geraten, daß Deutsche und Ausländer in diesem Land täglich Opfer von ausländischen Straftätern sind, und dies in zunehmendem Maße. Über Gewalt gegen Ausländer gibt es eine breite Literatur, und das ist gut so. Aber zu einem vollständigen Bild gehört auch die Gewalt, die von kriminellen Ausländern ausgeht. So wie die Gewalt gegen Ausländer nicht durch den Hinweis auf eine hohe Ausländerkriminalität verharmlost werden darf, so darf umgekehrt die Ausländerkriminalität nicht deshalb tabuisiert werden, weil es rechtsextreme Gewalt gegen Ausländer gibt.

J. K. Hamburg, Oktober 1993

1

Die Explosion der Ausländerkriminalität

»1992 besaß fast jeder dritte (30,0 v. H.) von der Polizei ermittelte Tatverdächtige nicht die deutsche Staatsangehörigkeit.«[1]

Der Satz ist regierungsamtlich. Mit ihm leitete die Bundesregierung im Bulletin Nr. 40 vom 18. Mai 1993 auf Seite
362 das Kapitel »Nichtdeutsche« – also Ausländer und Staatenlose – der Polizeilichen Kriminalstatistik für das Jahr
1992 ein.

Der Satz ist ein Wagnis. Denn drei schlimme Ereignisse
haben die Diskussion um Ausländer mit Polemik und Hyste-
rie überlagert:

Das erste Ereignis: Am 22. August 1992 kam es im Rostocker Stadtteil Lichtenhagen zu Feueranschlägen gewalttä-
tiger Gruppen gegen Asylbewerber.

Das zweite Ereignis: Am 23. November 1992 fielen in
Mölln drei Türken einem Brandanschlag zum Opfer.

Das dritte Ereignis: Am 29. Mai 1993 starben in Solingen
fünf Türken nach einem Feuerattentat in Flammen und
Rauch.

Dennoch wagte drei Wochen nach Solingen, dem bisher
schwersten ausländerfeindlichen Verbrechen in der Bundesrepublik Deutschland, der damalige CDU-Innenminister
Rudolf Seiters am 23. Juni 1993 öffentlich eine weitere bri-
sante Aussage zu machen: »Die Ausländerkriminalität ist ein
ernstzunehmendes Problem für die innere Sicherheit.«[2]

Die Folge des Anschlages von Solingen waren vor allem
»Betroffenheit« und landesweites Werben um »Ausländer-

freundlichkeit« auf Seiten der Deutschen und Gefühle der Angst, aber auch des Zornes auf Seiten der Türken. Vor allem junge Türken suchten Rache für das Feuerattentat mit Anschlägen auf deutsche Banken und Geschäfte, mit Autobahnblockaden im Raum Rhein-Ruhr und Schlägereien in zahlreichen Städten Deutschlands.

In dieser Phase erhob der stellvertretende CDU/CSU-Bundestagsfraktionsvorsitzende Heiner Geißler einen ungeheuerlichen Vorwurf. »Radikale Führer reiben sich schon die Hände, jetzt, nachdem es zu gewalttätigen Ausschreitungen von Türken gekommen ist. Das paßt ins Klischee, an dem ja auch die amtlichen Kriminalstatistiken basteln: Ausländer sind krimineller als Deutsche. Diese statistischen Lügen, denen die eingeleiteten Ermittlungsverfahren und nicht die wirklichen Strafurteile zugrunde liegen, gehören zu den Hauptursachen für die Übergriffe und Mordanschläge gegen die Ausländer«, schrieb er Anfang Juni 1993 in einem Illustrierten-Kommentar.[3]

Die Hahnwald-Bande vom Balkan

Wenn in diesem Buch von Ausländerkriminalität die Rede ist, soll weder der unbescholtene Pizzabäcker an der Ecke noch der rechtschaffene Mechaniker aus der Türkei in einer deutschen Autofabrik, die friedlich mit uns leben, beschuldigt werden. An einem ersten exemplarischen Fall soll aber aufgezeigt werden, wie ausländische Kriminelle die Bürger einer ganzen Stadt in Angst versetzen können. Dieser Fall trat in Köln ein. Er veranschaulicht, wie die ungewöhnliche Brutalität der Tatausführung das Sicherheitsgefühl der Bewohner im Kölner Stadtteil Hahnwald verändert hat. Er zeigt gleichzeitig eine Wende zum Selbstschutz an: Weil bei den Bürgern das Gefühl übermächtig wird, daß weder Polizei, Justiz noch Politiker ihr Leib und Gut zu schützen in der Lage sind, haben Bewohner von Hahnwald einen in Deutschland einmaligen eigenen Weg zum Schutz vor solchen Verbrechern eingeschlagen. Was den Hahnwaldern angetan wurde, kann jedem in Deutschland passieren. Etwa jede Minute wird Tag für Tag in Deutschland eingebrochen, werden Geschäfte oder Wohnungen ausgeräumt: fast 1400 täglich.[4]

Der Kölner Stadtteil Hahnwald gilt als eine erste Adresse. Auch der ehemalige FDP-Bundesinnenminister Gerhart Baum und der einstige SPD-Kanzleramtsminister Hans-Jürgen Wischnewski wählten das Villenviertel für ihr privates Domizil. Solange Baum und Wischnewski als gefährdet geltende Persönlichkeiten unter staatlichem Personenschutz standen, war in Hahnwald Polizeipräsenz garantiert. Das Viertel galt als sichere Gegend – auch für die normalen, nicht unter Personen- und Objektschutz stehenden 1500 Bewohner.

Das änderte sich, als die beiden Minister Amt und schließlich Polizeischutz verloren. Mit einem Mal, seit etwa Oktober 1991, fühlten sich Kriminelle ermutigt und angelockt. An manchen Wochenenden wurden bis zu sieben Häuser von Einbrechern heimgesucht. Innerhalb weniger Wochen wurden rund vierzig versuchte und gelungene Einbrüche gezählt. Einbrechern gelang es, selbst die raffiniertesten Alarmanlagen und teuersten Sicherungen zu überlisten. Hahnwalder und Polizisten sprachen von einem »Phantom«, das die aufwendigste Technik ausschaltete.

Im August 1992 steigerte sich die Serie, was Häufigkeit und Grausamkeit betraf. Sie verbreitete Schrecken in und um

Köln. Die Ausführung aller Taten war gekennzeichnet durch Sadismus und Skrupellosigkeit.

In der Nacht des 21. August wurden in Hahnwald der Sohn eines Hauseigentümers und seine Verlobte im Schlaf von vier Einbrechern überrascht. Der junge Mann wurde unter Todesdrohungen und Schlägen mit vorgehaltener Pistole gezwungen, die Täter zum Tresor zu führen. Doch er kannte die Zahlenkombination nicht. Die Einbrecher brachen den Tresor aus der Wand. Bevor sie ihn abtransportierten, vergewaltigten alle vier nacheinander die Frau; ihr Verlobter mußte zusehen. Dann verschwanden die Einbrecher.

Am 4. September 1992 überfielen fünf Einbrecher nachts im Kölner Vorort Merheim ein Ehepaar in seinem Schlafzimmer. Sie zwangen es mit Schlägen, einen Wertkoffer zu öffnen, und stahlen Schmuck für 50 000 Mark und 4000 Mark Bargeld. Der Ehemann war kurz zuvor am Rücken operiert worden; er machte die Einbrecher darauf aufmerksam. Sein Bitten um Schonung blieb ungehört. Er mußte sich auf den Bauch legen, und die Einbrecher trampelten gnadenlos auf dem Rücken herum.

Fünf Tage danach, am 9. September 1992, wurde in Merzenich (Kreis Düren) ein Rentnerehepaar nachts von Einbrechern aus dem Schlaf gerissen. Ein Täter stach dem Ehemann mit einem Messer in den Arm; seine Komplizen forderten »Scheine! Tausender!« Dem Paar wurden die Eheringe von den Fingern gezogen. Ihre Körper wurden mit einer Flüssigkeit übergossen und gedroht, sie zu verbrennen. Das betagte Paar geriet in Todesangst. Dann suchten die Täter das Weite.

Drei Tage später, am 12. September 1992, wurden in Rösrath-Forsbach ein Kommunalpolitiker und seine Ehefrau ebenfalls im Schlaf überfallen. Der Ehemann wurde mit einer Pistole geschlagen und seine Frau vor seinen Augen von zwei Männern vergewaltigt. Die Einbrecher entkamen mit Schmuck im Wert von 85 000 Mark und Bargeld.

Sieben Tage später, am 19. September 1992, umringten nachts mehrere Männer in Frechen bei Köln an einer Ampel einen Volkswagen, in dem ein jugendlicher Fahrer am Steuer saß. Sie drangen in das Auto ein und verlangten Geld. Als der Fahrer sagte »Habe kein Geld!«, wurde er gezwungen, die Einbrecher zu seinem Elternhaus zu lotsen. Dort brannte noch Licht; die Täter bliesen ihren Raubüberfall ab und ließen den Jugendlichen später frei.

Nach diesem fünften Überfall der Serie in und um Köln wurden sechs Tatverdächtige gefaßt: Alle sechs stammten vom Balkan. Einer von ihnen, der »Fahrer«, legte ein Geständnis ab. Im Mai 1993 begann vor der 2. Großen Strafkammer des Landgerichts Köln der Prozeß gegen die sechs Beschuldigten: Sami Musaj, geb. 1959 in Streoc (Kosovo); Xheladin Musaj, geb. 1967 in Streoc (Kosovo); Shenasi E., geb. 1972 in Suhodoll; Adem S., geb. 1953 in Ljubusa; Reshat E., geb. 1968 in Suhodoll; Ilir Sadrijaj, geb. 1965 in Lebushe.

In einer spektakulären Aktion wurden drei der sechs Angeklagten am 6. Juli 1993 gegen 11.30 Uhr mit Waffengewalt aus dem Saal 112 des Kölner Landgerichts befreit. Befreier war der zwanzigjährige Mehmet Sadrijaj, Bruder des Mitangeklagten Ilir Sadrijaj. Er hatte als Prozeßzuschauer eine großkalibrige Waffe in den Gerichtssaal geschmuggelt. Die Kommandos wurden in der Muttersprache zugerufen, die niemand sonst verstand.

Bis zuletzt hatte der Rechtsstaat diesen ausländischen Angeklagten alle ihnen, wie jedem deutschen Bürger, zustehenden Rechte gewährt – penibel bis zum Datenschutz und zum

Schutz der Allgemeinen Persönlichkeitsrechte. So gaben Polizei und Justiz die vollständigen Namen der Albaner erst preis, als die Flüchtigen zur Fahndung ausgeschrieben wurden. Die Befreiung der drei albanischen Staatsangehörigen war möglich, weil auf jedwede Sicherheitsvorkehrung im Kölner Landgericht für diesen Prozeß verzichtet worden war. Es gab keine strenge Bewachung und keine ständigen Kontrollen. Das Entgegenkommen des Richters gegenüber allen Prozeßbeteiligten und sein Vertrauen in die ausländischen Angeklagten wurden von diesen als Schwäche des Staates gewertet. Der Vorsitzende Richter Wolfgang Hansel wollte den Prozeß in einer unbelasteten, sachlich-ruhigen Atmosphäre führen.[5]

Es durften keine bewaffneten Polizisten vor dem Saal stehen, es durften sich keine bewaffneten Kriminalbeamten in Zivil unter die Zuschauer mischen – obgleich es nicht an Warnungen der unbewaffneten Justizwachtmeister gefehlt hatte. Die Wachtmeister waren von den Angeklagten in den Wochen zuvor so massiv bedroht worden, daß sie um eine Versetzung baten. Die Bitte soll »aus Personalnot« von der Justizverwaltung abgelehnt worden sein. Nach dem Skandal der Gefangenenbefreiung setzte der nordrhein-westfälische SPD-Justizminister Rolf Krumsiek für die Ergreifung der vier Flüchtigen pro Person 10 000 Mark Belohnung aus.

Der Fall der Hahnwald-Bande vom Balkan ist symptomatisch dafür, daß die Fürsorge des Staates für die Sicherheit seiner Bürger vernachlässigt wird. 180 der 350 Familien im Stadtteil Köln-Hahnwald schlossen sich 1992 zu einer Interessengemeinschaft zusammen. Jede Familie hat sich verpflichtet, im Monat 100 Mark für einen privaten Sicherheitsdienst zu zahlen. Seit Dezember 1992 bewacht Deutschlands erste Wohnviertel-Privatpolizei den Stadtteil Hahnwald.

Das kostet die Bürger von Hahnwald jährlich zusammengerechnet 216 000 DM.

Die Initiative ist ein Alarmsignal für eine bedenkliche Entwicklung: Bürger sehen sich im Strudel der explodierenden Kriminalität gezwungen, ihre Sicherheit privat zu kaufen. Ein Sprecher der Kölner Polizei kommentierte die Entwicklung: »Wir sind tatsächlich so weit, daß sich nur noch Leute mit Geld Sicherheit leisten können.«[6]

Es läßt sich nicht länger beschönigen: Seit Öffnung der Grenzen 1989 im Osten und Südosten spielen Ausländer in Deutschland eine Schlüsselrolle auf dem Gebiet der Gewaltkriminalität.

Dies ergibt sich aus der jährlichen sogenannten Polizeilichen Kriminalstatistik (PKS) des Bundeskriminalamtes (BKA). Jeder Straftäter wird darin erfaßt, sobald die Anzeige gegen ihn von der Polizei an die Staatsanwaltschaft abgegeben wird. Verkehrs- und Staatsschutzdelikte sind in der Statistik nicht enthalten. Die Kriminalstatistik wird jedes Jahr vor der Veröffentlichung von den Innenministern und Innensenatoren des Bundes und der Länder »zur Kenntnis genommen«. Erst dann wird sie in einem Bulletin des Presse- und Informationsamtes der Bundesregierung veröffentlicht.

Die jüngste Statistik aus dem Jahr 1992 erschien am 18. Mai 1993. Sie zeigte eine eklatante Steigerung der Verbrechen. Zum ersten Mal hat die Zahl der Straftaten die Sechs-Millionen-Marke überschritten: von 5,3 Millionen stieg sie auf 6,29 Millionen. Das BKA errechnete die Steigerungsraten für die alten Bundesländer inklusive Gesamt-Berlin mit 9,6 Prozent.[7] Nicht einmal die Hälfte der Straftaten wurde aufgeklärt: 42,3 Prozent.[8]

Die amtliche Kriminalstatistik dokumentiert auch den Anteil der Ausländerkriminalität an dieser Entwicklung: Insgesamt sind 1 833 069 Tatverdächtige im Jahr 1992 erfaßt worden. Davon waren 550 583 »Nichtdeutsche« – ein Anteil von 30 Prozent. Fast jeder dritte von der Polizei ermittelte Tatverdächtige besaß also nicht die deutsche Staatsbürgerschaft. Eine BKA-Tabelle gibt Aufschluß über den unaufhaltsamen Anstieg der Ausländerkriminalität: 1984 belief sich der Anteil der nichtdeutschen Tatverdächtigen noch auf 16,6 Prozent. Er hat sich in den neun zurückliegenden Jahren prozentual fast verdoppelt. In absoluten Zahlen ist sogar eine annähernde Verdreifachung abzulesen: von 207 612 auf 550 583 ausländische Tatverdächtige.[9] Schon für 1991 erläuterte das BKA die explosionsartige Beschleunigung der Ausländerkriminalität: Die erhebliche Zunahme des Anteils nichtdeutscher Tatverdächtiger seit 1984 sei weitgehend auf die stark angewachsene Zuwanderung aus dem Ausland zurückzuführen.[10]

Besonders hohe Anteile nichtdeutscher Tatverdächtiger werden für 1992 bei folgenden Straftaten(gruppen) aufgeführt:

- Straftaten gegen Ausländer- und Asylverfahrensgesetz: 97,2 Prozent;
- Taschendiebstahl: 74,1 Prozent;
- Glücksspiel: 65,9 Prozent;
- Betäubungsmittel-Anbau, -Herstellung und -Handel als Mitglied einer Bande: 65,8 Prozent;
- Illegale Einfuhr von Kokain (in nicht geringer Menge): 57,1 Prozent;
- Urkundenfälschung: 56,7 Prozent;
- Menschenhandel: 55,6 Prozent;
- Inverkehrbringen von Falschgeld: 54,7 Prozent;
- Vergewaltigung durch Gruppen: 53,4 Prozent.[11]

Das BKA trifft in der Kriminalstatistik unter anderem fünf Feststellungen, die das Problem der Kriminalität von Asylbewerbern unterstreichen:[12]

Der Anteil der Asylbewerber an den nichtdeutschen Tatverdächtigen ist in den alten Bundesländern einschließlich Gesamt-Berlin beträchtlich auf 33,9 Prozent gestiegen; 1984 betrug ihr Anteil nur 7,7 Prozent.

Asylbewerber stellten damit 1992 die größte Teilgruppe unter den nichtdeutschen Tatverdächtigen. Die Anteile der anderen Gruppen waren rückläufig; so ging der Anteil der in Deutschland lebenden ausländischen Arbeitnehmer auf 18,0 Prozent zurück; 1984 betrug er noch 32,6 Prozent.

Bei den Asylbewerbern ist allerdings zu berücksichtigen, daß 30,8 Prozent der Tatverdächtigen gegen das Ausländergesetz und das Asylverfahrensgesetz verstießen. Gegen zwei Fünftel aller tatverdächtigen Asylbewerber wurde wegen ›einfachem‹ Ladendiebstahl ermittelt. Allerdings stellten Asylbewerber auch etwa jeden zehnten Tatverdächtigen (Deutsche eingeschlossen) bei Diebstahl unter erschwerenden Umständen, bei Raub, bei Handel mit und Schmuggel von Heroin, bei Vergewaltigung und bei Mord und Totschlag. Bei Handel mit und Schmuggel von Kokain war jeder sechste Tatverdächtige ein Asylbewerber.

Jeder neunte (11,5 Prozent) nichtdeutsche Tatverdächtige hielt sich illegal in den alten Bundesländern einschließlich Gesamt-Berlin auf (1991: 10,7 Prozent).

In den alten Bundesländern einschließlich Gesamt-Berlin waren 509 305 nichtdeutsche Tatverdächtige aufgeführt; ihr Anteil an allen Tatverdächtigen betrug dort 32,2 Prozent. Das Bulletin führt eine Liste dieser 509 305 nichtdeutschen Tatverdächtigen in den alten Bundesländern einschließlich Gesamt-Berlin nach Nationalitäten auf:

1. Türkei 90 995 Tatverdächtige (= 17,9 Prozent);
2. Jugoslawien 83 270 (= 16,3 Prozent);
3. Rumänien 74 994 (= 14,7 Prozent);
4. Polen 41 444 (8,1 Prozent);
5. Italien 21 733 (= 4,3 Prozent);
6. Sowjetunion 11 554 (= 2,3 Prozent);
7. Tschechoslowakei 10 216 (= 2,0 Prozent);
8. Griechenland 9469 (= 1,9 Prozent);
9. Libanon 9401 (= 1,8 Prozent);
10. Marokko 8022 (= 1,6 Prozent);
11. USA 7393 (= 1,5 Prozent);
12. Iran 6919 (= 1,4 Prozent);
13. Albanien 6686 (= 1,3 Prozent);
14. Nigeria 6471 (= 1,3 Prozent);
15. Algerien 5688 (= 1,1 Prozent);
16. Österreich 5480 (= 1,1 Prozent);
17. Ghana 5316 (= 1,0 Prozent);
18. Großbritannien und Nordirland 5142 (= 1,0 Prozent);
19. Sonstige einschließlich ungeklärte Nationalitäten sowie Staatenlose 85 345 (= 16,8 Prozent).

In der Tabelle sind die Anteile nach Nationalitäten auch für die zurückliegenden Jahre bis 1984 aufgelistet. In all den Jahren lagen stets Tatverdächtige mit türkischer Staatsbürgerschaft an der Spitze, was damit zusammenhängt, daß die Türken in Deutschland die größte Gruppe unter den Ausländern sind. Ihr Anteil an den nichtdeutschen Straftatverdächtigen betrug 1984 29 Prozent und sank erstmals 1992 mit 17,9 Prozent unter die 20-Prozent-Marke. Auf den Plätzen zwei, drei und vier wechselten sich im Lauf der Jahre seit 1984 Tatverdächtige aus dem ehemaligen Ostblock ab: Jugoslawien, Rumänien und Polen.

Die neuen Staaten auf dem Gebiet der früheren Sowjetunion und des früheren Jugoslawiens konnten im Berichtsjahr 1992 noch nicht gesondert berücksichtigt werden. Im
Vergleich zu früheren Jahren sind die Anteile der türkischen,
italienischen, griechischen oder US-amerikanischen Tatverdächtigen stark gesunken, die Anteile der Tatverdächtigen
aus dem früheren Jugoslawien und insbesondere aus Rumänien sind dagegen gestiegen.

Die straftatverdächtigen Ausländer werden immer jünger.
Unter dem Stichwort »Altersstruktur« heißt es:

- Der Ausländeranteil an den tatverdächtigen Kindern (bis
  unter 14 Jahre) lag 1992 in der Bundesrepublik Deutschland bei 26,9 Prozent.[13]
- Der Ausländeranteil an den tatverdächtigen Jugendlichen
  (14 bis unter 18 Jahre) lag bei 28,4 Prozent.[14]
- Der Ausländeranteil an den tatverdächtigen Heranwachsenden (18 bis unter 21 Jahre) lag bei 38,5 Prozent.[15]
- Der Ausländeranteil an den tatverdächtigen Jungerwachsenen (21 bis unter 25 Jahre) lag bei 41,6 Prozent.[16]
- Der Ausländeranteil an den tatverdächtigen Erwachsenen
  (ab 21 Jahre) lag bei 29,3 Prozent.[17]

Die Veränderung der Tatverdächtigenzahlen bei Jungtätern
(Kinder, Jugendliche, Heranwachsende und Jungerwachsene) dürfte vor allem demographische Gründe haben. Auch
der zunehmende Anteil der Nichtdeutschen an der Gesamtzahl, insbesondere der Heranwachsenden und Jungerwachsenen, dürfte vor allem auf demographischen Einflüssen wie
verstärkter Zuwanderung aus dem Ausland beruhen, meint
das BKA.[18]

Das BKA lehnt einen Vergleich der Kriminalität von Ausländern und Deutschen ausdrücklich ab: Ein Vergleich der tatsächlichen Kriminalitätsbelastung der nichtdeutschen Wohnbevölkerung mit der deutschen sei wegen des doppelten Dunkelfeldes in der Polizeilichen Kriminalstatistik und in der Bevölkerungsstatistik, die bestimmte Ausländergruppen wie vor allem Illegale, Touristen und Stationierungsstreitkräfte nicht enthält, nur sehr schwer möglich. Die Kriminalitätsbelastung der Ausländer und der Deutschen sei zudem aufgrund der unterschiedlichen strukturellen Zusammensetzung (Alters-, Geschlechts- und Sozialstruktur) nicht vergleichbar. Zu berücksichtigen sei weiterhin ein beachtlicher Anteil ausländerspezifischer Delikte. So liege der Ausländeranteil bei Vergehen gegen das Ausländergesetz und das Asylverfahrensgesetz »naturgemäß mit 97,2 Prozent sehr hoch«. Jeder vierte nichtdeutsche Tatverdächtige sei wegen Verstoßes gegen das Ausländergesetz oder Asylverfahrensgesetz ermittelt worden.[19]

Trotz dieser Einschränkungen seien jedoch bei einigen Straftatgruppen überproportional hohe Anteile nichtdeutscher Tatverdächtiger erkennbar. Das BKA verweist in diesem Zusammenhang auf den Tatverdächtigenanteil der Ausländer am Taschendiebstahl mit 74,1 Prozent, am Straßenraub (ohne Handtaschenraub) mit 34,7 Prozent oder am illegalen Handel und Schmuggel von Heroin mit 41,0 Prozent.[20]

Die vorsichtige Zurückhaltung des BKA bei Aussagen zum Thema Ausländerkriminalität wird verständlich, wenn man berücksichtigt, daß das Amt in der Bewertung um einen Konsens mit den Innenministerien *aller* Bundesländer bemüht ist und vermeiden will, einer weiteren Zuspitzung der Debatte Vorschub zu leisten. Diese Vorsicht ist auch auf die Arbeit einer Kommission »Polizeiliche Kriminalstatistik«

(PKS) aus Statistik-Fachleuten der Landeskriminalämter aller Bundesländer und des BKA, die sich ein- bis zweimal im Jahr treffen, zurückzuführen.

Wer für die Bewertung der Ausländerkriminalität allein die Polizeiliche Kriminalstatistik ins Feld führt, wird schnell verdächtigt, das Problem undifferenziert, im Zweifelsfall unwissenschaftlich, ja unverantwortlich abzuhandeln. Selbstverständlich hat, wer den Anspruch auf Seriosität erfüllen will, all jene Faktoren zu beachten, welche die Statistik zum Nachteil der Ausländer verzerren könnten.

Der Direktor des Hessischen Landeskriminalamtes in Wiesbaden, Klaus Jürgen Timm, berücksichtigt solche Faktoren und stellt entgegen den Bedenken seiner BKA-Kollegen einen Vergleich der Kriminalität zwischen Ausländern und Deutschen an: »Es bleibt der Fakt, daß Ausländer in der Kriminalität im Vergleich zu den Deutschen ungefähr doppelt so stark belastet sind.« Nach Timms Darstellung ergibt sich diese Quote trotz einer zweifachen statistischen Bereinigung: Auch wenn erstens die Verstöße der Ausländer gegen das Ausländergesetz und gegen das Asylverfahrensgesetz abgezogen werden und zweitens bei den Tatverdächtigen Angehörige der Stationierungsstreitkräfte, Touristen, Durchreisende und illegal Aufhältliche unberücksichtigt gelassen werden, beträgt die sogenannte Kriminalitätsbelastungsziffer (KBZ) – Tatverdächtige bezogen auf 100 000 Einwohner – bei Ausländern gegenüber Deutschen das Doppelte. »Dabei bleibt allerdings eine weitere, jedoch nicht quantifizierbare Minderung der Kriminalitätsbelastungszahlen Nichtdeutscher durch unterschiedliche Alters- und Geschlechtsstruktur im Verhältnis zu Deutschen unberücksichtigt.«[21]

LKA-Direktor Timm listete die Täterkategorien nach Nationalitäten auf. Danach sind Türken immer noch Hauptlieferanten für Heroin; Kokain kommt aus Südamerika; Marokkaner und Libanesen sind Haschlieferanten. Trainierter Taschendiebstahl ist die Domäne der Südeuropäer und Südamerikaner. Es gebe zum Beispiel immer wieder Roma und Sinti, die ihre strafunmündigen Kinder zu Wohnungseinbrüchen mißbrauchten. Jugoslawen werden in ihrer Heimat für Wohnungseinbrüche in Deutschland (Gold, Geld, Schecks als Beute) regelrecht rekrutiert. Kosovo-Albaner und Jugoslawen aus dem Belgrader Raum machen Einbruchsgut zu Kapital, um Rauschgift zu kaufen und damit in das lukrative Rauschgiftgeschäft einzusteigen.[22]

Die neue Kriminalität in Deutschland hat sich zu einer multikulturellen Kriminalität mit einer Fülle unterschiedlicher Nationalitäten entwickelt. Der langjährige Münchner SPD-Oberbürgermeister Georg Kronawitter sagte im Frühjahr 1993 über die Lage seiner Stadt: »Der Ausländeranteil an den Tatverdächtigen ist mit 37 Prozent fast doppelt so hoch wie der Anteil der Ausländer an der Münchner Bevölkerung (etwa 19 Prozent).«[23]

Das Ausmaß der Ausländerkriminalität kann ernsthaft nicht mehr bestritten werden. Immerhin war es Anlaß unter anderem für zwei kriminologische Forschungsgruppen in zwei unterschiedlich regierten Bundesländern, im rot-grün regierten Niedersachsen und im CSU-regierten Bayern, das Phänomen wissenschaftlich zu untersuchen. Sie setzten sich geradezu akribisch mit der kriminellen Belastung von Ausländern und Deutschen auseinander.

Ausländer sind stärker belastet

Eine der richtungweisenden Analysen wurde von der Kriminologischen Forschungsgruppe der Bayerischen Polizei (KFG) unter Dr. Wiebke Steffen vom Bayerischen Staatsministerium des Inneren erstellt.[24] Den bayerischen Forschern kommt das Verdienst zu, eine der gründlichsten und umfangreichsten Untersuchungen zu diesem Thema vorgelegt zu haben. Die Arbeit wurde 1992 Fachkreisen zugänglich gemacht, hat einen Umfang von 310 Seiten und trägt den Titel *Ausländerkriminalität in Bayern. Eine Analyse der von 1983 bis 1990 polizeilich registrierten Kriminalität ausländischer und deutscher Tatverdächtiger.*

Die folgenden Angaben stützen sich auf die Analyse der bayerischen Forschungsgruppe, die im Dokumenten-Anhang abgedruckt ist. Zwei Erkenntnisse fallen auf:

Erstens: Die ausländische Bevölkerung in Bayern ist um das 5,6fache mehr mit Tatverdächtigen belastet als die deutsche, wenn man die Verstöße gegen das Ausländergesetz und gegen das Asylverfahrensgesetz, die nur von Ausländern verletzt werden können, mit berücksichtigt. Werden dagegen nur die Straftaten der »klassischen« Kriminalität – also ohne die Verstöße gegen das Ausländergesetz und das Asylverfahrensgesetz – berücksichtigt, beträgt die Belastung der ausländischen Bevölkerung mit Tatverdächtigen immerhin noch das 2,5fache.[25]

Zweitens: Die Öffnung der osteuropäischen Grenzen hat zu einem grundsätzlichen Wandel der in Bayern registrierten Ausländerkriminalität geführt, der sich auch nach Beendigung der Forschungsarbeit 1991 fortsetzte und von der Forschungsgruppe als Wende weg von der »Gastarbeiterkriminalität« hin zur »Zuwandererkriminalität« beschrieben wird.[26]

29

Das Bayerische Staatsministerium des Inneren hatte 1989 den Auftrag erteilt, Umfang und mögliche Ursachen der in Bayern polizeilich registrierten Kriminalität ausländischer und deutscher Tatverdächtiger zu untersuchen. Anlaß war der hohe und in den letzten Jahren noch höher gewordene Anteil, den ausländische Tatverdächtige an den in Bayern insgesamt registrierten Tatverdächtigen hatten: 1988 25,7 Prozent, 1989 28,6 Prozent, 1990 31,1 Prozent, 1991 32 Prozent. Die Ausländerkriminalität in Bayern wurde auf der Basis der Daten der Polizeilichen Kriminalstatistik (PKS) der Jahre 1983 bis 1990 analysiert.

Durch eine Neuauswertung der PKS-Daten konnten nach Angaben der Forschungsgruppe die wichtigsten der statistisch-methodischen (Verzerrungs-)Faktoren zum Nachteil der Ausländer – ausländerspezifische Deliktstrukturen (Verstöße gegen das Ausländergesetz/Asylverfahrensgesetz), Zugehörigkeit zur Bevölkerung und Aufenthaltsgrund, Wohnort- bzw. Tatortgröße, Alter und Geschlecht – kontrolliert und dadurch für ausländische und deutsche Tatverdächtige vergleichbare Ausgangssituationen geschaffen werden.

Bemerkenswert sind folgende Erkenntnisse: 1990 gehörte mehr als die Hälfte (56,6 Prozent) der 73 990 ausländischen Tatverdächtigen nicht zur ausländischen Bevölkerung Bayerns. Die Zunahme der Registrierungshäufigkeit dieser Tatverdächtigen gegenüber 1983 – um 101,9 Prozent – macht mehr als zwei Drittel der Gesamtzunahme der ausländischen Tatverdächtigen-Zahlen aus.

Fast die Hälfte (47 Prozent) dieser in Bayern melderechtlich nicht erfaßten ausländischen Tatverdächtigen hielt sich in Bayern illegal auf. Das bedeutete gegenüber 1983 eine Zunahme von 96,8 Prozent – nahezu eine Verdoppelung. Ein knappes Viertel (22,7 Prozent) war als Tourist oder sogenannter Durchreisender nach Bayern eingereist. Das bedeutet eine Zunahme gegenüber 1983 von 255 Prozent.

Auch die Registrierungshäufigkeit der zur Bevölkerung Bayerns zählenden ausländischen Tatverdächtigen nahm im Vergleichszeitraum zu: um 52 Prozent. Verantwortlich dafür seien vor allem die Entwicklung bei den tatverdächtigen Asylbewerbern gewesen, deren Anteil zu allen melderechtlich erfaßten ausländischen Tatverdächtigen (nach einer Zunahme ihrer Registrierungshäufigkeit gegenüber 1983 um 465 Prozent) von 6,9 Prozent 1983 auf 25,5 Prozent 1990 gestiegen sei. Die größte Gruppe stellten bei den zur Bevölkerung gehörenden Tatverdächtigen allerdings – mit auch 1990 noch mehr als einem Drittel (37,2 Prozent) – nach wie vor die tatverdächtigen Arbeitnehmer.

1990 kamen 60,6 Prozent der für die Wende in der Ausländerkriminalität in erster Linie verantwortlichen Tatverdächtigen – sogenannte illegal Aufhältliche, Touristen und andere Durchreisende sowie Asylbewerber – aus Staaten Osteuropas, vor allem aus Rumänien, der CSFR und Polen; 1983 lag ihr Anteil nur bei einem Drittel (34,3 Prozent) der ausländischen Tatverdächtigen.

Die Forschungsgruppe verglich die polizeilich registrierte Kriminalität ausländischer und deutscher Tatverdächtigen. Bei nahezu allen in den Vergleich einbezogenen Delikten, bei allen Altersgruppen und Tatortkategorien, bei Männern wie bei Frauen, nehme die Registrierungshäufigkeit ausländischer Tatverdächtiger erheblich stärker zu als die der deutschen Vergleichsgruppen, bei denen die Registrierungshäufigkeit in der Mehrzahl der Fälle sogar zurückgehe.

Die Forschungsgruppe belegt schließlich mit Zahlen und Berechnungen wissenschaftlich ihre These von der höheren

Belastung der ausländischen Bevölkerung mit Tatverdächtigen. Mögen die Berechnungen auf den ersten Blick auch kompliziert erscheinen, so sind sie doch in ihrer mathematischen Logik nachvollziehbar und verständlich: 1990 waren von den 237 950 insgesamt polizeilich registrierten Tatverdächtigen 73 990 oder 31,1 Prozent Ausländer – eine Zunahme gegenüber 1983 um 76 Prozent – und 163 960 oder 68,9 Prozent Deutsche – ein Rückgang gegenüber 1983 um 6,9 Prozent. Bezogen auf 100 000 der jeweiligen Bevölkerung ergibt das für Ausländer eine Belastungszahl von 8647, für Deutsche eine von 1548; die ausländische Bevölkerung ist demnach um das 5,6fache mehr mit Tatverdächtigen belastet als die deutsche.

Werden nur die 29 916 ausländischen und 146 288 deutschen Tatverdächtigen berücksichtigt, die 1990 zur Bevölkerung gehörten, und Straftaten ohne die Verstöße gegen das Ausländergesetz und Asylverfahrensgesetz, dann reduziert sich der Anteil der ausländischen Tatverdächtigen an allen Tatverdächtigen auf 17 Prozent und die Überhöhung der Belastung der ausländischen Bevölkerung mit Tatverdächtigen auf das 2,5fache (3496 : 1381). Die Forschungsgruppe schließt an diese Berechnung die Anmerkung an: »Besonders hohe und noch über ihrem durchschnittlichen Anteil an allen Tatverdächtigen liegende Anteile bzw. über ihrem durchschnittlichen Belastungsunterschied vom 2,5fachen liegende Werte haben die Ausländer bei Delikten der Gewaltkriminalität – beim Raub, bei der Vergewaltigung/sexuellen Nötigung, bei der gefährlichen und schweren Körperverletzung –, aber auch beim Erschleichen von Leistungen und den Diebstahlsdelikten.«

Ob und in welchem Ausmaß diese Belastungsunterschiede geringer würden oder ganz verschwänden, wenn noch weitere (Verzerrungs-)Faktoren kontrolliert werden könnten – so inbesondere die unterschiedliche soziale und ökonomische Situation der ausländischen und deutschen Bevölkerung –, könne, so die Forschungsgruppe, auf der Basis des zur Verfügung stehenden statistischen Materials nicht überprüft werden.

Die bayerischen Kriminologen befassen sich in ihrer Analyse auch mit der Schwere der Kriminalität der zur Bevölkerung Bayerns gehörenden ausländischen Tatverdächtigen. Insgesamt sei deren Kriminalität nicht nur erheblich schwerer als die der nicht zur Bevölkerung gehörenden ausländischen Tatverdächtigen, sondern in ihrer Tendenz auch schwerer als die der deutschen Vergleichsgruppe.

Nicht nach Nationalitäten unterscheiden

Das Landeskriminalamt (LKA) im rot-grün regierten Niedersachsen und das Kriminologische Forschungsinstitut Niedersachsen e. V. (KFN) entschlossen sich Anfang 1992, bei der Analyse der 1991 registrierten Kriminalität zusammenzuarbeiten. Als einer der Gründe gaben sie an, daß die von Ermittlungsbeamten zu den Straftaten und den Tatverdächtigen registrierten Merkmale aus Zeitnot für die Öffentlichkeit nur deskriptiv erfaßt werden. Die Analyse mit dem Titel *Ergänzende Datenanalysen zur Polizeilichen Kriminalstatistik (PKS)* unter Federführung des Direktors des Institutes, Professor Dr. Christian Pfeiffer, wurde mit Schaubildern in einem 13 Seiten umfassenden Papier präsentiert.[27]

In der Datenanalyse fallen folgende Erkenntnisse auf:

Erstens: Ansteigen und Sinken der Zahl ausländischer Tatverdächtiger stehe in direktem Zusammenhang mit der politischen und wirtschaftlichen Stabilität der Herkunftsländer.[28]

Zweitens: Es solle bei dem Vergleich der Kriminalität nicht nach dem Prinzip der Nationalitäten, sondern nach der sozialen Situation der Tatverdächtigen verfahren werden.[29]

Die folgenden Angaben stützen sich auf die Analyse des niedersächsischen Kriminologischen Forschungsinstitutes unter Professor Pfeiffer, die im Wortlaut im Dokumentenanhang abgedruckt ist.

Nach der Polizeilichen Kriminalstatistik habe die Zahl der polizeilich erfaßten Tatverdächtigen 1991 im Vergleich zum Vorjahr in Niedersachsen um 4752 Personen zugenommen. Dies entspreche einem Anstieg um 2,8 Prozent. Eine erste Differenzierung der Tatverdächtigen nach Deutschen und Nichtdeutschen habe erkennen lassen, daß die Zahl der ausländischen Tatverdächtigen im Jahre 1991 sehr stark um 26,3 Prozent (+ 8539 Personen) angewachsen sei. Die Zahl der deutschen Tatverdächtigen habe dagegen um 2,8 Prozent abgenommen (– 3787). Bei dieser pauschalen Betrachtung der Daten zu Deutschen und Nichtdeutschen, so Pfeiffer, werde jedoch außer acht gelassen, daß innerhalb beider Gruppen sehr unterschiedliche Entwicklungen zu registrieren seien. So zeige eine gesonderte Auswertung zur Zahl der tatverdächtigen Ausländer, die als nichtdeutsche Arbeitnehmer ihren Wohnsitz in Niedersachsen haben, daß deren registrierte Kriminalitätsbelastung in den letzten Jahren deutlich abgenommen habe.

Der von Pfeiffer und seinen Mitarbeitern untersuchte Anstieg der nichtdeutschen Tatverdächtigen traf vor allem auf Gruppen der nichtdeutschen Wohnbevölkerung zu, die nicht über ein eigenes Einkommen aus geregelter Arbeit verfügten und nach Pfeiffers Vermutung zum großen Teil erst in den letzten Jahren nach Niedersachsen eingewandert waren. So fiel dem niedersächsischen Kriminologen auf, daß die Zahl der rumänischen Tatverdächtigen 1991 im Vergleich zum Vorjahr von 1280 auf 6057 angestiegen war (+ 373,2 Prozent). Ferner hatte die Zahl der tatverdächtigen Jugoslawen im gleichen Zeitraum von 3156 auf 4579 zugenommen (+ 45,1 Prozent). Hohe Zuwachsraten waren ferner in bezug auf die Bevölkerungsgruppen aus Bulgarien (von 179 auf 665; + 271,5 Prozent) sowie der früheren Sowjetunion (432 zu 824; + 90,7 Prozent) zu verzeichnen. Auf der anderen Seite war die Zahl der polnischen Tatverdächtigen stark rückläufig (Abnahme um 716; – 14,4 Prozent) und dies, wie Pfeiffer von den zuständigen Landeskriminalämtern erfahren hatte, nicht nur in Niedersachsen, sondern auch in Nordrhein-Westfalen und Berlin. Ein ähnliches Bild zeigte sich in bezug auf Tatverdächtige aus dem Libanon (– 577; – 18,2 Prozent). Auffallend waren ferner die sehr niedrigen Zahlen der aus Ungarn stammenden Tatverdächtigen (1990: 101; 1991: 134).

Die Daten ließen erkennen, folgerte Pfeiffer, daß das Ansteigen und Sinken der Zahl ausländischer Tatverdächtiger in direktem Zusammenhang mit der politischen und wirtschaftlichen Stabilität der Herkunftsländer stehe. Die Öffnung der Grenzen nach Osten und der gleichzeitige Zusammenbruch der kommunistischen Staaten sowie die bürgerkriegsähnlichen Verhältnisse in Rumänien und Jugoslawien hätten dazu geführt, daß in den letzten beiden Jahren Hunderttausende von Bürgern dieser Staaten auf der Suche nach persönlicher Sicherheit, Arbeit und Wohnung ihre Heimat verlassen hätten und nach Westen gegangen seien. Es könne nicht verwundern, daß ein im Verhältnis zur Gesamtzahl der Immigranten nach wie vor kleiner Teil von ihnen hier Straf-

taten begehe. Ganz überwiegend lebten sie hier von Sozialhilfe, seien teilweise in Zelten und Containern untergebracht, verstünden zum Teil unsere Sprache nicht und fänden auch bei bereits integrierten Landsleuten nur in begrenztem Umfang Unterstützung. Die meisten dieser Immigranten aus den osteuropäischen Ländern hätten den Status von
Asylbewerbern. Sie dürften sich zwar neuerdings auf dem
Arbeitsmarkt bewerben. Faktisch würden ihnen allerdings
nur höchst selten Stellen angeboten.

Die Tatsache, daß die Zahl der Tatverdächtigen aus Polen
und dem Libanon rückläufig sei und daß sie aus Ungarn weit
hinter den Vergleichsdaten der Nachbarländer zurückbleibe,
sei ein Hinweis darauf, welche Faktoren in den nächsten Jahren das Kriminalitätsgeschehen in der Bundesrepublik beeinflussen werden. Insgesamt stabile oder gar sinkende Kriminalitätszahlen könnten wir wohl nur dann erwarten, wenn es
in den osteuropäischen Ländern schrittweise zu einer sozialen und wirtschaftlichen Stabilisierung komme. Ungarn und
Polen seien in den letzten Jahren Vorläufer bei der Entwicklung demokratischer Strukturen gewesen. Ungarn sei dabei
in besonders starkem Maße von westeuropäischen Staaten
auch wirtschaftlich unterstützt worden. An dem Beispiel
werde deutlich, daß die von der Bundesrepublik und anderen
EG-Staaten für unsere östlichen Nachbarn geleistete Entwicklungshilfe einen positiven Effekt für die Kriminalitätsentwicklung in Deutschland haben könne.

Professor Pfeiffer las in *Bild* die Überschrift: »Immer
mehr Asylanten, immer mehr Verbrechen!« Sein Institut
überprüfte anhand der Daten der Polizeilichen Kriminalstatistik Niedersachsens, was von dieser These zu halten sei.
Unbestreitbar ist nach Pfeiffers Feststellungen, daß mit ansteigender Zahl von Asylbewerbern auch die Zahl der poli-

zeilich registrierten Tatverdächtigen aus dieser Bevölkerungsgruppe und der von diesen begangenen Straftaten zunehme. Bei genauer Betrachtung der Deliktstruktur der zu Asylbewerbern registrierten Straftaten zeige sich allerdings, daß diese ganz überwiegend nur wegen leichter Delikte erfaßt würden. 54,2 Prozent der 1991 als Tatverdächtige erfaßten Asylbewerber seien wegen eines Verstoßes gegen das Asylgesetz bzw. das Ausländergesetz registriert worden. Weitere 35,3 Prozent hätten einen Ladendiebstahl oder einen sonstigen einfachen Diebstahl begangen. Die Quote der registrierten Gewaltkriminalität liege mit 3,9 Prozent deutlich unter den Vergleichswerten für sonstige Ausländer (9 Prozent) oder Deutsche (7,8 Prozent).

Pro tatverdächtigen Asylbewerber, der wegen eines Diebstahldelikts (einschließlich der bei ihnen seltenen schweren Diebstähle wie etwa Wohnungseinbrüche oder PKW-Diebstähle) registriert wurde, hat Pfeiffer eine durchschnittliche Schadenssumme von 544 Mark errechnet. Der Vergleichsbetrag aller anderen ausländischen Tatverdächtigen liege bei 1165 Mark, der der Deutschen bei 1132 Mark. Erheblich größer seien Divergenzen bei den Betrugsdelikten. Einem durchschnittlichen Schaden pro tatverdächtigen Asylbewerber von 615 Mark ständen 2494 Mark bei den sonstigen ausländischen Tatverdächtigen und 6708 Mark bei deutschen Tatverdächtigen gegenüber. Bei den Raubdelikten errechne sich pro tatverdächtigen Asylbewerber ein Durchschnittsschaden von 304 Mark. Der der nichtdeutschen Tatverdächtigen liege mit 1255 Mark um das Vierfache über diesem Betrag. Der durchschnittliche Schaden, den ein deutscher Tatverdächtiger nach Angaben der Opfer verursacht habe, erreiche mit 1448 Mark sogar fast den fünffachen Wert. Fasse man alle drei Deliktgruppen zusammen, so ständen

551 Mark bei den tatverdächtigen Asylbewerbern, 1499 Mark bei den sonstigen nichtdeutschen und 2801 Mark bei den deutschen Tatverdächtigen gegenüber. Die Schadenssumme, die zu deutschen Tatverdächtigen der genannten Deliktgruppe registriert worden sei, liege etwa fünfmal so hoch wie der Vergleichswert der tatverdächtigen Asylbewerber.

Die Gegenüberstellung der Kriminalitätsentwicklung bei relativ wohlhabenden und in die Gesellschaft ganz überwiegend gut integrierten Deutschen und Ausländern einerseits und Immigranten sowie den weniger wohlhabenden Deutschen aus den neuen Bundesländern andererseits zeige, daß die übliche Differenzierung nach der Kriminalität der Deutschen und der Ausländer nicht sehr sinnvoll sei. Statt dessen sollte man unterscheiden nach solchen, die Arbeit, Wohnung und vernünftige Lebensperspektiven haben und anderen, die, aus welchen Gründen auch immer, sozial weniger gut integriert seien.

Steigende Brutalität

Polizisten müssen immer wieder die Erfahrung machen, daß viele Ausländer ein anderes Verhältnis zu Gewalt und Waffen haben als Deutsche. Daß Türken und Marokkaner bei Streitigkeiten ein Messer bei sich tragen könnten, kalkulieren Polizeibeamte vorsichtshalber ein. Wenn Jugoslawen Auseinandersetzungen austragen, machen sich Polizisten zum eigenen Schutz auf Schußwaffen gefaßt. »Wenn früher eine Festnahme erfolgte, genügten zwei Polizeibeamte«, sagt Volker Gehm, beim Bundeskriminalamt in Wiesbaden als Leitender Kriminaldirektor verantwortlich für die Organisierte Kriminalität. Bei einem Jugoslawen brauche man heute zwölf Mann zur Festnahme. Seine Kollegen der Frankfurter Polizei riefen bei solcher Gelegenheit sicherheitshalber ein Sondereinsatzkommando SEK, weil die Polizei nicht wisse, was sie erwarte. Bei Jugoslawen herrsche eine ausgesprochene Neigung zum Widerstand vor; bei einem Norditaliener hingegen brauche man kein SEK.[30]

Die Polizei warnt Opfer und Zeugen von Einbrüchen immer wieder, bei der Verfolgung der Täter den Helden zu spielen. Dabei läßt sich die Polizei von der Erkenntnis leiten, daß die Hemmschwelle mancher Ausländergruppen beim Schußwaffengebrauch bedenklich niedrig ist. »Eine hohe Gewaltbereitschaft ist insbesondere bei den organisierten *Tätergruppen aus dem ehemaligen Jugoslawien* auffällig«, steht in einer Presse-Information des Polizeipräsidiums Frankfurt am Main vom Februar 1993 zur Polizeilichen Kriminalstatistik 1992. Während sich die Italiener aus dem Milieu zurückzogen, hätten sich dort Jugoslawen etabliert. Eine »vehemente Zunahme der Gewaltbereitschaft« sei in der Vergangenheit ebenso bei den *türkischen Tätergruppen* zu verzeichnen gewesen.[31]

Der 46jährige Hans-Friedrich Stöcklein, selbst Polizeibeamter, beachtete die Warnungen nicht und bezahlte seinen Mut mit dem Leben. Am frühen Abend des 21. Februar 1993 wurde im hessischen Aarbergen-Michelbach, in der Kriemhildstraße, in ein Einfamilienhaus eingebrochen. Stöcklein, der in der Nachbarschaft des Tatortes wohnte und gerade nicht im Dienst war, bemerkte den Vorfall und verständigte sofort seine Kollegen der Polizeistation Bad Schwalbach. Das war gegen 18.55 Uhr. Am Telefon sagte der Kollege, daß er – zusammen mit seinen beiden erwachsenen Söhnen (25 und 23 Jahre alt) – vor sein Haus gehen wolle und nach einem möglichen Tatfahrzeug Ausschau halten werde. Noch bevor die alarmierten Polizeibeamten am Tatort eintrafen, gelang es dem Vater und seinen Söhnen, einen der Täter am Tatort festzunehmen. Der zweite Täter flüchtete, drehte sich dann zu der Gruppe um und schoß. Dabei traf er den Polizeibeamten Stöcklein.[32]

Lebensgefährlich von einem Projektil des Kalibers 6,35 getroffen, sank dieser zu Boden und erlag in den Morgenstunden des 24. Februar in einer Mainzer Klinik seinen Verletzungen. Sein mutmaßlicher Mörder wurde gefaßt: Es ist ein in Wiesbaden wohnender 29jähriger Serbe. Die Tatwaffe wurde zweifelsfrei identifiziert. Der Serbe hatte diese Waffe nach Angaben der Polizei nach der Tat in einer Astgabel eines Baumes in etwa zwei Meter Höhe rund 500 Meter vom Tatort entfernt deponiert; dort wurde sie von Polizisten gefunden. Die Pistole war am 22. Januar 1993 bei einem Einbruch in Bad Schwalbach-Lindschied entwendet worden.[33] Auch der Komplize wurde festgenommen. Er ist gleichfalls Serbe, auch in Wiesbaden wohnhaft, 22 Jahre alt.

Aus einer Pressemitteilung des Hessischen Landeskriminalamtes vom 24. Februar ging hervor, daß vermutlich das sogenannte »Jugo-Milieu« wieder einmal seine Brutalität unter Beweis gestellt hatte. Die in Wiesbaden im Anschluß an die Festnahme vorgenommenen Wohnungsdurchsuchungen hätten zur Sicherstellung von Schmuck, Waffen und Handgranaten geführt, die vermutlich aus Einbruchsdiebstählen stammten, und zur Festnahme weiterer sechs Personen aus dem »Jugo-Milieu.«[34]

Von jugoslawischen Banden, die in Berlin bisher vorwiegend Einbrüche in Einfamilienhäuser begingen und sich zunehmend auch dem Rauschgifthandel, der Zuhälterei, den Autoschiebungen und Schutzgelderpressungen zuwenden, weiß die Berliner Senatsverwaltung für Inneres zu berichten: Die Fachdienststelle habe festgestellt, daß bisher im Jugoslawenmilieu noch nie so oft geschossen und noch nie so viele Waffen sichergestellt worden seien wie 1992.[35]

Es vermag vielleicht noch plausibel erscheinen, daß in den sogenannten Milieus das Tragen und der Einsatz von Waffen zum Alltag gehören. Aber daß im vermeintlich bürgerlichen Geschäftsleben Ausländer eine Waffe für alle Fälle bereithalten, ist für die Polizei in Deutschland eine befremdliche Erfahrung. Was sich am nördlichen Stadtrand Hamburgs abspielte, ist kein Einzelfall. An einer Imbißbude am Eingang zum Einkaufszentrum Glashütter Markt in Norderstedt vor den Toren Hamburgs waren am 20. Juni 1993 gegen 9.45 Uhr zwei türkische Frauen, eine Angestellte des Imbißstandes und eine Bekannte in Streit geraten. Sie schrien sich wegen eines Paßdiebstahls an, so ein türkischer Zeuge, und prügelten einander. Es war ein Sonntag; im Einkaufszentrum wurde ein Flohmarkt abgehalten. Es folgte ein Gerangel, in das sich auch türkische Männer mischten. Der 42-jährige türkische Imbiß-Besitzer Mustafa A. holte eine Pistole aus seinem Stand, richtete sie auf das Gesicht eines 41jährigen Landmannes und schoß. Der Schuß durchschlug die Wange des Türken – und streckte einen unbeteiligten Deutschen, den 58jährigen Flohmarktbesucher Werner H., nieder: getroffen in der Brust. Eine Notärztin kämpfte vergebens um das Leben des Familienvaters; er starb am Tatort.[36]

Mit Sorge registriert die Polizei, daß zur Ausstattung eines Haushalts eine Waffe Standard zu werden scheint. Mitglieder einiger ethnischer Gruppen – auch wenn sie einen deutschen Paß besitzen – rüsten in Deutschland auf, als gelte es in den Krieg zu ziehen – und setzen zur Austragung von

Streitigkeiten Armeewaffen ein. Der 42jährige Karl Sch., der von *Bild* als »Zigeuner-Chef« tituliert wird, hatte am 23. April 1993 in Hamburg-Billbrook ein abgesägtes sowjetisches Schnellfeuergewehr AK 47 Kalaschnikow zur Hand. Er verletzte mit Schüssen seinen Stiefsohn Karl K., 18, lebensgefährlich und seine geschiedene Frau Elfriede K., 54, schwer. Da reichte kein gewöhnlicher Streifenwagen mehr aus. Die Polizei ließ das Haus durch ein Mobiles Einsatzkommando (MEK) in kugelsicheren Westen und mit Maschinenpistolen stürmen. Woher stammte die militärische Tatwaffe? Kalaschnikows werden in den neuen Bundesländern von russischen Soldaten auf der Straße angeboten – für 350 DM.[37]

Daß selbst türkische Diplomaten in Deutschland Waffen tragen, wird bewußt, wenn sie in Auseinandersetzungen verwickelt sind. Im Fall eines Religions- und Sozialattachés der Türkei in Hamburg erfuhr die staunende Öffentlichkeit davon, als bereits zwei Tote zu beklagen waren. Der 41jährige Diplomat mit Namen Ali Mangaoglu, der dem türkischen Generalkonsulat in Hamburg zugeteilt war, begab sich am 11. März 1993 nachts gegen 1.45 Uhr in das Hamburger Bahnhofsviertel St. Georg, des gefährlichsten Pflasters der Stadt mit regem Drogenhandel. Aus ungeklärten Motiven prügelte er sich in der Rostocker Straße mit einem 24jährigen Deutschen namens Torsten Jarling aus Wismar. Ein Zeuge sagte aus, der Türke habe den Deutschen in den Rükken getreten und dann eine Waffe gezogen: einen Revolver Smith & Wesson (9 mm). Es fielen zwei Schüsse. Ein Projektil aus der Waffe des Attachés traf den Wismarer tödlich. Attaché Mangaoglu besaß für seinen Revolver einen Waffenschein deutscher Behörden.

Ein Zivilfahnder der Polizei hörte die Schüsse. Die Polizei

stellte den Vorgang später folgendermaßen dar: Der Fahnder, ein 26jähriger Polizeiobermeister ohne Uniform, habe
einen »korpulenten Mann gesehen, der auf einem anderen,
der am Boden lag, kniete«. Der Polizist habe laut »Polizei!«
gerufen. Der kniende Mann, der Attaché Mangaoglu, sei
aufgestanden und habe seine Waffe auf den Polizisten gerichtet. Daraufhin habe dieser in Notwehr gezielt geschossen. Der Türke sank tot zu Boden.

Das Drama wühlte die Stimmung zwischen der deutschen
und der türkischen Seite auf. Der türkische Generalkonsul
Ecvet Tezcan äußerte sich empört über die Deutschen: »Wir
haben keine Angst vor Terrorangriffen. Aber es darf nicht
sein, daß in einem Gastgeberland ein unerfahrener Polizist
ein Blutbad anrichtet.«[38]

Ein Deutscher mahnte seinerseits von den Türken die Re-
spektierung der deutschen Gesetze an. Der Hamburger
Heinz Feierabend schrieb am 21. März 1993 in einem aus-
zugsweise am 27./28. März 1993 im *Hamburger Abendblatt*
veröffentlichten Leserbrief.[39] »Mit welchem Recht ›tragen
alle türkischen Diplomaten Waffen‹, die doch wie alle Diplomaten seit Urväterzeiten unter dem Schutz des Gastlan-
des stehen, dessen Gesetze sie zu respektieren haben und
hier nicht in wilden Gegenden, sondern in einem zivilisierten
Rechtsstaat tätig sind. Oder ist türkischen Diplomaten das
Faustrecht zugestanden worden?« Wer unter den ausländischen Gästen sich so bedroht fühle, daß er sich nur bewaffnet auf die Straße wage, sei gewiß in seiner Heimat besser
aufgehoben.

So ähneln manche Polizeieinsätze in Deutschland eher
einem Kommando-Unternehmen im Krieg. Tatort Hamburg: In der Nacht zum 4. Mai 1993 stürmte das Mobile
Einsatzkommando (MEK) der Polizei mit Maschinenpisto-

len das jugoslawische Restaurant »Tihan Noć«. Es nahm fünf Männer aus dem ehemaligen Jugoslawien und einen 36jährigen Deutschen fest. In dem Lokal wurden 2000 frisch kopierte 500-Mark-Scheine sichergestellt: eine Million Mark.[40]

Die deutsche Polizei hat damit eine weitere Spur entdeckt, daß ausländische Kriminelle zunehmend Falschgeld in Umlauf bringen und damit die deutsche Wirtschaft gefährden. Falschgeld aus Italien, Polen und Nahost, aber auch aus heimischen Farbkopierern überschwemmt Deutschland. In einer einzigen Woche Mitte Juli 1993 beschlagnahmte die Polizei in Deutschland Falschgeld im Wert von 1,7 Millionen Mark. In Berlin fiel im September 1992 die erste Druckfälschung der neuen Bundesbanknotenserie (100-DM-Note) an. Im Berliner Zahlungsverkehr wurden insgesamt 340 derartige Falsifikate sichergestellt. Die Fälschung ist in Polen hergestellt worden und wurde von dort aus organisiert in der Bundesrepublik verbreitet, heißt es in einem Bericht der Berliner Senatsverwaltung für Inneres.[41]

Irgendwo in Polen, vermutlich in Lodz, erreicht eine illegale Produktionsstätte von 100- und 200-Mark-Scheinen nach BKA-Schätzungen den Umsatz eines mittelständischen Betriebes. 20 Millionen Mark schaffen die schnellen Geschäftemacher leicht. Experten sind am Werk. Sie verstehen sich darauf, Scheine zum Wechseln und Verwechseln ähnlich nachzumachen und Siegel vorzüglich zu imitieren.

Dem Kanzleramt liegen Geheimdienstberichte vor, die erstmals eine Zusammenarbeit zwischen italienischer und russischer Mafia belegen. Die Italiener liefern die Druckmaschinen, die Russen sorgen für die Herstellung und Verteilung der Blüten. Für den Transport nach Deutschland nutzen die Mafiosi Militärflugzeuge der abrückenden GUS-Streitkräfte.[42]

Der Umlauf von Falschgeld hat Sparkassen und Super-märkte aufgeschreckt. In einem Laden der Drogerie-Kette Budnikowsky (»Budni«) im schleswig-holsteinischen Wedel bei Hamburg war im Mai 1993 an der Kasse ein Zettel mit dem Hinweis angeheftet: »Hier werden die 100-Mark-Scheine geprüft. Wir bitten Sie um Ihr Verständnis.« Am Backwarenstand im Berliner Bahnhof »Zoologischer Gar-ten« hing im Juni 1993 ein Zettel: »100-Mark-Scheine wer-den nicht angenommen – Wegen der vielen Fälschungen.« Der steigende Umlauf der gefälschten Scheine beunruhigt inzwischen auch die Hüterin der Währung, die Bundesbank. Im Februar 1993 rutschten nämlich mehr als 1000 »Blüten« unerkannt bei Geldinstituten durch. Selbst Bankautomaten spucken Falschgeld aus. Im Mai ermahnte die Bundesbank alle Banken und Sparkassen an ihre Pflicht zur Sorgfalt.[43]

Unionspolitiker sehen nur einen Ausweg: Angeblich fäl-schungssichere 100-Mark-Stücke sollen in Deutschland ge-prägt und als Zahlungsmittel eingeführt werden.

Das Blutbad im Asylantenheim

Hinter den Zahlen der Polizeilichen Kriminalstatistik ver-birgt sich menschliches Leid, das in den Zahlen verlorengeht. Und keinesfalls sind es nur Deutsche, die Opfer von Auslän-dern werden, sondern sehr oft sind auch Ausländer die Op-fer. Bei einem Blutbad, von einem Asylbewerber in einem Hamburger Asylantenheim angerichtet, wurden unschuldige andere Asylbewerber die Opfer. Das Verbrechen führt vor Augen, wie lasch deutsche Behörden häufig das Instrument der Abschiebung handhaben und damit auch den Aggressio-nen zwischen Ausländern Vorschub leisten.

Hauptakteur war Hurif Sejdovic. Er wurde 1951 im damaligen jugoslawischen Titograd, das heute wieder Podgorica heißt, der Hauptstadt Montenegros, geboren. Er ist verheiratet und Vater von vier Kindern. Jahre vor dem Zerfall Jugoslawiens reiste Sejdovic mit Frau und Kindern nach Deutschland und beantragte Asyl. Die Freie und Hansestadt Hamburg quartierte die Familie in der Unterkunft Karlshöhe ein. Nach Angaben der Hamburger Staatsanwaltschaft bezog die Familie Sozialhilfe. Für eine sechsköpfige Familie wie die Sejdovics errechnen sich – neben der Unterkunft – in bar etwa folgende Sozialhilfe-Zahlungen (Stand: Sommer 1991): monatlich 413 DM für den Haushaltsvorstand, 355 DM für die Ehefrau, für ein Kind (15 bis 18 Jahre) 400 DM, mindestens aber 218 DM für Kinder bis zu 7 Jahren. Hinzu kommen für jede Person monatlich 50 bis 60 DM Bekleidungspauschale. Familie Sejdovic kam also monatlich auf eine Sozialhilfe zwischen 1500 und 2000 DM.

Am 9. Juni 1988 schoß Hurif Sejdovic nach einem Streit in der Unterkunft aus dichter Entfernung auf seinen Schwiegersohn Saltana F. und traf ihn am Gesäß. Es wurde ein Ermittlungsverfahren wegen des Verdachts der gefährlichen Körperverletzung in Tateinheit mit unerlaubtem Waffenbesitz eingeleitet (Aktenzeichen: 65 Js 407/88). Ein Tötungsvorsatz aus so naher Distanz wurde verneint. Das Verfahren fiel in die Zuständigkeit des Amtsgerichts.

Der Beschuldigte Sejdovic blieb auf freiem Fuß. So konnte er sich der Strafverfolgung entziehen und kehrte 1988 in seine Heimat zurück. Sein Asylantrag in Deutschland verfiel dadurch.

Doch nach drei Jahren, im Juli 1991, kehrte Sejdovic zurück nach Deutschland – und beantragte zum zweiten Mal Asyl. Wieder wurde der Familie Sozialhilfe gewährt. Diese

Großzügigkeit deutscher Behörden begründete die Spreche-
rin des Hamburger SPD-Sozialsenators Ortwin Runde,
Christina Baumeister, im April 1993 so: »Jeder Asylbewer-
ber, egal in welcher Situation und in welcher Phase des Ver-
fahrens, hat wie Deutsche einen Anspruch auf den normalen
Eckregelsatz der Sozialhilfe, abzüglich der Energiekosten.
Das gilt auch für einen Folgeantrag wie im angesprochenen
Fall.«[44]

Sejdovic und seine Familie fanden in Hamburg eine staat-
lich finanzierte Bleibe in einer Gemeinschaftsunterkunft für
Asylbewerber an der Langenhorner Chaussee. Im Dezember
1991 wurde vor dem Hamburger Amtsgericht Anklage gegen ihn wegen der gefährlichen Körperverletzung aus dem
Jahr 1988 erhoben. »Aber der Amtsrichter kam nach Akten-
lage zu der Beurteilung, daß es sich um versuchten Totschlag
handeln könnte und gab die Akten an das Schwurgericht«,
erklärte ein Gerichtssprecher. Das war im April 1992.

Noch immer blieb Sejdovic auf freiem Fuß, weil wegen
des Arbeitsanfalles beim Schwurgericht in Hamburg noch
bis weit ins Jahr 1993 nur gegen Täter verhandelt werden
konnte, die in U-Haft saßen.

Während die Akte Sejdovic bei der Schwurgerichtskam-
mer 21 des Landgerichts ruhte, wurde Sejdovics Asylantrag
abgelehnt. Sejdovic reichte gegen die Ablehnung Klage beim
Verwaltungsgericht ein.

Das Beharren auf Anerkennung als Asylant lohnte zumindest finanziell. Familie Sejdovic bezog seit Mitte Mai 1992
eine erhöhte Sozialhilfe. Zum 1. Juli 1992 war der Eckregelsatz in Hamburg heraufgesetzt worden: auf 509 DM für den
Haushaltsvorstand, 407 DM für die Ehefrau und alle Kinder
ab 19 Jahre im Haushalt, 458 DM für Kinder zwischen 15
und 18 Jahren, 331 DM für Kinder zwischen 8 und 14 Jah-

ren, 255 für Kinder bis 7 Jahre. Zweimal im Jahr wurde zusätzlich Bekleidungsgeld ausgezahlt: pro Familienmitglied im Jahr insgesamt zwischen 446 DM und 690 DM.

Am 29. März 1993 feierten Asylbewerber rumänischer Staatsangehörigkeit in der Asylanten-Unterkunft an der Langenhorner Chaussee die Geburt eines Kindes. Sejdovic feierte mit. Man trank Alkohol. Es kam zum Streit und zu einer Prügelei. Sejdovic, so ermittelte die Polizei, verließ wutentbrannt den Wohncontainer und holte aus seinem Kleiderschrank eine Pistole vom Kaliber 9 mm. Auf dem Rückweg eröffnete er das Feuer auf zwei unbeteiligte ägyptische Asylbewerber, 27 und 25 Jahre alt. Die beiden brachen nach wenigen Schritten tot zusammen.

Nun erst wurde Sejdovic in Untersuchungshaft genommen. Erst von diesem Zeitpunkt an bestand Aussicht, daß sein Fall als Haftsache innerhalb von sechs Monaten behandelt wurde. Denn Beschuldigte dürfen im Grundsatz nicht länger als sechs Monate in U-Haft gehalten werden.

Der Fall Sejdovic wirft in dreierlei Hinsicht ein Schlaglicht darauf, wie die politisch Verantwortlichen und die Behörden das Problem Ausländerkriminalität in Deutschland behandelt haben:

Erstens: Warum wird ein krimineller Asylbewerber, der einen Menschen mit einer Schußwaffe verletzt hat, nicht abgeschoben?

Zweitens: Warum kann er einen Asylfolgeantrag stellen, obgleich er sich der Strafverfolgung durch Flucht entzogen hat?

Drittens: Warum wird ihm auch dann noch großzügig Sozialhilfe gezahlt, Bekleidungsgeld und kostenlose Unterkunft gewährt?

Frankfurt am Main –
Hauptstadt des Verbrechens

Eine Stadt steht in dem zweifelhaften Ruf, die deutsche Hauptstadt des Verbrechens zu sein: Frankfurt am Main. Dies ist in beträchtlichem Maße auch ausländischen Kriminellen anzurechnen. In der Main-Metropole wurde im vorigen Jahr jeder fünfte Einwohner (statistisch) Opfer einer Straftat, hat die Polizei ausgerechnet: bestohlen oder beraubt, geschlagen oder umgebracht, vergewaltigt oder betrogen, erpreßt usw.[45] Es wurden 140 276 Verbrechen und Vergehen (ohne Straßenverkehrsdelikte) begangen – 7,5 Prozent mehr als 1991. Die Stadt mit ihren 654 000 Einwohnern liegt damit unter allen deutschen Großstädten hinsichtlich der Häufigkeitszahl (HZ = Anzahl der Straftaten pro 100 000 Einwohner) an der Spitze: 21 446 Straftaten kamen auf 100 000 Einwohner.[46] Ende 1992 lebten 184 000 gemeldete Ausländer in Frankfurt, 18 000 mehr als zu Beginn des Jahres 1992. Somit kletterte ihr Anteil an der Frankfurter Bevölkerung von 25,6 auf 27,9 Prozent. Der Zeitpunkt scheint nicht mehr fern, da jeder dritte Frankfurter ein Ausländer ist.

58,7 Prozent der Tatverdächtigen im Dienstbezirk des Frankfurter Polizeipräsidiums waren Ausländer – weit mehr als die Hälfte. Bezogen auf alle Tatverdächtigen stellten allein die Asylbewerber 22 Prozent. Der Dienstbezirk des Polizeipräsidiums umfaßt auch Randgebiete jenseits der Stadtgrenzen.

Das Polizeipräsidium stellte fest, daß der Anteil ausländischer Tatverdächtiger weiter steigt. Seit Beginn der achtziger Jahre habe die Zahl ausländischer Tatverdächtiger »permanent« zugenommen – »und in weit größerem Ausmaß als die der Deutschen« – und 1989 mit 31 444 den Höchststand erreicht. Trotz des Rückganges ausländerspezifischer Delikte im Jahr 1992 um etwa 3300 Straftaten, habe sich die Zahl ausländischer Tatverdächtiger erneut erhöht. Zur Relativierung der Tatbeteiligung ausländischer Tatverdächtiger würden jene Delikte abgezogen, die nur von Ausländern begangen werden könnten (Verstöße gegen das Ausländergesetz und gegen das Asylverfahrensgesetz); dadurch gehe ihre Tatbeteiligung rechnerisch von 58,7 Prozent auf 41,2 Prozent zurück. In Relation zum Bevölkerungsanteil von weniger als einem Viertel im Dienstbezirk des Polizeipräsidiums bedeute das »eine mehr als deutliche Überrepräsentierung«. Es dominierten vor allem Staatsangehörige der folgenden sechs Nationalitäten: Türkei, Jugoslawien, Marokko, Polen, Italien, Rumänien.[47]

Das Frankfurter Polizeipräsidium machte in dem Bericht eine absurde Anmerkung, um etwaigen Vorwürfen der Fremdenfeindlichkeit zu begegnen: »Der Schluß, daß Ausländer – gemessen an ihrem Bevölkerungsanteil – krimineller sind als Deutsche, wäre sicherlich eine undifferenzierte Betrachtungsweise. Zu bedenken ist, daß jeweils eine Vielzahl von Nationalitäten unter dem Begriff ›Ausländer‹ ist, die *einer* Gruppe Deutscher gegenübersteht.«[48] Diese Anmerkung scheint eher die Funktion eines Alibis zu erfüllen. Denn unmittelbar daran schließt das Polizeipräsidium eine Tabelle an, die besagt, daß eine stattliche Reihe von Delikten 1992 in Frankfurt am Main mit überwiegend ausländischer Tatbeteiligung begangen wurden:

- Totschlag: 64 % ausländische Tatbeteiligung,
- Vergewaltigung: 51,3 %,
- Raub und mörderische Erpressung auf Straßen, Wegen usw.: 68,2 %,

- Gefährliche/schwere Körperverletzung: 54,4 %,
- Taschendiebstahl: 85,2 %,
- Urkundenfälschung: 96,1 %,
- Illegale Einfuhr von Drogen: 82,3 %.[49]

4863 Drogenabhängige sind in der Stadt polizeilich registriert; von 8000 bis 10 000 Abhängigen harter Drogen wie Heroin, Kokain, Crack geht die Polizei offiziell aus.

Bei Handel mit den gängigen Rauschgiften sei festzustellen, daß ausländische Täter in der Mehrheit seien; der Anteil Deutscher liege in diesem Deliktbereich bei 48 Prozent. Innerhalb der ausländischen Tatverdächtigen falle auf, daß Marokkaner marktbeherrschend seien. Heroin werde von Nordafrikanern (Marokkaner, Algerier) schwerpunktmäßig im Bereich Hauptbahnhof/Theater gehandelt. Erkenntnissen des Fachkommissariats zufolge seien 80 Prozent dieser marokkanischen Dealer Asylbewerber, teilte die Polizei für 1992 mit.[50] »Neben nordafrikanischen Tätern sind im gleichen Gebiet Türken und Jugoslawen mit Heroinhandel befaßt. Bei Kokainhandel haben Marokkaner eine führende Rolle übernommen. Wurde dieser Markt bis vor einiger Zeit noch von Jugoslawen beherrscht, setzten sich auch hier Marokkaner durch. Die Lücke, die sie im Haschischhandel hinterließen, wurde von algerischen Staatsangehörigen geschlossen; Marokkaner stehen an zweiter Stelle.«

An dem Fall des Marokkaners Mustafa Z. (Jahrgang 1969) zeigt die Frankfurter Polizei die Komplexität des Dilemmas auf. Der Nordafrikaner war in der zweiten Hälfte des Jahres 1989 nach Deutschland gekommen und hatte in Frankfurt am Main Asyl beantragt. Ende des selben Jahres fiel er dem Chefdetektiv im Bekleidungshaus C&A an der

Konstabler Wache zum ersten Mal auf – als Ladendieb. »Er entkam elegant wie eine Gazelle«, sagt der Detektiv.

Die Besuche des Marokkaners wiederholten sich. Mal verließ er C & A mit einem Posten von 15 Seidenblusen zu 95 Mark, ein anderes Mal mit zwei Anzügen des Modeschöpfers Yves Saint Laurent für jeweils mehr als 1000 Mark und dann wiederum mit zehn Seidenblusen zu 150 Mark. Häufig setzte eine Verfolgungsjagd ein; doch stets war der Marokkaner schneller. Etliche Male warf er seine Beute auf der Flucht weg; allein sie hatte einen Wert von 15 000 Mark. Inzwischen hat Mustafa Z. nach der Zählung des Detektivs C & A zwanzig bis dreißig Mal heimgesucht.

Im Mai identifizierte der Detektiv den Marokkaner bei der Polizei anhand von Fotos. Doch der Gefahr, abgeschoben zu werden, hatte sich der Tatverdächtige rechtzeitig mit einem schlauen Schritt entzogen. Er heiratate Ende 1989 eine deutsche Frau, die Sozialhilfeempfängerin H. Dadurch wurde ihm automatisch eine sogenannte verlängerte Aufenthaltsgenehmigung erteilt, die unbefristet verlängert werden kann. Obgleich der Asylbewerber unter schwerem Tatverdacht stand, wurden ihm alle Segnungen des Sozialstaates zuteil. Scheinehen scheinen inzwischen verstärkt in Mode gekommen zu sein. Seit 1991 ein neues Ausländergesetz in Kraft trat, versuchen sich Asylbewerber immer häufiger durch diese Art Ehen vor der Abschiebung zu retten. Es gibt auf diesem Gebiet nur Schätzungen: Bis zu 30 Zweckheiraten werden angeblich pro Tag in Berlin geschlossen. Preis pro Ehe, zu zahlen an den deutschen Partner: 3000 bis 5000 Mark.

Das marokkanisch-deutsche Paar in Frankfurt bewohnte eine Zwei-Zimmer-Wohnung mit Bad in einer gepflegten Frankfurter Siedlung. In einem solchen Fall, da ein Asylbe-

werber mit einer deutschen Sozialempfängerin verheiratet
ist, wurden in Frankfurt folgende Leistungen gezahlt: Einer
der beiden erhält im Monat 449 Mark, der andere 359 Mark.
Die Miete in Höhe von 300 Mark kalt wird voll vom Sozialamt übernommen. Für Strom und Gas muß das Paar monatlich 44 Mark selbst tragen; alles, was darüber verbraucht
wird, bezahlt das Sozialamt. Jedem der beiden stehen pro
Halbjahr 385 Mark Kleidergeld zu.

Die Frankfurter Polizeiführung hat die Kapitulation im
Bereich der Gewaltkriminalität offiziell, öffentlich und
schriftlich erklärt: »Hinsichtlich der Bekämpfung der Gewaltkriminalität ist die Polizei am Ende ihrer Möglichkeiten
angelangt. Ausgehend von der Erkenntnis, daß die Ursachen
für Gewalt in gesamtgesellschaftlichen Mißständen liegen,
sind nunmehr andere Institutionen gefordert«, schrieb sie in
einer Erklärung im Februar 1993 anläßlich der Präsentation
der Polizeilichen Kriminalstatistik 1992.[51]

Verzweiflung und Kapitulation scheinen manchmal allzu
berechtigt. Am 27. Juli 1993 fragten sich Polizisten in Frankfurt zum wiederholten Mal, wie oft ein Tatverdächtiger in
Deutschland straffällig und als »Falldatum« bei der Polizei
registriert werden müsse, ehe er in Haft genommen werde.
Der verständlichen Reaktion lag folgender Fall zugrunde:

Am 27. Juli 1993 erschien ein 32jähriger Iraner aus Offenbach beim 4. Polizeirevier in Frankfurt am Main und erstat-
tete Anzeige. Er gab an, am Tag zuvor zwei Männer auf dem
Frankfurter Willy-Brandt-Platz kennengelernt und sich mit
ihnen für den nächsten Tag am selben Platz verabredet zu
haben. Im Verlauf dieses vereinbarten Treffens morgens gegen 4 Uhr hätten ihn die beiden Männer zur Herausgabe von
100 Mark aufgefordert und nach seiner Weigerung zusam-
mengeschlagen. Schließlich entwendeten die Täter seine Uhr

im Wert von 350 Mark. Der Geschädigte hatte durch die Schläge zahlreiche Prellungen am Kopf und Oberkörper erlitten und war bei der Anzeigeerstattung, so die Polizei, kaum in der Lage, richtig zu sprechen.

Die Polizei veröffentlichte diesen Vorgang in einer Pressemeldung mit einer kaum zu glaubenden Zusatzinformation: Im Rahmen einer sofort eingeleiteten sogenannten Nahbereichsfahndung hätten die beiden Tatverdächtigen vorläufig festgenommen werden können. Bei ihnen handele es sich um einen 19jährigen Türken aus Frankfurt, der bereits in 110 Fällen bei der Polizei in Erscheinung getreten sei, sowie einen 20jährigen Äthiopier aus Langen, der insgesamt in 23 Fällen polizeibekannt sei.

Die Frankfurter Staatsanwaltschaft beantragte am selben Tag Haftbefehl gegen den Türken. Doch ein Ermittlungsrichter des Frankfurter Amtsgerichts lehnte ihn bereits wenige Stunden später ab und setzte den Türken wieder auf freien Fuß. Der Richter begründete seine Entscheidung mit einem mangelnden dringenden Tatverdacht. Der Sachverhalt sei nicht genügend aufgeklärt. Es fehle eine Nachvernehmung des Opfers. Auch vermisse er die Angaben, worum es in dem Streit gegangen sei (Aktenzeichen: 42 Js 32 390.2/93).

Staatsanwaltschaft und Polizeibeamte waren entrüstet. Denn der heute 19jährige Türke war kein unbeschriebenes Blatt. Er lebt nach Angaben der Staatsanwaltschaft seit etwa 15 Jahren mit seinen Eltern in Deutschland, ist also hier aufgewachsen. Mitte 1988 wurde er 14 Jahre alt und damit strafmündig. Bereits im Jahr darauf begann seine kriminelle Karriere: Seit 1989 sind bis zum heutigen Tag unter den 110 »Falldaten« 25 Ermittlungsverfahren gegen den Türken eingeleitet worden. »Regelmäßig«, so der Frankfurter Oberstaatsanwalt Hubert Harth, sei der Tatverdächtige bestraft worden. Es sei um Eigentumsdelikte gegangen, also um Einbruch und Diebstahl. Zuletzt habe er eine Haftstrafe von einem Jahr und sieben Monaten in der hessischen Jugendhaftanstalt Rockenberg verbüßt. Im November 1991 wurde er als 17jähriger freigelassen.

Danach ist er laut Staatsanwaltschaft weitere fünfmal vorbestraft worden: in drei Fällen wegen Rauschgifthandels (Verstoß gegen das Betäubungsmittelgesetz). In einem dieser drei Fälle sei etwa um die Jahreswende 1992/93 ein Verfahren zur Erlangung eines Haftbefehls eingeleitet worden; damals habe der Frankfurter Ermittlungsrichter Haftverschonung verfügt. In zwei Fällen ging es um Eigentumsdelikte.

Eine Abschiebung des straffälligen Türken in sein Geburtsland wird von keiner der Strafverfolgungsbehörden erwogen. Die Gefahr einer Flucht des Türken als Grund für einen Haftbefehl bestehe ebenfalls nicht. »Er lebt mit seinen Eltern hier, hat einen festen Wohnsitz und gilt bei uns als ›integriert‹«, sagt der Frankfurter Oberstaatsanwalt Harth.

Kriminalität jugendlicher Ausländer

Beängstigende Perspektiven tun sich auf, weil nicht nur bei den ausländischen Erwachsenen, sondern auch bei den ausländischen Jugendlichen in Metropolen wie Berlin, Hamburg und Frankfurt am Main die Tendenz zur Gewaltbereitschaft zunimmt. »Aggressivität und Brutalität sind verstärkt Merkmal der Tatbegehung geworden«, hat die Frankfurter Polizei 1993 in einer Analyse über jugendliche – auch deutsche – Täter festgestellt. Viele Taten würden mit überzogener oder unnötiger Härte und Brutalität verübt. Gewalt sei oftmals nicht mehr Mittel zum Zweck – nämlich der Beuteerlangung –, sondern verselbständige sich zum Selbstzweck. Es stellte sich auch die Frage, ob es den Tätern primär um die Beute gehe oder vorrangig um die Demütigung des Opfers.[52]

Die Polizei listet die Deliktsbereiche auf: Die sogenannten Roheitsdelikte wie Körperverletzungen, Bedrohung, bis hin zu Raubstraftaten, Eigentums- und Drogenkriminalität, Sachbeschädigung und Beleidigung seien auch 1992 wieder ›typische‹ Jugenddelikte gewesen. 1992 sei es im Dienstbezirk Frankfurt zu 1542 Straßen- und Handtaschenraubdelikten gekommen, insgesamt sei gegen 473 Tatverdächtige ermittelt worden, wobei der Anteil jugendlicher Täter mit 58 Prozent (274 Tatverdächtige) dominiert habe. Der Ausländeranteil sei mit 72 Prozent gleichbleibend hoch.[53]

Bei Kindern und Jugendlichen stellt die Polizei in Frankfurt zunehmend einen »verstärkten Zusammenschluß« zu Jugendgangs fest. Auch hier spielen Ausländer eine dominierende Rolle. Die Polizei bezieht sich bei der folgenden Feststellung auf das Institut für Sozialarbeit und Sozialpädagogik e. V. (ISS) Frankfurt: Eine Vielzahl der jugendlichen Delinquenten entstamme der sozialen Unterschicht, sei schulisch gescheitert, weise defizitäre Familienstrukturen auf, verfüge selten über einen Arbeits- und Ausbildungsplatz und sei in überdurchschnittlich vielen Fällen ausländischer Staatsangehörigkeit.[54]

Selbst Todesopfer werden in Kauf genommen. Zwei Jugendbanden aus kriminellen Deutschen und Türken, die aus den »Gallus-Boys« und den »Ahorn-Boys« hervorgegangen sind, lieferten sich in der Nacht zum 9. März 1993 in Frankfurt am Main eine blutige Schlacht. Einer der jungen Leute, der 19jährige Kai-Uwe Gärtner, arbeitslos und vorbestraft, wurde mit einer Kleinkaliberwaffe erschossen.

Was treibt jugendliche Ausländer in Deutschland so früh in die Kriminalität?

Professor Dr. Gerd Stüwe, Hochschullehrer an der Fachhochschule Frankfurt am Main, Fachbereich Sozialarbeit, und wissenschaftlicher Berater im Aktionsprogramm des Bundes »Gegen Aggression und Gewalt in den neuen Bundesländern« am Institut für Sozialarbeit und Sozialpädagogik, hat zusammen mit Dr. Bernd Stickelmann eine Studie über *Multikulturelle Jugendarbeit in Frankfurt am Main* erarbeitet, die 1992 vom städtischen Amt für Multikulturelle Angelegenheiten herausgegeben wurde.[55]

Professor Stüwes Darstellung der Probleme mit jungen kriminellen Ausländern:

Jugendkriminalität und Gruppenaktivitäten seien nicht zu trennen. Mit »Jugendgangs« verbinde sich Raubkriminalität. Die Entwicklung in Frankfurt am Main sei folgendermaßen charakterisiert:

- 1988: 781 Straßenraubdelikte,
- 1989: 1034,
- 1990: 1584,
- 1991: über 2000.[56]

Stüwe verwendet nicht den Ausdruck »ausländische Jugendliche«, sondern »Migrantenjugendliche«. Warum im Rahmen einer Auseinandersetzung die Frage der Raubkriminalität eine Bedeutung hat, ist nach Stüwes Auffassung aus den folgenden Daten zu ersehen. An Raubdelikten seien in der Regel zwei oder drei Täter beteiligt, zwei Drittel der Straftaten würden von zwei oder drei Tätern begangen. 1990 seien Raubdelikte zu 5 Prozent von Kindern, zu 39 Prozent von Jugendlichen zwischen 16 und 18 Jahren und zu 20 Prozent von jungen Erwachsenen zwischen 18 und 20 Jahren begangen worden. Zwei Drittel der begangenen Raubdelikte würden von Kindern, Jugendlichen und jungen Erwachsenen begangen. 1990 waren 75 Prozent der Tatverdächtigen bei Straßenraub Ausländer. In diesem Zusammenhang ist es nach Auffassung von Stüwe ebenso wichtig, einen Blick auf die sogenannten »Streetgangs« zu werfen. In den achtziger Jahren hätten die Streetgangs ihre Kämpfe vor allem untereinander ausgetragen, seien auf bestimmte Ortsteile bezogen gewesen. Diese Entwicklung habe sukzessive abgenommen, so daß es 1987 keine nennenswerte Gruppierung dieser Art in Frankfurt mehr gegeben habe.

Dann seien Gruppen aufgetaucht, die sich meist nach den Straßen ihrer Wohnbezirke benannt hätten: Ahorn-Boys, Ring-Boys usw. Damit sei eine Identifizierung mit dem Wohnbezirk bzw. mit bestimmten Stadtteilen gegeben. Der Versuch der Jugendlichen, sich in diesen Gruppen zusammenzuschließen, lasse sich als Möglichkeit sehen, innerhalb dieser Gruppierungen einen Zusammenhalt und Orientierung zu gewinnen. Zum Zeitpunkt der Untersuchung ließen sich etwa 25 Gruppen ausmachen. In der Regel ordneten sich diesen Gruppen 20 bis 30 Jugendliche und junge Erwachsene zu, manchmal auch bis zu 50 oder 60 »Mitglieder«. Rechne man diese Zahlen zusammen, so käme man in Frankfurt auf etwa 500 bis 600 Jugendliche, die sich in bestimmten Gruppen »organisiert« hätten. Von diesen sind nach Schätzungen maximal 100 Deutsche. Ein Drittel dieser Gruppen seien nationalitätsbezogen und benennen sich auch danach: Turkish Power, Kroatia Boys, die Teddy-Boys, in Ginnheim im Housing Area farbige Amerikaner. In den national gemischten Gruppierungen wieder sind Türken dominant, gefolgt von Marokkanern und Jugoslawen.

Warum werden Raubdelikte begangen? Nach Angaben von Professor Stüwe sei hier zunächst einmal eine Entwicklung von Einbrüchen hin zu Raub zu beobachten. Vielleicht helfe die Aufklärungsrate, um eine Erklärung zu liefern. Bei Raub werden etwa 20 Prozent der gemeldeten Delikte aufgeklärt. Raub sei also für diejenigen, die ihn in Frankfurt begingen, eine recht »sichere Sache«: Man stoße eine alte Frau um, raube die Handtasche, laufe weg, nehme das Geld heraus, schmeiße den anderen Kram weg. Geld sei nicht zu identifizieren. Die Entwicklung gehe also in diese Richtung, von Autodiebstählen weg zu Raubdelikten, weil der Markt an Autoradios »gesättigt« sei und kein entsprechender Preis mehr für gestohlene Radios erzielt werden könne. Bei der Auseinandersetzung mit dieser Entwicklung, so Stüwe, müsse in Betracht gezogen werden, daß Frankfurt als Hauptumschlagplatz für Drogen gelte, d. h. für das Beschaffen von Drogen müßten Mittel »besorgt« werden, ein Zusammenhang, der mit dem Begriff »Beschaffungskriminalität« umschrieben wird.[57]

Der hohe Anteil von »Migrantenjugendlichen« an den Tatverdächtigen bei Raubdelikten ist nach Überzeugung des Professors unter anderem darauf zurückzuführen, daß sich die zweite und dritte Generation nicht mehr in vollem Umfang an die Normen des Herkunftslandes gebunden fühle und in der Stadtumgebung neue Orientierungen und Handlungsmuster suche. Diese Generation opponiere gegen das »Selbst«-Verständnis ihrer Elterngeneration, dies gelte insbesondere für marokkanische und türkische Jugendliche. Die peergroup-Clique/Gang werde zum Familienersatz. Dort treffe man auf ein aggressives Auseinandersetzen mit seinem sozialen Umfeld, dies sei ein Lebensgefühl, dem die Stadt- und Randerfahrung, nicht wie andere qua Geburt anerkannt zu werden, entspreche. Man fühle sich in der *peergroup* verstanden, könne das aggressive »Feeling« – jeder gegen jeden – ausleben und bekomme dafür Anerkennung in der Gruppe. Weitere Gründe für diese Entwicklung des abweichenden Handelns, so Stüwe, seien in dem Verschieben des Rechtsbewußtseins zu sehen. Gewalt werde als Mittel zur Abhärtung begriffen, und die Hemmschwelle gegenüber aggressiven, gewalttätigen Formen habe sich verschoben.

Die Frankfurter Polizei drehte einen Lehrfilm über Straßenraub mit Schwerpunkt Handtaschenraub. Auslöser war, daß 1991 jeden Tag in Frankfurt durchschnittlich fünf Raubüberfälle auf der Straße verübt wurden. Mit dem Film zieht Erster Kriminalhauptkommissar Peter Borchardt von Altenheim zu Altenheim und führt ihn vor. Bei Straßenraub habe der Ausländeranteil in den letzten Jahren 80 Prozent erreicht, sagt der Kommissar. Die Täter seien Jugoslawen und Türken, Marokkaner und Griechen, Italiener und so weiter. Sie seien immer jünger geworden; sogar Zwölfjährige seien schon dabei.

Borchardt spricht von »Wohlstandsverwahrlosung«. Denn bei diesen Ausländern handele es sich häufiger um junge Leute, die mit ihren Eltern in Deutschland wohnten und auch das haben wollten, was die wohlhabenderen Deutschen besäßen. Diebstahl und Raub seien für sie auch eine Art Freizeitbewältigung.

Die Beauftragte der Bundesregierung für die Belange der Ausländer, die FDP-Bundestagsabgeordnete Cornelia Schmalz-Jacobsen, findet für das Agieren der jungen Ausländer Entschuldigungen und sucht die Schuld bei den Deutschen. »Die Attraktivität, die nationalistisch und überzogen religiös orientierte Organisationen und Vereine für ausländische Jugendliche zur Zeit entwickeln, ist auch durch die alltägliche Erfahrung der Ausgrenzung bedingt«, meint Schmalz-Jacobsen. Die »besorgniserregende Entwicklung«, daß Unterschiede zum identitätsstiftenden Moment würden, habe vor allem in den Großstädten und anderen Ballungsräumen zu einer Verhärtung der Fronten geführt. Die deutsche Bevölkerung habe hier gegenüber der ausländischen Bevölkerung eine Bringschuld. Wo diese verweigert werde, seien gerade ausländische Jugendliche gezwungen, »identitätsstiftende Momente« woanders zu suchen.

Die negative Spitze dieser Entwicklung stellt das immer weiter verbreitete Phänomen der Bandenbildung auf deutscher, aber auch auf ausländischer Seite dar. Wo sich gewalttätige Gruppen feindlich gegenüberstünden, da habe jedes Integrationskonzept versagt. Da werde das ›Ausländerproblem‹ »vollends« zu einem Problem der Polizei und verstärke zusätzlich die auf beiden Seiten existierenden Ressentiments.[58]

Um der Entwicklung Herr zu werden, bildete die Berliner Polizei aus weit über 100 Beamten eine Arbeitsgemeinschaft Gruppengewalt für eine präventive Bekämpfung des Phänomens Jugend(gruppen)gewalt. 1992 wurden in der Stadt 5683 Delikte der Jugendgruppengewalt registriert: Raub und Körperverletzung, Bedrohung und Sachbeschädigung. Die Aufklärungsquote lag bei etwa 53 Prozent. 4058 Tatverdächtige wurden ermittelt: 36,1 Prozent von ihnen waren Ausländer – mehr als ein Drittel.

Anmerkungen

1 Die Kriminalität in der Bundesrepublik Deutschland, Polizeiliche Kriminalstatistik für das Jahr 1992. Bulletin Nr. 40 der Bundesregierung vom 18. Mai 1993, S. 362.
2 Interview in: *Welt am Sonntag* vom 20. Juni 1993, S. 4.
3 Heiner Geißler, Wege aus dem Haß, in: *Bunte* Nr. 24 vom 9. Juni 1993, S. 4 f.
4 Fast keine Hemmschwelle, in: *Der Spiegel* Nr. 32 vom 9. August 1993.
5 Harriett Drack, Bewachung durch Polizei abgelehnt, in: *Kölner Stadt-Anzeiger* vom 7. Juli 1993, S. 11.
6 Jochen Kummer, Nur noch Leute mit Geld können sich Sicherheit leisten, in: *Welt am Sonntag* vom 28. 3. 1993, S. 28.
7 (Anm. 1) S. 350.
8 Bulletin (Anm. 1), S. 355.
9 Bulletin (Anm. 1), S. 363.
10 Polizeiliche Kriminalstatistik 1991, Bundeskriminalamt, Wiesbaden 1992, S. 88.
11 Bulletin (Anm. 1), S. 362.
12 Bulletin (Anm. 1), S. 364.
13 Bulletin (Anm. 1), S. 359.
14 Bulletin (Anm. 1), S. 359.
15 Bulletin (Anm. 1), S. 360.
16 Bulletin (Anm. 1), S. 361.
17 Bulletin (Anm. 1), S. 361.
18 Bulletin (Anm. 1), S. 358.
19 Bulletin (Anm. 1), S. 362.
20 Bulletin (Anm. 1), S. 362.
21 Jochen Kummer, Amtliche Zahlen zu einem Tabu: Die Kriminalität der Ausländer in Deutschland, in: *Welt am Sonntag* vom 18. April 1993, S. 31.
22 Jochen Kummer, Die Zeile der Harten Drogen ist in der Hand von Türken und Ghanaern, in: *Welt am Sonntag* vom 5. Mai 1991, S. 27.

23 Georg Kronawitter, Die Strukturen zerfallen, in: *Der Spiegel* Nr. 15 vom 12. April 1993, S. 47 – 57, hier: 50.

24 Wiebke Steffen/Peter Czogalla/Manfred Gerum/Siegfried Kammhuber/Johann Luff/Siegfried Polz, Ausländerkriminalität in Bayern – Eine Analyse der von 1983 bis 1990 polizeilich registrierten Kriminalität ausländischer und deutscher Tatverdächtiger, Kriminologische Forschungsgruppe der Bayerischen Polizei, Bayerisches Landeskriminalamt München, München 1992, S. 183 – 189.

25 Steffen (Anm. 24), S. 186 f.

26 Steffen (Anm. 24), S. 184.

27 Christian Pfeiffer, Die polizeilich registrierte Kriminalitätsentwicklung des Jahres 1991 in Niedersachsen. Ergänzende Datenanalysen zur Polizeilichen Kriminalstatistik, Kriminologisches Forschungsinstitut Niedersachsen e.V., Hannover, S. 1–13.

28 Pfeiffer (Anm. 27), S. 5.

29 Pfeiffer (Anm. 27), S. 13.

30 Jochen Kummer, Mit Öffnung der Ostgrenzen steigt die Ausländerkriminalität, in: *Welt am Sonntag* vom 8. Dezember 1991, S. 26.

31 Polizeipräsidium Frankfurt am Main, Presseinformation zu der Präsentation der Polizeilichen Kriminalstatistik 1992, Februar 1993, S. 9.

32 Hessisches Landeskriminalamt, Wiesbaden, Pressemitteilung vom 22. Februar 1993.

33 Hessisches Landeskriminalamt, Pressemitteilung vom 26. Februar 1993.

34 Hessisches Landeskriminalamt, Pressemitteilung vom 24. Februar 1993.

35 Pressemitteilung der Senatsverwaltung für Inneres Berlin vom 22. Februar 1993.

36 Streit zwischen Türken – Kugel traf 58jährigen, in: *Hamburger Abendblatt* vom 21. Juni 1993, S. 11.

37 Zigeuner-Chef schoß Frau und Sohn nieder, in: *Bild* Hamburg vom 24. April 1993, S. 4.

38 *Bild* Hamburg vom 17. März 1993.

39 Heinz Feierabend, Leserbrief, in: *Hamburger Abendblatt* vom 27./28. März 1993, S. 108.
40 Axel Sven Springer/Thomas Rosin, 1 Million Mark Falschgeld. MEK stürmt Balkan-Grill, in: *Bild* Hamburg vom 5. Mai 1993, S. 3.
41 Pressemitteilung vom 22. Februar 1993 der Senatsverwaltung für Inneres zur »Kriminalitätsentwicklung in Berlin für 1992«.
42 Lametta statt Silber, in: *Der Spiegel* Nr. 29 vom 19. Juli 1993, S. 72-79, hier S. 73.
43 *Hamburger Abendblatt* vom 12. Mai 1993, S. 1.
44 Jochen Kummer, Mit dem Anstieg der Zuwanderung aus dem Ausland registriert das BKA eine »erhebliche Zunahme« der Ausländerkriminalität, in: *Welt am Sonntag* vom 4. April 1993, S. 28.
45 Polizeipräsidium Frankfurt am Main, Presse-Information zu der Präsentation der Polizeilichen Kriminalstatistik 1992, Februar 1993, S. 3.
46 Polizeipräsidium Frankfurt am Main (Anm. 45), S. 3.
47 Polizeipräsidium Frankfurt am Main (Anm. 45), S. 44 ff.
48 Polizeipräsidium Frankfurt am Main (Anm. 45), S. 45.
49 Polizeipräsidium Frankfurt am Main (Anm. 45). S. 45.
50 Polizeipräsidium Frankfurt am Main (Anm. 45), S. 32.
51 Polizeipräsidium Frankfurt am Main (Anm. 45), S. 53.
52 Polizeipräsidium Frankfurt am Main (Anm. 45), S. 12.
53 Polizeipräsidium Frankfurt am Main (Anm. 45), S. 11 f.
54 Polizeipräsidium Frankfurt am Main (Anm. 45), S. 12.
55 Gerd Stüwe (Hrsg.), Jugend und Gewalt – Ist die Gewaltbereitschaft Jugendlicher bereits ein Massenphänomen?, Frankfurt am Main, 1993.
56 Stüwe (Anm. 55), S. 85.
57 Stüwe (Anm. 55), S. 86.
58 Jugend ohne deutschen Pass, in: Mitteilungen der Beauftragten der Bundesregierung für die Belange der Ausländer, Bonn, Dezember 1992, S. 19.

2

Der Kampf gegen die Statistik

Statt über die Lösung des Problems der Ausländerkriminalität nachzudenken, sinnen deutsche Politiker über Wege zu einer Änderung der *Statistik* nach.

Um Ausländerfeindlichkeit abzubauen, sollen die »nichtdeutschen Tatverdächtigen« in der Statistik nicht mehr gesondert aufgeführt, also verschwiegen werden. Als maßgebliche Befürworter einer solchen Änderung profilieren sich die FDP-Bundesjustizministerin Sabine Leutheusser-Schnarrenberger, der SPD-Innenminister von Nordrhein-Westfalen Herbert Schnoor und Heiner Geißler.

Damit begeben sich diese Politiker auf den Pfad der Vertuschung und der Manipulation: Wenn sich schon die Kriminalitätssteigerung der Ausländer nicht ändern läßt, soll wenigstens die Kriminalstatistik geändert werden. Statt offen und differenziert das Problem Ausländerkriminalität zu erörtern, soll so eine als Voraussetzung für die Analyse unverzichtbare Diskussionsgrundlage beseitigt werden. Zum Wunschziel Integration der Ausländer durch Totschweigen »nichtdeutscher Tatverdächtiger«?

Die Bundesjustizministerin Sabine Leutheusser-Schnarrenberger wurde am 23. Juni 1993, nach dem Anschlag von Solingen, vom *Hamburger Abendblatt* gefragt: »Sollte die Statistik geändert werden?« Sie antwortete: »Etwas. Solche Straftaten, die nur von Ausländern aufgrund ihres Status begangen werden können, sollten weiterhin gesondert ausgewiesen werden, zum Beispiel Verstöße gegen das Ausländergesetz oder das Asylverfahrensgesetz.«

Doch gerade dieses »Etwas« bedeutet in Wahrheit etwas ganz Wesentliches: Die Justizministerin will Mord und Totschlag, Drogenschmuggel und Vergewaltigungen, Raubüberfälle und Diebstähle usw. durch Ausländer offenbar nicht mehr gesondert in der Kriminalstatistik ausweisen. Ihre Begründung ist rätselhaft: »Die Mordtaten von Mölln und Solingen haben gezeigt, daß wir mehr für die Integration unserer ausländischen Bürger tun müssen.« Die Angaben über die Kriminalität von Ausländern seien interpretationsbedürftig und dürften nicht kommentarlos den Angaben der Kriminalität von Deutschen gegenübergestellt werden. Damit könnte auch ein Integrationshindernis aufgebaut werden.[1]

Es war nicht das erste Mal, daß die Bundesjustizministerin mit solchen Vorschlägen an die Öffentlichkeit trat. Sie tat es wenige Tage vorher, am 14. Juni 1993, in der linken *tageszeitung* – nur etwas vorsichtiger: Sie hätte Schwierigkeiten damit, daß in den Polizeistatistiken gesondert Ausländerkriminalität ausgewiesen sei. Selbstverständlich wisse sie, daß auch Ausländer Straftaten begingen. Aber es werde ja jeder, der gegen Gesetze verstoße, verfolgt, gegen ihn werde ermittelt, und er müsse bestraft werden – egal, ob Ausländer oder Inländer. Auf die Frage »Was könnten Sie dazu tun, um diese Statistikpraxis zu ändern?« antwortete die Ministerin: Sie sei als Justizministerin dafür nicht zuständig. Sie meine aber, daß wir über diesen Punkt nachdenken sollten![2]

Der Landespolizeipfarrer der Evangelischen Kirche im Rheinland, Martin Krolzig, hat diese Gefahr des Verschweigens vor vielen anderen erkannt und sie im Januar 1992 öffentlich gemacht. Als Mahnung an alle zaudernden Politiker schrieb er in der Zeitschrift *Deutsche Polizei*, dem Organ der Gewerkschaft der Polizei (GdP) für rund 200 000 Mitglieder, in einem Beitrag mit dem Titel »Gefahr durch Verschweigen«:[3]

»›Ein typischer Ladendiebstahl ist der polnische Tourist, der auf Bestellung klaut – aber lassen Sie das um Himmels willen weg, ich möchte nicht noch Öl ins Feuer gießen.‹ So Dieter M., Polizeiobermeister aus Hannover, in einem Gespräch über Probleme mit Ausländern und Asylbewerbern. Ich halte seinen Satz für typisch und exemplarisch«, schreibt Pfarrer Krolzig.

Festzuhalten sei, daß Polizisten im Zusammenhang mit Ausländern und Asylanten große Probleme hätten, die sie beinahe resignieren ließen, erklärt Krolzig. Es gäbe keine Ausländerfeindlichkeit bei der Polizei. Der Pfarrer meint: Die Gefahr, daß sich existierende Vorbehalte mit allen unerwünschten Nebenfolgen verstärkten, sei ernst zu nehmen. Er fährt fort: »Die Gefahr wird durch Verschweigen förmlich herbeigeredet.«

Der Pfarrer führt das Beispiel Frankfurt am Main an. Da ließen sich die Dinge nicht mehr wegdiskutieren oder wegdefinieren – ebenfalls beliebte, aber untaugliche Strategien, um bedrängende oder heikle Probleme loszuwerden. Da ständen Polizisten jugoslawischen Gangs gegenüber, die durch aktive und passive Bewaffnung zunehmende Gewaltbereitschaft erkennen ließen und sich als die eigentlichen Herren des Bahnhofsviertels verstehen. Angst entstehe bei den Polizistinnen und Polizisten. Die brutale Kriminalität der Jugoslawen sei seit langem bekannt, aber wirksame politische Maßnahmen gegen sie seien unterblieben. Da platze den Kolleginnen und Kollegen der Kragen gelegentlich und sie verallgemeinern: »Die Jugos sind alle Verbrecher.« Wer jahrelang die Polizei allein ließe, entlarve sich als Heuchler, wenn er mit erhobener Stimme Differenzierung anmahne oder frage, ob das denn nicht ausländerfeindlich sei.

Der Pfarrer erwähnt folgende Erfahrung: Da werde in Wuppertal ein Ghanaer beim Verkauf von Heroin aufgegriffen. Der Dienstgruppenleiter stelle fest, daß der Asylbewerber gestern in Stuttgart und in der vorigen Woche in Hamburg wegen des gleichen Deliktes mit der Polizei in Berührung gekommen sei. Auch er werde ihn wieder laufen lassen müssen und hoffe nur, daß er demnächst in eine andere Stadt wechsele. Eins wisse der Kollege aber ganz genau: Ausgewiesen oder abgeschoben werde der Mann nicht. Auch nach einer dritten und vierten massiven Vorstrafe passiere das nicht, weil »der Lebensmittelpunkt des Asylbewerbers hier sei«, wie der Richter in seinem Urteil – beileibe kein Einzelfall – erklärt habe.

Krolzig kommt auf die Auseinandersetzung um die Kriminalstatistik zu sprechen. Früher habe man auch durch sogenannte Bearbeitung und Bereinigung von Statistiken die Frage der Ausländerkriminalität als nicht gravierend herunterzuspielen versucht und so eine »ausländerfreundliche« Gesinnung unter Beweis stellen wollen. »Ziel war, die Ausländerkriminalität als nicht höher als die der deutschen Bevölkerung erscheinen zu lassen. Doch das Problem läßt sich nicht wegdefinieren, abgesehen davon, daß die Kolleginnen und Kollegen vor Ort ganz andere Erfahrungen machten.«

In der Lust, Zahlen wegzudefinieren, hat der deutsche international renommierte Psychologe Professor Peter R. Hofstätter, der an amerikanischen und deutschen Universitäten, zuletzt in Hamburg, gelehrt hat, eine den Deutschen eigene »Zahlenscheu« erkannt. Dabei hänge »die Zahlenscheu keineswegs nur von der Qualität des jeweils Gezählten ab«.[4] »Vielleicht ist es wirklich so, daß statistische Methoden dem deutschen Geist zwar nicht völlig fremd, aber doch einigermaßen unheimlich sind«, meint der Psychologe. »In unserem Denken klafft hier eine peinliche Lücke, die sich als die geringe Bereitschaft charakterisieren läßt, mit Wahrscheinlichkeiten zu operieren.«

Zu der Bundesjustizministerin Sabine Leutheusser-Schnarrenberger, die das Problem Ausländerkriminalität nun vorrangig nach eben dem geschilderten Muster wegdefinieren will, gesellen sich zwei Politiker scheinbar gegensätzlicher Couleur: der Stellvertretende CDU/CSU-Fraktionsvorsitzende Heiner Geißler und der SPD-Innenminister Herbert Schnoor von Nordrhein-Westfalen.

Nach dem Brandattentat in Solingen waren die beiden Politiker sowie der türkische Botschafter Onur Öymen am 31. Mai 1993 Interviewpartner des ARD-Moderators Fritz Pleitgen im Rahmen der ARD-Fernsehsendung »Brennpunkt«. Es ging u. a. um das Entstehen einer Fremdenfeindlichkeit in Deutschland und ihre Ursachen. Geißler äußerte die Ansicht:

»Dazu gehört zum Beispiel auch – weil der Innenminister von Nordrhein-Westfalen gerade geredet hat –, daß die Innenministerien nun endlich mal aufhören, diese Kriminalstatistik aufzugliedern zwischen Deutschen und Ausländern. Das sind statistische Lügen, die hier verbreitet werden und die nur dazu dienen, den Rechtsradikalen Futter zu geben. Ich löse ja die Kriminalstatistik auch nicht auf nach anderen Kollektiven und sage, wieviel Beamte oder wieviel Arbeiter soundsoviel Straftaten gemessen an ihrer Anzahl in der Bevölkerung gemacht haben, aber bei den Ausländern macht man es, obwohl man ganz genau weiß, daß beides nicht miteinander vergleichbar ist.«[5]

Innenminister Schnoor, der zu der Sendung zugeschaltet

war, konnte nicht mehr antworten, weil er das Düsseldorfer ARD-Studio bereits wieder verlassen hatte. Deshalb schrieb er Geißler am 21. Juni 1993 einen Offenen Brief:

»Sehr geehrter Herr Dr. Geißler,
vor einigen Tagen entnahm ich einer deutschen Sonntagszeitung Ihre an mich gerichtete Aufforderung, mit der Unterscheidung in den polizeilichen Kriminalstatistiken nach deutschen und ausländischen Tatverdächtigen nun endlich aufzuhören . . .
Wir sind uns darin einig, daß die Unterscheidung nach deutschen und ausländischen Tatverdächtigen wenig sinnvoll ist. Sie verschweigt die nach Alter und Geschlecht unterschiedliche Zusammensetzung der deutschen und der ausländischen Bevölkerung, differenziert nicht nach sozialen Umständen und verfälscht zudem die Statistik dadurch, daß sie die von den ausländischen Touristen und Angehörigen der Stationierungsstreitkräfte begangenen Straftaten den hier lebenden Ausländern hier zurechnet. Deshalb bin ich – um es mit Ihren Worten zu sagen – mit Ihnen der Meinung, daß diese ›statistischen Lügen‹ (. . .) nur dazu dienen, den Rechtsradikalen Futter zu geben‹ . . .
Dies ist ein ganz typisches Argumentationsmuster: Ausländer bringen die Kriminalität nach Deutschland und sollten deswegen eigentlich erst gar nicht einreisen. Tun sie dies aber doch und verhindert dies die Politik nicht, ist Gewalt zwar noch nicht gerechtfertigt, aber man darf ihr Beifall zollen, ohne daß man den Claqueuren gleich mangelnde Rechtstreue attestieren muß.
Solchen und ähnlichen Schlußfolgerungen muß man widersprechen, wo immer es geht, und ich freue mich sehr darüber, daß Sie diese Ansicht teilen. Ich werde deshalb gern bei der nächsten Konferenz der Innenminister und -senatoren (IMK) im November die Problematik im Sinne unseres gemeinsamen Anliegens zur Sprache bringen. Dabei vertraue ich darauf, daß es Ihnen mit der Autorität Ihrer Person und Ihres Amtes gelingen wird, meine Innenminister-Kollegen in den CDU/CSU-regierten Ländern schon im Vorfeld dieser Konferenz von der Richtigkeit unseres Vorhabens zu überzeugen.
Mit freundlichen Grüßen   gez. Dr. Herbert Schnoor.«

Schnoor will mit Geißler an den bundeseinheitlichen Richtlinien der Polizeilichen Kriminalstatistik (PKS) rütteln, die in wesentlichen Teilen seit dem 1. Januar 1971 gelten.

Professor Hans-Dieter Schwind, seit 1974 Inhaber des Lehrstuhls für Kriminologie, Strafvollzug und Kriminalpolitik an der Ruhr-Universität Bochum, wendet sich gegen den Vorschlag, die Ausländer in der Kriminalstatistik nicht mehr aufzuführen. Schwind war von 1987 bis 1990 Vorsitzender der Anti-Gewalt-Kommission der Bundesregierung. Er faßt die Situation zusammen, wie sie durch ausländische Kriminelle herbeigeführt worden ist: Die Tatkomplexe reichten vom Ladendiebstahl bis zum Wohnungseinbruch und von der Schutzgelderpressung bis zur Zuhälterei, nicht zuletzt auf dem Drogenstrich. Nach den Feststellungen der Frankfurter Polizei sollen zum Beispiel 70 Prozent der marokkanischen und algerischen Händler im Bereich des Frankfurter Hauptbahnhofs Asylbewerber sein. Die Polizeiliche Kriminalstatistik für das gesamte Bundesgebiet zeige, daß inzwischen mehr als 30 Prozent aller Raubtaten, Vergewaltigungen und gefährlichen oder schweren Körperverletzungen von Nichtdeutschen verübt würden. Am Taschendiebstahl seien Ausländer sogar mit mehr als 70 Prozent beteiligt.

Aus dieser Lageschilderung zog Schwind in einem Beitrag für die *Frankfurter Allgemeine Zeitung* vom 24. Juni 1993 den Schluß: »Die daraus resultierenden Probleme werden nicht dadurch gelöst, daß man nach dem jüngsten Vorschlag von Heiner Geißler Ausländer in der Kriminalstatistik nicht mehr erwähnt.« Er führte für seinen Standpunkt folgende Argumente an: Die Kriminalität der Ausländer spreche sich auch auf andere Weise herum. Die Veränderung des Straßenbildes und die persönliche Erfahrung spielten dabei eine wichtige Rolle. Geißlers Hinweis, daß die PKS-Zahlen eine »statistische« Lüge darstellten, treffe so auch nicht zu. Diese Behauptung wäre nur dann überzeugend, wenn sie sich auf eine Verlaufsstatistik (die von der Anzeige bis zur Verurteilung reicht) stützen könnte, wie sie die Anti-Gewalt-Kommission der Bundesregierung angeregt habe. Eine entsprechende Statistik gebe es aber immer noch nicht.[6]

Auf Schwinds Widerspruch gegen Geißlers Forderung entgegnete wiederum Geißler in der *Süddeutschen Zeitung* vom 10./11. Juli 1993:

»Dabei sind die amtlichen Kriminalstatistiken schon deswegen eine faustdicke Lüge, weil sie nur die *Tatverdächtigen* registrieren, aber keine Auskunft geben über die tatsächlichen Verurteilungen.«[7]

Geißler vertritt nicht die mehrheitliche Meinung der CDU/CSU-Bundestagsfraktion. Der damalige CDU-Innenminister Rudolf Seiters äußerte am 20. Juni 1993, einen Tag vor dem Offenen Schnoor-Brief, in der *Welt am Sonntag* die Ansicht:

»Den hier lebenden Ausländern würde kein Gefallen damit getan, wenn das Problem der Kriminalität von Ausländern aus falsch verstandener Rücksichtnahme heruntergespielt oder totgeschwiegen würde.«[8]

Gerade gesetzestreue Ausländer in Deutschland legen Wert darauf, daß sie mit den kriminellen Ausländern nichts gemein haben. Eine differenzierte Statistik ist eine Voraussetzung, die Unbescholtenen von den Kriminellen zu unterscheiden.

Heiner Geißler setzt sich seit den achtziger Jahren leidenschaftlich für eine multikulturelle Gesellschaft in Deutschland ein. Er forderte zuletzt im *Spiegel* vom 18. Januar 1993 »eine gesetzliche Regelung der Zuwanderung« und sieht einen »Gewinn« im »Zusammenleben von 74 Millionen Deutschen mit heute sechs und morgen vielleicht acht Millionen Ausländern«. Sein Credo lautet: »Die eigentliche Frage ist also nicht mehr, *ob* wir in Deutschland in Zukunft mit Menschen anderer zusammenleben wollen, sondern *wie* wir mit ihnen zusammenleben werden.«[9]

Geißler rezensierte im *Spiegel* ein Buch der Autoren Daniel Cohn-Bendit und Thomas Schmid mit dem Titel »Heimat Babylon – Das Wagnis der multikulturellen Demokratie«.[10] Cohn-Bendit leitet ein 1989 geschaffenes »Amt für Multikulturelle Angelegenheiten« im rot-grünen Magistrat der Stadt Frankfurt am Main; Schmid ist einer seiner Mitarbeiter.

Über das Buchkapitel »Sind Ausländer krimineller als Deutsche?« verliert Geißler seltsamerweise nur einen Satz: »Das Buch widerlegt mit guten Argumenten nicht nur das Vorurteil, daß Ausländer krimineller seien als Deutsche, sondern räumt auch auf mit dem Mythos, die Existenz von Ausländern in Deutschland sei ein Provisorium.«[11]

Cohn-Bendit und Schmid leiten ihr Kapitel »Sind Ausländer krimineller als Deutsche?« mit einer listigen Antwort ein: »Ja, sie sind es. Und sie sind es doch nicht. Diesen Widerspruch wollen wir im folgenden aufklären.«[12] Doch dann bedienen sich die beiden der üblichen Standardargumente gegen das Urteil, Ausländer in Deutschland seien krimineller als Deutsche, u. a.: Es würden auch kriminelle Angehörige der Streitkräfte, Touristen, Durchreisende und auch illegal nach Deutschland eingereiste Personen als »nichtdeutsche Tatverdächtige« registriert, obwohl sie nicht zur Wohnbevölkerung zählten. Verzerrend sei auch, daß einige Straftaten nur von Ausländern begangen werden könnten. In der Bevölkerung gebe es zudem nach der »neueren kriminologischen Forschung« eine erhöhte Bereitschaft, nicht-deutsche Tatverdächtige anzuzeigen.[13] Unter den Ausländern bestehe eine andere Alters- und Geschlechtsstruktur. Irreführend seien Statistiken auch, weil sich Ausländer in Ballungsgebieten konzentrieren, in denen auch die Kriminalitätsrate der Deutschen höher sei.

Alle diese Argumente Cohn-Bendits und Schmids halten, wie in unserem Kapitel über die BKA-Statistik belegt, einer Prüfung nicht ausreichend stand. Zugunsten der beiden Autoren sei angeführt, daß ihnen die Zahlen über die rapide Steigerung der Ausländerkriminalität von 1992 noch nicht vorlagen.

An dieser Stelle sei die Erklärung des Direktors des Hessischen Landeskriminalamtes (LKA), Klaus Jürgen Timm, der wie Cohn-Bendit im rot-grün regierten Hessen wirkt, wiederholt. Timm liegen sämtliche Erkenntnisse vor, einschließlich neuerer kriminologischer Forschungen von Bedeutung. Denn die Vertreter der behördeneigenen und behördennahen kriminologischen Forschungseinrichtungen des Bundes und der Länder treffen sich einmal jährlich zur Unterrichtung über und Koordination von Forschungsvorhaben. Im April 1993, also nachdem Cohn-Bendit seine Rechnung von der Ausländerkriminalität aufmachte, erklärte LKA-Direktor Timm: Tatsache sei, daß Ausländer in der Kriminalität im Vergleich zu den Deutschen ungefähr doppelt so stark belastet seien. Diese Quote ergebe sich trotz einer zweifachen Bereinigung. Auch wenn man erstens die Verstöße der Ausländer gegen das Ausländergesetz und gegen das Asylverfahrensgesetz abzieht und zweitens bei den Tatverdächtigen die Stationierungsstreitkräfte, Touristen, Durchreisende und illegal Aufhältliche unberücksichtigt läßt, betrage die sogenannte Kriminalitätsbelastungsziffer (KBZ) – Tatverdächtige bezogen auf 100 000 Einwohner – bei Ausländern gegenüber Deutschen das Doppelte. Dabei bleibe allerdings eine weitere, jedoch nicht quantifizierbare Minderung der Kriminalitätsbelastungszahlen Nichtdeutscher durch unterschiedliche Alters- und Geschlechtsstruktur im Verhältnis zu Deutschen unberücksichtigt.[14]

Geißler unterschlägt in seiner Rezension, daß Cohn-Bendit und Schmid in ihrem sechs Seiten umfassenden Kapitel über die Ausländerkriminalität – im Gegensatz zu Geißler – sich durchaus auch zu differenzieren bemühen und sich zu der Feststellung durchringen: »Dennoch wollen wir nicht wegdiskutieren, daß auch nach Berücksichtigung all dieser Faktoren Ausländer vergleichsweise kräftig zur Kriminalstatistik beitragen.«[15] Das Frankfurter Amt für Multikulturelle Angelegenheiten reagiert inzwischen auf das offenbar auch von Cohn-Bendit keineswegs als belanglos eingestufte Problem Ausländerkriminalität. So kooperiert das Amt z. B. mit der Frankfurter Polizei, um kurz- und längerfristige Strategien zu entwickeln, die das Problem Kriminalität wenigstens entschärfen könnten. Ein Vertreter des Amtes nimmt an den regelmäßigen Koordinationstreffen der verschiedenen Dezernate der Polizei teil.[16]

Was weder Geißler noch Cohn-Bendit an drohenden Konflikten wahrhaben wollen, sieht Friedensforscher Alfred Mechtersheimer auf die Deutschen zukommen: Die vielfältigen Fragen chaotischer und inhumaner Einwanderungspolitik, die wachsende soziale Not und eine allgemeine Zunahme gesellschaftlicher Gewalt hätten den Weg zu einem chronischen Bürgerkrieg geebnet. Die Gefahr sei akut, daß sich immer größere Teile der Bevölkerung – auch der ausländischen – infolge multikultureller Spannungen nach rechts radikalisierten, was unweigerlich auch linksradikale Kräfte mobilisiere. Es wäre nicht das erste Mal in der Geschichte, daß linke universalistische Utopien rechte Radikalität fördern und *Multikulturalität dem Rassismus* den Weg bereitet.[17]

Die Rechenkünste des Innenministers Herbert Schnoor

Die Grünen im Landtag von Nordrhein-Westfalen stellten am 15. Juni 1993 folgenden Antrag: »Merkmal ›Ausländer‹ aus Kriminalitätsstatistik entfernen. Der Landtag fordert die Landesregierung auf, das Landeskriminalamt und das Landesamt für Datenverarbeitung und Statistik anzuweisen, bei der jährlich erstellten ›Polizeilichen Kriminalitätsstatistik‹ und bei der ›Verurteiltenstatistik‹ auf das Merkmal ›nichtdeutsche Tatverdächtige‹ bzw. ›Ausländer‹ zu verzichten. Begründung: Das statistische Merkmal ›Ausländer‹ ist diskriminierend, sachfremd und fördert die Stimmungsmache gegen unsere ausländischen Mitbürger/innen . . . Schon der Begriff ›Ausländerkriminalität‹, zu dem die statistische Erhebung unter dem Merkmal ›Ausländer‹ hinführt, verdeutlicht den demagogischen Hintergrund . . .«[18]

In der Debatte sagte der SPD-Landtagsabgeordnete Friedhelm Farthmann zur Kriminalstatistik: »Die Wahrheit zu unterdrücken, war und ist immer falsch.« Der Wahrheit müsse man sich stellen, auch der unangenehmen.[19] Später bat der nordrhein-westfälische SPD-Innenminister Schnoor um das Wort und führte unter anderem aus: »Die Wahrheit unterdrücken, ist falsch! Diesem Satz stimme ich vorbehaltlos zu.«

Wenn man Aussagen über bestimmte Täterbereiche nicht

mehr treffe, nachdem man sie jahrelang getroffen habe, führe dieses zu neuen Spekulationen, erklärte Schnoor. Er wisse auch: Selbst wenn man vieles bereinigte und interpretierte, seien die Kriminalitätsbelastungszahlen sehr hoch. Es komme also auf die Interpretation an. Er sei der Meinung: Nicht die Statistik, sondern die Interpretation sei das Problem. Die müsse in der Statistik ansetzen.[20]

Nach der Beratung wurde darüber abgestimmt, den Antrag der Grünen an den Ausschuß für Innere Verwaltung und an den Rechtsausschuß des Landtags zu überweisen. Das geschah einstimmig – einschließlich der Stimme Schnoors.[21]

Der nordrhein-westfälische Innenminister Dr. jur. Herbert Schnoor, ein studierter Verwaltungsjurist, ist für die einen ein »opportunistisch verführbarer Innenminister«, für andere ein »besonnener Liberaler mit Skrupel« und ein »Vorkämpfer sozial-demokratischer Rechts- und Innenpolitik mit bundesweiter Ausstrahlung«.

Schnoor hat schon 1988 die Polizeiliche Kriminalstatistik ins Visier genommen. Er beteiligte sich an einem Projekt unter dem Titel »Bericht '99 – Zur Situation der ausländischen Arbeitnehmer und ihrer Familien – Bestandsaufnahme und Perspektiven für die 90er Jahre«. Der Band erschien am 1. Dezember 1988, eine 2. ergänzte Auflage 1990. Als Herausgeberin zeichnet die Beauftragte der Bundesregierung für die Integration der ausländischen Arbeitnehmer und ihrer Familienangehörigen, gemeinhin kurz Ausländerbeauftragte genannt, damals war dies Staatsministerin a. D. Liselotte Funcke (FDP). Schnoor nahm sich in dem 394 Seiten umfassenden Bericht auf neun Seiten des Themas »Kriminalität von Deutschen und Ausländern – Probleme eines Vergleichs« an. Ihm standen für das Buch die Zahlen von 1987 als aktuelle Grundlage zur Verfügung.[22]

Schnoor verfolgt mit seinem Beitrag das Ziel, mit aller An-strengung Gefahren, die von kriminellen Ausländern ausge-hen könnten, zu verharmlosen oder gar zu bestreiten. Schnoor hat sich von Beginn an in den Dienst derartiger Ver-schönerungskampagnen gestellt oder die einschlägigen Ver-nebler konnten sich seiner bedienen.

Auch Schnoor versäumt es nicht, das Argument anzufüh-ren, illegale Ausländer und Touristen, Angehörige alliierter Streitkräfte (einschließlich ihrer Familienangehörigen) und Geschäftsleute aus dem Ausland würden durch die Auslän-derstatistik nicht erfaßt, gingen aber, wenn sie straffällig werden, zum Teil in die Kriminalstatistiken ein. Er wieder-holt das Argument von der unterschiedlichen Alterszusam-mensetzung von Deutschen und Ausländern in Deutschland. Außerdem seien viele Kriminalitätsformen ausgesprochen altersgeprägt. So kämen Gewaltdelikte bei Zwanzigjährigen häufiger vor als bei Fünfzigjährigen. Demgemäß sei für einen Kriminalitätsvergleich zwischen Deutschen und Aus-ländern der Umstand von wesentlicher Bedeutung, daß die Alterszusammensetzung der ausländischen von derjenigen der deutschen Bevölkerung deutlich abweiche. Besonders groß sei der Anteil der Jugendlichen und der jungen Erwach-senen an der Gesamtzahl der festgestellten Kriminalität. Ge-rade in diesen Altersgruppen aber sei der Anteil der Auslän-der an der Gesamtbevölkerung in den vergangenen Jahren deutlich gestiegen und erheblich größer als in den älteren Generationen. So habe zum Beispiel der Bevölkerungsanteil der unter 21jährigen in Nordrhein-Westfalen 1987 bei den Ausländern bei 27,8 Prozent gelegen, bei Deutschen ledig-lich bei 16,5 Prozent. Auch die Zusammensetzung der Be-völkerung nach dem Geschlecht spiele für die Beurteilung der Kriminalitätsbelastung der einzelnen Bevölkerungsgruppen eine entscheidende Rolle. Die Geschlechterproportion der strafmündigen Bevölkerung über vierzehn Jahre sei bei den Deutschen ausgeglichener als bei den Ausländern. Es bleibe festzustellen, daß die auf den ersten Blick ganz erheblich über den Vergleichsziffern der Deutschen liegenden Kriminalitätsbelastungszahlen der Ausländer bei Ausschaltung statistischer Verzerrungsfaktoren deutlich sänken.[23] Schnoor ließ dazu mit Hilfe von Grafiken die »Disproportion zwischen ausländischer und deutscher Bevölkerung in Nordrhein-Westfalen entzerren, um zu demographisch vergleichbaren Daten zu gelangen«. Sein Fazit: »Bei einer demographischen Umrechnung der Polizeilichen Kriminalitätsstatistik« würde sich die Zahl ausländischer Tatverdächtiger um ein Viertel verringern.[24]

Im Streit, ob Ausländer in Deutschland krimineller sind als Deutsche, kristallisieren sich mithin auf der (partei)politischen Ebene zwei gegensätzliche Pole heraus. Auf der einen Seite steht der SPD-Innenminister Herbert Schnoor, der dieses Ministeramt in Nordrhein-Westfalen seit 1980 ausübt. Er mißt der unterschiedlichen Alters- und Geschlechtsstruktur eine »entscheidende Rolle« bei. Auf der anderen Seite steht beispielsweise der CDU-Bundestagsabgeordnete Heinrich Lummer, der in turbulenter Zeit von 1981 bis 1986 das Amt eines Bürgermeisters und Innensenators von Berlin unter dem damaligen Regierenden Bürgermeister Richard von Weizsäcker bekleidete. Nach Lummers Überzeugung erklärt die unterschiedliche Struktur die höhere Ausländerkriminalität nur zu »einem kleinen Teil«.[25]

Ein anerkannter Fachmann, der Direktor des Hessischen Landeskriminalamtes, Klaus Jürgen Timm, folgt weder Schnoor noch Lummer, sondern spricht der unterschiedlichen Alters- und Geschlechtsstruktur »eine nicht quantifizierbare Minderung der Kriminalitätsbelastungszahlen« zu.[26]

Für die Opfer erscheint dies müßig.

Argumenten, wie sie Schnoor und Geißler vorbringen, hält der Bochumer Kriminologe Professor Schwind entgegen: Rund 30 Prozent aller Tatverdächtigen im Alter zwischen 14 und 21 Jahren seien heute Nichtdeutsche, und das bei einem ausländischen Bevölkerungsanteil an dieser Altersgruppe von lediglich zehn Prozent. »Mit Selektionsmechanismen kann man das Phänomen allein nicht erklären«, äußerte er in einem Aufsatz in der *Frankfurter Allgemeinen Zeitung.* »Als Ursachen kommen vielmehr vor allem ungelöste soziale Probleme in Frage.«[27]

Schnoor übersieht auch, daß die Statistiken durchaus differenziert die Ausländerkriminalität aufschlüsseln, worauf die nordrhein-westfälische FDP-Landtagsabgeordnete Dagmar Larisika-Ulmke in jener Landtagsdebatte im Juni 1993 in Düsseldorf hinwies. Sie ist auf dem Gebiet fachkundig – sie ist eine Kriminalbeamtin a. D. »Ich habe dieses große Buch mitgebracht: das ist allerdings die Statistik von 1991«, erklärte sie. »In dieser Statistik sind 28 Seiten Statistik nur über nichtdeutsche Straffällige.« Da werde nicht einfach nur zwischen Deutschen und Nichtdeutschen unterschieden, sondern hier gebe es zum einen ›internationale Straftäter‹. Dann gehe es bei den Nichtdeutschen weiter: Man könne erst einmal die Staatsangehörigkeit ankreuzen; dann werde der Anlaß des Aufenthalts angekreuzt. Es werde weiter angekreuzt, als was jemand in Deutschland sei: illegal, Stationierungskräfte und Angehörige, Tourist, Durchreisender, Student, Schüler, Arbeitnehmer, Gewerbetreibender, Asylbewerber, Sonstiger.

Jede Position habe ihre eigene Kennziffer in der Kriminalstatistik, berichtete die Abgeordnete. Über 300 sogenannte Schlüssel werden verwendet. Es könne also niemand behaupten, es würden die Angehörigen irgendwelcher Nationalitäten »in einen Topf geworfen«. Auf 28 Seiten Kriminalstatistik werde nach Alter, nach Geschlecht und auch nach den Straftaten unterschieden.[28]

Innenminister Schnoor endet in seinem Beitrag zum Buch »Bericht '99« – ähnlich wie Cohn-Bendit – nach allerlei Runter-, Um- und Schönrechnereien bemerkenswerterweise bei der Erkenntnis: Es blieben doch Besonderheiten in der Kriminalitätsstruktur und -entwicklung der beiden Bevölkerungsgruppen bestehen: Die kriminelle Belastung der Ausländer und der Deutschen in den einzelnen Deliktstypen sei »signifikant unterschiedlich«. Die Polizeiliche Kriminalstatistik weise für 1987 einen Ausländeranteil an der Gewaltkriminalität von 17 Prozent aus. Die Kriminalitätsbelastungszahl bei Gewaltdelikten für registrierte Ausländer betrage 363 pro 100 000 Einwohner. Sie liege damit um 152 Prozent über der der Deutschen, die nur 144 betrage. Bei einzelnen Delikten sei das Verhältnis noch ungünstiger.[29]

Bei einer Bewertung der Ausländerkriminalität, so fügt Schnoor entschuldigend hinzu, dürfe nicht außer acht gelassen werden, daß als Ursachen die für Ausländer häufig »völlig fremden« Lebensumstände in der Bundesrepublik, unterschiedliche Ehe- und Moralvorstellungen und weitere sozialrelevante Faktoren »eine nicht unerhebliche Rolle« spielten. So komme dem Umstand, daß insbesondere bei den Asylbewerbern zahlreiche junge Männer alleine, ohne familiäre Anbindung und oft ohne zureichende soziale Betreuung in der Bundesrepublik lebten, ein besonderes Gewicht zu.[30]

Soll einer vergewaltigten Frau erklärt werden, daß der ausländische Täter in seiner Einstellung zu Frauen eben noch stark von traditionellen Vorstellungen seines Heimatlandes geprägt ist? Das wäre mehr als zynisch.[31]

Daß soziale Aspekte in Polizeilichen Kriminalstatistiken nicht enthalten sind, rechtfertigt nicht die Schlußfolgerung, diese Art Statistiken führten in die Irre.

Schnoor, der als oberster Dienstherr der nordrhein-westfälischen Polizeibeamten einschließlich des Landeskriminalamtes (LKA) fungiert, hält immerhin diese statistische Erkenntnis für erwähnenswert: »Der Kriminalitätsanteil ausländischer Kinder ist etwa doppelt so hoch wie ihr Anteil an der Gesamtbevölkerung der entsprechenden Altersgruppe; bei den Jugendlichen beträgt das entsprechende Verhältnis immerhin noch nahezu zwei zu eins.« Schnoor glaubt die Ursache nennen zu können. Es liege nahe, als eine der Hauptursachen die »vergleichsweise schlechten Lebensperspektiven« der hier lebenden jungen Ausländer anzunehmen.[32]

Am Ende seines Beitrages offenbart Schnoor, wohin seine Argumentenkette führen soll. Er will die Integration vorantreiben durch eine erleichterte Einbürgerung, durch die Gewährung des kommunalen Wahlrechts für Ausländer, Nachzugserleichterungen von Angehörigen der Ausländer und vieles mehr. SPD-Schnoor vereint sich mit CDU-Geißler und dem Grünen Cohn-Bendit in der Vision einer multikulturellen Gesellschaft. Schnoor sagt:»Erleichterungen bei der Einbürgerung werden nach den bisherigen Erfahrungen nur von einem geringen Teil der Ausländer in Anspruch genommen, da ihre Bindungen an das Herkunftsland vielfach zu groß sind. Es ist deshalb notwendig, innerhalb der Bundesrepublik Deutschland eine breite Übereinstimmung darüber herbeizuführen, daß Ausländer mit der Gewährung des kommunalen Wahlrechts die Integration leichter gemacht und das Gefühl bei ihnen verstärkt wird, in unserer Mitte akzeptiert zu werden.«[33]

Zur Erreichung einer solchen »breiten Übereinstimmung« ist das Thema Ausländerkriminalität mit hoher Wahrscheinlichkeit hinderlich.

Schnoors Schönfärberei und Wunschdenken werden durch die Realität der Ausländerkriminalität in den vergangenen fünf Jahren seit 1987 ad absurdum geführt. Er selbst und sein Innenministerium in Düsseldorf gaben bedrohliche Verwerfungen anzeigende Zahlen und Fakten im März 1993 an die Öffentlichkeit.[34]

Minister Schnoor legte am 15. März 1993 die Kriminalstatistik 1992 von Nordrhein-Westfalen vor. Eine Presseinformation seines Ministeriums listete die Erhebungen für das bevölkerungsreichste Bundesland auf. Das Kapitel über ausländische Kriminelle wurde mit der Überschrift versehen »Anteil der Nichtdeutschen Tatverdächtigen um 3 Prozent gestiegen.« Der Titel suggeriert, alles sei halb so schlimm.

Der Text allerdings ist alarmierend.[35]

Die Anzahl der ermittelten nichtdeutschen Tatverdächtigen hat sich 1992 gegenüber dem Vorjahr erhöht (1992 = 103 054; 1991 = 87 647). Die Zunahme beträgt plus 15 407 oder 17,6 Prozent. Der Anteil der nichtdeutschen Tatverdächtigen an den Tatverdächtigen insgesamt betrug 1992 = 27,7 Prozent (1991 = 24,7 Prozent). An den deutschen Tatverdächtigen wurden 1992 = 269 695 und 1991 = 266 673 ermittelt (+ 3022 Tatverdächtige oder 1,1 Prozent).

Während also die Zahl der ausländischen Tatverdächtigen um 17,6 Prozent stieg, betrug die Steigerung bei den deutschen Tatverdächtigen ganze 1,1 Prozent.

Eine Tabelle des Ministeriums führt die starke Steigerung der Ausländerkriminalität in Schnoors Amtsbereich Nordrhein-Westfalen vor Augen:

Jahr	Tatverdächtige Asylbewerber n	Zunahme gegenüber dem Vorjahr %	
		n	%
1987	12 177	+ 3 325	+ 37,6
1988	16 210	+ 4 033	+ 33,1
1989	18 551	+ 2 341	+ 14,4
1990	25 527	+ 6 976	+ 37,6
1991	26 867	+ 1 340	+ 5,6
1992	36 901	+ 10 034	+ 37,4

Dann kommt der übliche Hinweis auf die unterschiedliche Bevölkerungsstruktur: Laut Bevölkerungsstatistik wohnten in Nordrhein-Westfalen am 1. Januar 1992 = 1 732 222 Nichtdeutsche, das sind 9,9 Prozent der Gesamtbevölkerung (1991: 1 590 081 = 9,2 Prozent). Davon waren 35,3 Prozent unter 20 Jahre (deutsche Bevölkerung 20,7 Prozent) und 64,7 Prozent über 21 Jahre alt (deutsche Bevölkerung 79,3 Prozent).

Auch der Hinweis auf die nicht in Deutschland melderechtlich erfaßten Ausländer fehlt nicht: Zu berücksichtigen sei, daß der Anteil der Ausländer, die sich tatsächlich in Nordrhein-Westfalen aufhielten, wesentlich höher sei, da die Stationierungsstreitkräfte, Touristen/Durchreisende und Illegale in der Bevölkerungsstatistik nicht enthalten seien. Bei einem Vergleich müssen diese Personengruppen folglich aus der Polizeilichen Kriminalstatistik herausgerechnet werden.

Stationierungsstreitkräfte: 1127 Tatverdächtige (TV) – 1991: 1205 TV,

Touristen/Durchreisende: 7125 Tatverdächtige – 1991: 5969 TV,
Illegale: 4595 Tatverdächtige – 1991: 3754 TV.
Unter Abzug dieser Tatverdächtigen ergeben sich:
Tatverdächtige – insgesamt – 359 902, davon Nichtdeutsche 90 207 = 25,1 Prozent.«
Auf diese Weise gelingt es Schnoor, den Anteil der nichtdeutschen Tatverdächtigen an den Tatverdächtigen insgesamt von 103 054 (27,7 Prozent) auf 90 207 (25,1 Prozent) herunterzurechnen.

In Tabellen des Ministeriums kommt auch der Ansturm der Asylbewerber seit 1987 und ihr übergroßer Anteil an der Ausländerkriminalität zum Ausdruck. Die Zahlensprünge sind exorbitant. Ein Auszug:[36]

»Asylbewerber«

Nach der »Bestandszahl« hielten sich in Nordrhein-Westfalen

1987 –	55 558 Asylbewerber (+	6 628 =	13,6 %)
1988 –	59 103 Asylbewerber (+	3 545 =	6,4 %)
1989 –	73 078 Asylbewerber (+	13 975 =	23,7 %)
1990 –	78 426 Asylbewerber (+	5 348 =	6,8 %)
1991 –	129 515 Asylbewerber (+	51 089 =	65,1 %)
1992 –	153 472 Asylbewerber (+	23 957 =	18,5 %)

auf. Die Zunahme seit 1987 beträgt + 97 914 oder 176,2 Prozent.
Die Anzahl der tatverdächtigen Asylbewerber betrug 1992 = 36 901 und liegt damit um + 10 034 oder 37,4 Prozent über dem Vorjahr.

Jahr	Nichtdeutsche Tatverdächtige	Anteil an der Gesamtzahl der Tatverdächtigen
1987	58 994	17,7 %
1988	64 961	19,5 %
1989	69 785	20,6 %
1990	81 915	23,4 %
1991	87 647	24,7 %
1992	103 054	27,7 %

Bei durchschnittlich 1,5 Straftaten pro tatverdächtigem Asylbewerber hat dies folgende Auswirkungen auf die Gesamtkriminalität:[37]

	bekanntgewordene Fälle		Zu- bzw. Abnahme	
	1992	1991	n	%
mit Asylbewerbern	1 341 875	1 242 859	99 016	+ 8,0 %
ohne Asylbewerber	1 286 523	1 202 558	83 965	+ 7,0 %

Abschließend zieht Schnoors Ministerium auch die von den Asylbewerbern begangenen Straftaten ab und beendet das Kapitel mit der Feststellung: Nach Abzug der von den Asylbewerbern begangenen Straftaten verändere sich die Steigerungsrate der Gesamtkriminalität 1992 gegenüber 1991 um einen Prozentpunkt.[38]

Ob der gewünschte Effekt damit erreicht wird? Mögen ideologische Rechenkünstler die Kriminalität der Ausländer mit demographischen und soziologischen Faktoren relativieren, erklären oder entschuldigen – aus der Welt ist sie damit nicht. Denn alle Entlastungsargumente können den enormen Anstieg der Ausländerkriminalität nicht erklären. Dafür gibt es zwei sehr konkrete empirische Belege. Erstens: 1977 waren erst 12,1 Prozent der Tatverdächtigen Ausländer, 1987 waren es 20,0 Prozent und 1991 in den alten Bundesländern schon 27,6 Prozent – und 1992 im wiedervereinigten Deutschland gar 30,0 Prozent. Zweitens: Auf je 1000 Deutsche kommen jährlich etwa 18 Tatverdächtige (Stand: 1991). Bei den am wenigsten kriminellen Ausländergruppen, nämlich Portugiesen und Spaniern, beträgt diese Zahl 22 bzw. 24. Dies ist unproblematisch und durch die unterschiedliche Alters- und Geschlechtsstruktur zu erklären. Bei den Türken kamen 1991 auf je 1000 hier Lebende dagegen 49, bei den ehemaligen Jugoslawen 73 und bei den Libanesen sogar 229 Tatverdächtige. Hier kommen die Integrationsprobleme, aber auch ein besonderes Ausmaß an kriminellen Aktivitäten zum Vorschein.[39]

Die Bemühungen verschiedener Politiker, auf das Merkmal »nichtdeutsche Tatverdächtige« bzw. »Ausländer« in der Kriminalitätsstatistik zu verzichten, sind sachfremd. Außerdem wird diese Differenzierung nicht nur in den Kriminalstatistiken vorgenommen, sondern auch zum Beispiel in der Arbeitsamtsstatistik oder in der Bevölkerungsstatistik. Es ist unseriös, alle jene Merkmale, die eine Gruppe konstituieren, zu eliminieren, nur um zu einer ideologisch gewünschten Aussage zu gelangen.

In der Kriminalität sieht die Sozialwissenschaftlerin Dr. Wiebke Steffen, Leiterin der Kriminologischen Forschungsgruppe der Bayerischen Polizei im Bayerischen Landeskriminalamt, auch ein »Frühwarnsystem« für soziale und individuelle Mängellagen und (Fehl-)Entwicklungen. Durch die statistische Erfassung der Merkmale »deutsch« bzw. »nichtdeutsch« – und hier noch der jeweiligen Staatsangehörigkeit – werde Kriminologie wie Polizeipraxis beispielsweise in die Lage versetzt aufzuzeigen, welche Nationalitäten wie häufig mit welchen Straftaten auffallen, um dann über mögliche Ursachen und Problemlösungen nachdenken zu können.

Eine Eliminierung der Begriffe »nichtdeutsche Tatverdächtige« bzw. »Ausländer« würde auch nicht das Problem »Ausländerkriminalität« beseitigen, wohl aber die Polizei der Möglichkeit berauben, effektiv gezielte Ermittlungs-, Fahndungs- und Präventivarbeiten zu leisten.

Es hat – nicht nur – bei Politikern Methode, durch das »Herunterrechnen« oder »Schönrechnen« statistischer Zahlen zu erwünschten Aussagen zu gelangen. Etwa in der Hoffnung, zu gleichen, wenn nicht sogar zu niedrigeren Kriminalitätsbelastungen der ausländischen Bevölkerung zu gelangen, wenn beispielsweise nur die Gruppen der »männlichen jungen Großstadtbewohner« ausländischer und deutscher Herkunft miteinander verglichen werden. Richtig ist, daß solche Aufschlüsselungsmöglichkeiten statistische Zahlen erst brauchbar machen. Anders als etwa die Verurteiltenstatistik biete die Polizeiliche Kriminalstatistik nach Ansicht von Wiebke Steffen gute Möglichkeiten, Analysen und Aussagen entsprechend zu differenzieren, da sie nicht auf die Angabe globaler Anteile von Ausländern an den insgesamt ermittelten Tatverdächtigen beschränkt sei. Nicht nur das Bundeskriminalamt, sondern auch alle Landeskriminalämter könnten deshalb bei ihren Angaben zur »Ausländerkriminalität« Verzerrungsfaktoren zum Nachteil von Ausländern berücksichtigen und so realistischere Aussagen zur Kriminalität von Ausländern und Deutschen erzielen.

Die Unterschiede in der Kriminalitätsbelastung zum Nachteil von Ausländern würden durch solche differenzierten Auswertungen auch geringer, verschwänden aber keineswegs ganz. »Wegrechnen« ließe sich jedenfalls der erhebliche Anstieg der Ausländerkriminalität nicht, zu dem es in

den letzten Jahren gekommen sei, vor allem im Zusammenhang mit der Öffnung der europäischen Ostgrenzen. Dafür
nennt Wiebke Steffen ein Beispiel: An den jugendlichen
Raubtätern hatten Nichtdeutsche 1992 in einer Großstadt
wie München einen Anteil von etwa 70 Prozent, im bayerischen Landesdurchschnitt immerhin noch einen Anteil von
über 50 Prozent – bei einem Anteil an der Bevölkerung von
etwa zehn Prozent. 1992 habe sich die Entwicklung bei den
ausländischen Tatverdächtigen ohnehin noch einmal deutlich »verschärft«: Bei weiterhin sehr starken Zunahmen der
Gruppe der Asylbewerber, mit hohen Anteilen einfacher
Diebstähle, fänden sich erstmals auch wieder deutliche An-
stiege bei der Gruppe der ausländischen Arbeitnehmer.

Wiebke Steffen hatte mit ihrer im Auftrag des Bayerischen
Staatsministeriums des Inneren durchgeführten, im ersten
Kapitel dieses Buches vorgestellten Analyse zur »Ausländerkriminalität in Bayern« zunächst Schwierigkeiten, sie insbesondere in den Medien unterzubringen, da die Ergebnisse,
so die Wissenschaftlerin, nicht »paßten«. Auch sie selbst
habe zu Beginn der Analyse andere Ergebnisse erwartet und
nicht damit gerechnet, daß trotz Nutzung aller Differenzie-
rungsmöglichkeiten, die die Polizeiliche Kriminalstatistik
biete, die Kriminalitätsbelastung der Ausländer immer noch
deutlich über derjenigen der Deutschen liegen werde. Sie
halte es jedoch nicht für richtig, diese Unterschiede zu einem
rein statistisch-methodischen Problem »herunterzudefinie-
ren«, sondern es im Gegenteil für dringend erforderlich, sie
als Symptom für ausländerspezifische Problemlagen zu akzeptieren und über geeignete Interventionsmaßnahmen
nachzudenken. »Äußerst positiv« seien in dieser Hinsicht die
Erfahrungen gewesen, die sie im März 1993 bei der Diskussion der Projektergebnisse anläßlich eines Vortrages bei der

Bundeskonferenz der Ausländerbeauftragten habe machen können.

Aus der Sicht der angesehenen Fachleute der Polizei überzeugen weitere Argumente gegen eine Eliminierung des Begriffes »nichtdeutscher Tatverdächtiger«. Der Berliner Landespolizeidirektor Manfred Kittlaus gehört zu jenen Experten, die sich gegen einen solchen Verzicht wenden. Wenn politische Gruppierungen die Kriminalstatistik für ihre Zwecke nutzten, dürfe das nicht dazu führen, daß der Polizei das Mittel aus der Hand genommen werde, meint Kittlaus. Die Statistik eröffne vielleicht erst die Möglichkeiten sowohl des kriminalpolitischen wie auch des sozialpolitischen Einsatzes. Wenn man beispielsweise Erkenntnisse darüber gewonnen habe, wo sich Gettos bilden, müsse die Polizei wissen, welche Kriminalität sich dort durch wen entwickle. So erfahre man etwa, woher gefährliche Kriminalitätsformen auf uns zukämen und wohin Hehlergut verschoben werde. Letzteres gewinne zunehmend an Bedeutung. Nur so könne man auch Kontakt mit der Heimatpolizei und mit Interpol aufnehmen.

Die soziale Komponente sei gleich wichtig. Wenn kriminalgeographisch erfaßt werde, daß in einem bestimmten Viertel beispielsweise Zigeunerkinder von ihren Eltern zu Tageswohnungseinbrüchen mißbraucht würden, könne man Schritte einleiten, sich sozialpflegerisch um sie zu kümmern. Dazu müsse man aber wissen: Sind es Rumänen? Sind es Polen? Denn es würden Dolmetscher benötigt. Wenn wir die Gettos nicht in den Griff bekämen, werde es zu explosionsartigen Ausschreitungen kommen wie in Los Angeles und in englischen Städten.

Welche Formen des Organisierten Verbrechens werden bevorzugt von welchen Nationalitäten betrieben? Das erfahre die Polizei nur, so der Landespolizeidirektor, wenn die Daten der nichtdeutschen Tatverdächtigen in der Statistik ausgewiesen würden. Auf die Fragen, welche Sprachausbildung für die Polizeibeamten vorrangig sei und aus welchen Nationalitäten künftig ausländische Polizisten benötigt würden, darauf gebe gleichfalls nur eine Kriminalstatistik mit differenzierten Zahlen über Ausländer eine Antwort.

Bei der Organisierten Kriminalität in den neuen Bundesländern erledigten zum Beispiel die Tschetschenen vom Kaspischen Meer die Schmutzarbeit. Sie trieben das Schutzgeld der Russischen Mafia bei den Exil-Russen in Berlin ein und beseitigten Unbequeme notfalls mit der Waffe. Woher solle man wissen, daß hier das Arbeitsfeld der Tschetschenen liege, wenn man sie statistisch nicht erfasse? Die gesonderte statistische Erwähnung ausländischer Tatverdächtiger gab der Berliner Polizei erst die Möglichkeit zur Bildung ethnisch-spezialisierter Arbeitsgruppen (AG): der AG Tschetschenen, AG Jugo, AG Italiener, AG Südamerikaner und so fort.

Selbst CDU-Bundesinnenminister Rudolf Seiters beteiligte sich an dem Spiel um das Frageverbot zum Thema Ausländerkriminalität. Was er zu seiner Amtszeit auf Fragen der Welt am Sonntag am 20. Juni 1993 antwortete, nimmt sich – neben einigen bereits zitierten deutlichen Worten – aus wie eine Mischung aus Ignorieren und Leugnen, aus Schönfärberei und Dementieren:[40]

>*Frage:* Wie beurteilen Sie die Entwicklung der Kriminalität von Ausländern in Deutschland?
Innenminister: Die Ausländerkriminalität ist ein ernst zu nehmendes Problem für die innere Sicherheit. Zu einem großen Teil ist die Zunahme der Gesamtzahl der Tatverdächtigen in Deutschland auch auf die steigende Zahl ausländischer Tatver-

dächtiger zurückzuführen. 1992 betrug der Anteil der Nicht-deutschen an den Tatverdächtigen 30 Prozent.

Ich betone jedoch ausdrücklich, daß der größte Teil der bei uns lebenden Ausländer sich rechtstreu verhält. Deshalb wäre eine Behauptung, Ausländer seien im allgemeinen krimineller als Deutsche, nicht gerechtfertigt und falsch. Vielmehr ist anzunehmen, daß insbesondere die langjährig bei uns lebenden ausländischen Arbeitnehmer eine eher geringere Kriminalitätsrate aufweisen als Deutsche. Es muß daher – wie es in der Polizeilichen Kriminalstatistik geschieht – sehr genau differenziert werden. Allerdings ist bei bestimmten Straftaten der Anteil nichtdeutscher Straftäter überproportional hoch, zum Beispiel bei Kleindiebstählen und Glücksspielen, aber auch bei Rauschgiftdelikten.

Frage: Ist die Einschätzung von weiten Teilen der Polizei richtig, daß der Bereich der Ausländerkriminalität über Jahre heruntergespielt . . . wurde?

Innenminister: Ich denke nicht, daß dies die Einschätzung von weiten Teilen der Polizei ist. Ich habe mehrfach davor gewarnt, den Bereich der Ausländerkriminalität zu tabuisieren und auf die damit verbundenen Probleme hingewiesen. Ausländische Straftäter sind genauso zu behandeln wie deutsche. Den hier lebenden Ausländern würde kein Gefallen damit getan, wenn das Problem der Kriminalität von Ausländern aus falsch verstandener Rücksichtnahme heruntergespielt oder totgeschwiegen würde.

Frage: Ist das Thema der Ausländerkriminalität in Deutschland Ihrer Ansicht nach aus Gründen der politischen Rücksichtnahme (deutsche Vergangenheit, Empfindlichkeiten im Ausland) zu einem Tabu geworden?

Innenminister: Die Ausländerkriminalität ist kein Tabuthema – dies gilt jedenfalls für die Bundesregierung, die in der Vergangenheit im Rahmen der Polizeilichen Kriminalstatistik immer wieder den Anteil der Ausländerkriminalität genannt hat. Gerade im Rahmen der zunehmenden internationalen polizeilichen Zusammenarbeit erwarten unsere europäischen Partner von uns, daß wir verstärkt gegen die ausländischen Täter vorgehen, die der international organisierten Kriminalität zuzurechnen sind oder sich den Abbau bzw. die Öffnung der Grenzen für ihr verbrecherisches Tun zunutze machen . . .

Frage: Welche polizeilichen und politischen Konsequenzen sind inzwischen in der Bekämpfung der Ausländerkriminalität ergriffen worden und welche sollen noch ergriffen werden? . . .

Innenminister: . . . Das Bundesamt für die Anerkennung ausländischer Flüchtlinge ist bereits seit längerer Zeit von mir angewiesen, über die von den Ländern gemeldeten, erheblich straffällig gewordenen Asylbewerber im beschleunigten Verfahren zu entscheiden, um auf diese Weise den Aufenthalt in der Bundesrepublik verkürzen zu können. Ausgeschlossen von dieser beschleunigten Verfahrensweise bei straffällig gewordenen Asylbewerbern ist lediglich leichte Bagatellkriminalität, um die schnelle Durchführung der Asylverfahren insgesamt nicht übermäßig zu belasten. Vorgezogen werden zum Beispiel immer schwere Gewalt- und Kapitalverbrechen, sowie Straftaten im Bereich der Rauschgiftkriminalität.

Frage: Welche Informationen liegen Ihnen aus den Bundesländern vor, in welchem Maße kriminelle Ausländer einschließlich krimineller Asylbewerber abgeschoben werden? . . .

Innenminister: Die Ausweisung und Abschiebung von Ausländern fällt in die Zuständigkeit der einzelnen Bundesländer. Diese melden der Bundesregierung zwar die Zahl der vollzogenen Abschiebungen, aber sie teilen nicht mit, wie viele Personen wegen vorsätzlicher Straftaten ausgewiesen und abgeschoben worden sind. Dem Bundesinnenministerium sind nur die entsprechenden Zahlen aus Berlin bekannt. Danach sind dort in den Monaten Januar und Februar 1993 23 von insgesamt 325 Abschiebungen wegen Verstößen gegen das Betäubungsmittelgesetz oder wegen anderer Straftaten ohne Verstöße gegen das Ausländergesetz erfolgt.«

Deutsche und Türkische Opfer

Gewöhnlich werden Verbrechen von Ausländern an Deutschen allenfalls von den Boulevardblättern oder von Zeitungen der betroffenen Region auf den Titelseiten dargestellt. Von den Morden an den Türken von Mölln und Solingen hingegen wurde nahezu durchweg auf der ersten Seite deutscher Zeitungen berichtet. Die Tötung der drei Türken von Mölln löste Ende 1992 gar eine einzigartige Bewegung in Deutschland aus – Lichterketten Hunderttausender Bürger gegen Fremdenhaß und Rassismus, gegen rechtsradikale Gewalttäter und für die ausländischen Mitbürger.

Brigitte Seebacher-Brandt äußerte in der *Frankfurter Allgemeinen Zeitung* vom 28. Januar 1993 den Gedanken: »Ohne die erhebliche und weitverbreitete Unruhe über den nicht überschaubaren Zustrom von Ausländern und die Art ihrer Aufnahme und ohne das verheerende und verbreitete Gefühl, erst Randale schaffen Wandel, wären Anschläge das geblieben, was sie immer waren – kriminelle Handlungen, für die die Polizei und gegebenenfalls die staatliche Fürsorge zuständig sind und die Anlaß geben mögen für einen spontanen Ausdruck der Ächtung.«[41]

Dann also wäre der dreifache Mord an den Türken im schleswig-holsteinischen Mölln durch die mutmaßlichen deutschen Täter das geblieben, was der Mord an fünf Deutschen durch einen mutmaßlichen türkischen Täter im schleswig-holsteinischen Ahrensbök-Tankenrade am 1. Januar 1993 bis heute geblieben ist: eine kriminelle Handlung.

Der Türke Fehim Ince, 50, seit zwanzig Jahren Bauarbeiter in Deutschland, verheiratet und Vater von vier Kindern, steht unter dem dringenden Tatverdacht, in der Silvesternacht das schwerste Verbrechen in der Nachkriegsgeschichte

Norddeutschlands begangen zu haben. Er legte ein Geständnis ab, seine Geliebte Renate Scheil, deren betagte Eltern Meta und Willi Scheil sowie eine anwesende Freundin der Familie, Heidrun Klein, samt zehnjähriger Tochter Maren erschossen zu haben – bis auf den 81jährigen Vater alle im Schlaf. Als Motiv gab er an: Die Freundin Heidrun Klein habe ihn als »Kanake« und »Türkenhund« beschimpft. Später widerrief er sein Geständnis, doch die Indizien belasten ihn auf das schwerste.

Nachbarn der ausgelöschten Familie zündeten zum Zeichen der Trauer vor dem Haus der Toten Kerzen an. Doch eine Lichterkette bildete sich nicht. Bei der Beerdigung der Opfer von Tankenrade klagten Nachbarn, daß sich kein Minister sehen ließ: »Nach Mölln sind sie alle gekommen, der Engholm und die anderen. Wo sind sie denn jetzt?«[42]

Sind fünf deutsche Opfer weniger beklagenswert als drei türkische? Oder lassen die Menschen die Kerzen zu tausenden oder Hunderttausenden nur deshalb unangezündet, weil die Ermittlungsbehörden bei dem Kapitalverbrechen eines Ausländers in Tankenrade von einer sogenannten Beziehungstat sprechen, bei der der Täter zufällig Türke und die Opfer zufällig Deutsche sind?

Es muß erlaubt sein, nach der moralischen Glaubwürdigkeit zu fragen, wenn nicht mit der gleichen Elle gemessen wird. Wenn Gewalt von Ausländern an Deutschen in Meldungen in den Zeitungen auf den Seiten 4 oder 5 plaziert werden, Gewalt von Deutschen an Ausländern hingegen auf der Titelseite.

Was bewegt Menschen, in dem einen Fall Verantwortung zu übernehmen, in dem anderen Fall dagegen nicht? Viele Deutsche scheint es zu treiben, gegen die Apartheid in Südafrika auf die Straße zu gehen, sich für die vergewaltigten

Frauen Bosniens zu versammeln, in Demonstrationen den Golfkrieg zur Niederwerfung des irakischen Diktators anzuprangern und so weiter.

Hans Magnus Enzensberger hat sich mit den Grenzen der Verantwortung von Menschen auseinandergesetzt. Er prägte einen neuen Begriff: »objektiver Heuchler«.[43]

»Während sich der Zyniker, der Egoist, der böse Mensch schlechthin um *nichts* kümmert, hält sich der gute Mensch für *alles* verantwortlich und nimmt das Gewicht der Welt auf seine Schultern. Was ihn selbstverständlich gänzlich überfordert und zum ›objektiven Heuchler‹ macht«, sagte er am 11. Juni 1993 in einem Gespräch mit der *Neue Zürcher Zeitung*.

»Objektive Heuchelei« – das sei die angemessene Kennzeichnung, um die leere Rhetorik der allzu Guten zu charakterisieren. »Objektive Heuchelei« sei das Gegenteil von »zynischer Vernunft«. Sie charakterisiere jenen Glauben an die eigene Verantwortungsfähigkeit und Hilfsbereitschaft, der einfach nicht mehr auf das Mißverhältnis reflektiere zwischen dem, was uns das Unglück der Welt abverlange, und dem, was wir tatsächlich leisten könnten.

Er halte es im Sinne der Abstufung der Verantwortlichkeiten zum Beispiel für naheliegender, dafür zu sorgen, daß in seinem Land die Schlägerbanden nicht die Straßen beherrschten, daß die Leute, die hier lebten, mögen sie Aus- oder Inländer sein, sich bewegen könnten, ohne physisch bedroht zu werden, als gegen Rassismus im Weltmaßstab zu protestieren. Das Kaschmir-Problem müßten in erster Linie die Beteiligten lösen; von dem Konflikt Sunniten und Schiiten verstehe er nichts. Die mörderischen Übergriffe seien dagegen seine Sache.

Anmerkungen

1 Ulrike Brendlin, Mehr für Integration tun, in: *Hamburger Abendblatt* vom 23. Juni 1993, S. 2.

2 Hans-Martin Tillack, Gesetzesänderungen nicht das Ziel, in: *tageszeitung* vom 14. Juni 1993.

3 Martin Krolzig, Gefahr durch Verschweigen, in: *Deutsche Polizei – Zeitschrift der Gewerkschaft der Polizei* Nr. 1 vom Januar 1992, S. 12 – 16, hier: S. 12 f.

4 Prof. em. Dr. Peter R. Hofstätter, Von Zahlen wegschauen, in: *Die Welt* vom 8. Juni 1993, S. 7.

5 Niederschrift, Fernseh-/Hörspiegel I der Nachrichtenabteilung des Bundespresseamtes (BPA), Bonn 1. Juni 1993.

6 Professor Dr. Hans-Dieter Schwind, Sind wir ein Volk von Ausländerfeinden?, in: *Frankfurter Allgemeine Zeitung* vom 24. Juni 1993, S. 8.

7 Heiner Geißler, Wenn die Fahne fliegt, ist der Verstand in der Trompete, in: *Süddeutsche Zeitung* vom 10./11. Juli 1993, Feuilleton-Beilage SZ am Wochenende, S. 1.

8 Rudolf Seiters, Bei bestimmten Straftaten Ausländer-Anteil überproportional, in: *Welt am Sonntag* vom 20. Juni 1993, S. 4.

9 Heiner Geißler, Auf Zuwanderung angewiesen, in *Der Spiegel* Nr. 3 vom 18. Januar 1993, S. 40 – 47, hier: S. 44.

10 Daniel Cohn-Bendit/Thomas Schmid, »Heimat Babylon – Das Wagnis der multikulturellen Demokratie«, Hamburg 1992.

11 Geißler (Anm. 9), S. 44.

12 Cohn-Bendit/Schmid (Anm. 10), S. 293.

13 Cohn-Bendit/Schmid (Anm. 10), S. 293 f.

14 Jochen Kummer, Amtliche Zahlen zu einem Tabu: Die Kriminalität der Ausländer in Deutschland, in: *Welt am Sonntag* vom 18. April 1993, S. 30 f.

15 Cohn-Bendit/Schmid (Anm. 10), S. 295.

16 Cohn-Bendit/Schmid (Anm. 10), S. 297.

17 Alfred Mechtersheimer, Bereitet Multikulturalität dem Rassismus den Weg, in: *Welt am Sonntag* vom 11. Juli 1993, S. 42.

18 Drucksache 11/5628 Landtag Nordrhein-Westfalen
   11. Wahlperiode, 15. Juni 1993.
19 Landtag Nordrhein-Westfalen, Plenarprotokoll 11/101 vom
   23. Juni 1993, S. 12667.
20 Landtag Nordrhein-Westfalen, Plenarprotokoll 11/101 vom
   23. Juni 1993, S. 12669 f.
21 Landtag Nordrhein-Westfalen, Plenarprotokoll 11/101 vom
   23. Juni 1993, S. 12670.
22 Innenminister Herbert Schnoor, Kriminalität von Deutschen
   und Ausländern – Probleme eines Vergleichs; in: Bericht '99 –
   Zur Situation der ausländischen Arbeitnehmer und ihrer Familien – Bestandsaufnahme und Perspektiven für die 90er Jahre,
   2. ergänzte Auflage, Herausgegeben von der Beauftragten der
   Bundesregierung für die Integration der ausländischen Arbeitnehmer und ihrer Familienangehörigen, Bonn 1990.
23 Schnoor (Anm. 22), S. 354 f.
24 Schnoor (Anm. 22), S. 355.
25 Heinrich Lummer, Portugiesen und Spanier sind am anständigsten, Leserbrief in: *Frankfurter Allgemeine Zeitung* vom
   23. Oktober 1992.
26 Kummer (Anm. 14).
27 Schwind (Anm. 6).
28 Landtag Nordrhein-Westfalen, Plenarprotokoll 11/101 vom
   23. Juni 1993, S. 12668.
29 Schnoor (Anm. 22) S. 355 ff.
30 Schnoor (Anm. 22), S. 357.
31 Norbert Kostede, Der Ausländer als Verbrecher, in: *Die Zeit*
   vom 19. Juni 1992, S. 8.
32 Schnoor (Anm. 22), S. 357.
33 Schnoor (Anm. 22), S. 360.
34 Innenminister legt Kriminalstatistik 1992 vor, in: Presseinformation des Innenministeriums des Landes Nordrhein-Westfalen vom 15. März 1993, S. 5 – 7.
35 Presseinformation (Anm. 34), S. 5.
36 Presseinformation (Anm. 34), S. 6.
37 Presseinformation (Anm. 34), S. 7.

38 Presseinformation (Anm. 34), S. 7.

39 Lummer (Anm. 25).

40 Rudolf Seiters, Interview, in: *Welt am Sonntag* vom 20. Juni 1993, S. 4.

41 Brigitte Seebacher-Brandt, Des Guten genug. Deutschland im Glanze seiner Lichterketten, in: *Frankfurter Allgemeine Zeitung* vom 28. Januar 1993.

42 Frauke Hunfeld, Angst vor noch mehr Haß, in: *Stern* Nr.·13 vom 25. März 1993, S. 218 – 221, hier: S. 221.

43 Der große Bürgerkrieg und die Grenzen der Verantwortung, Ein Gespräch mit Hans Magnus Enzensberger, in: *Neue Zürcher Zeitung* vom 11. Juni 1993, S. 39 – 40.

3

Geraten Ausländer schneller unter Tatverdacht?

Häufig wird behauptet, der Unterschied zwischen Tatverdächtigen- und Verurteilungszahlen belege, daß die Ausländer zu Unrecht der hohen Kriminalität geziehen würden. So erklärten die Grünen im nordrhein-westfälischen Landtag: »Wie der Blick auf den weiteren Gang des Strafverfahrens zeigt, werden Ausländer leichter zu Tatverdächtigen als Deutsche, da sie eher angezeigt und von der Polizei verfolgt werden. Am Ende werden nämlich Ausländer/innen seltener verurteilt als Deutsche. 1989: 20,3 Prozent der Tatverdächtigen, aber nur 18 Prozent der Verurteilten waren Ausländer/innen.«[1]

In der Tat ist das Mißverhältnis zwischen Ausländern und Deutschen bei den Verurteiltenzahlen nicht mehr ganz so gravierend wie bei den Tatverdächtigenzahlen. Aber daß Ausländer eher angezeigt und von der Polizei verfolgt werden, ist eine These, die die Differenz zwischen Kriminalstatistik und Strafverfolgungsstatistik aus ideologischen Motiven einseitig und pauschalisierend erklärt.

Uwe Dörmann, Wissenschaftlicher Direktor des Bundeskriminalamtes, spricht denn auch nur sehr vorsichtig davon, daß bei Ausländern in der Polizeilichen Kriminalstatistik »vielleicht auch das Anzeige- und Ermittlungsrisiko« zu berücksichtigen sei.[2]

Es gilt weiter zu differenzieren. Zu berücksichtigen ist nämlich, daß viele Freisprüche nur mangels Beweisen erfolgen. Nicht unbegründet ist ferner die Annahme, daß diejenigen Gruppen, die nachweislich mehr Straftaten begehen, auch an der Dunkelziffer der nicht angezeigten und nicht aufgeklärten Straftaten einen höheren Anteil haben. Auch spricht manches dafür, daß unter Ausländern der Anteil der nicht angezeigten Delikte besonders hoch ist: Man scheut sich, den eigenen Landsmann vor ein deutsches Gericht zu bringen. Beim Delikt Vergewaltigung können wir dieses Phänomen sicher feststellen.[3]

Professor Christian Pfeiffer, Leiter des Kriminologischen Forschungsinstituts Niedersachsen, e.V., unternimmt in seiner »Ergänzenden Datenanalyse zur Polizeilichen Kriminalstatistik« den Versuch eines Vergleiches der Zahlen der Tatverdächtigen und der Verurteilungen.[4] Er unterscheidet zwischen dem Bereich Diebstahls-und Betrugsdelikt einerseits, und dem Tötungs-, Vergewaltigungs- und Körperverletzungsdelikt andererseits. Er kommt – im Gegensatz zu den Grünen in Nordrhein–Westfalen – zu differenzierenden Aussagen darüber, weshalb die Verurteiltenzahlen niedriger ausfallen. Der Bereich Diebstahls- und Betrugsdelikte: In diesen Deliktgruppen, so Pfeiffer, liege die Schadenssumme, die zu deutschen Tatverdächtigen registriert worden sei, im Vergleich zu der Schadenssumme ausländischer Tatverdächtiger merklich höher. Angesichts der beträchtlichen Unterschiede zur Anzahl der pro Tatverdächtigen registrierten Delikte und des jeweiligen Gesamtschadens erscheine es nur konsequent, daß ein wesentlich höherer Prozentsatz der deutschen Tatverdächtigen als der ausländischen angeklagt und auch verurteilt werde. Die Strafverfahren gegen ausländische Tatverdächtige würden weit häufiger als die gegen Deutsche wegen Geringfügigkeit oder wegen Zahlung einer Geldbuße eingestellt.

Was den Bereich der Tötungs-, Vergewaltigungs- und

Körperverletzungsdelikte anlangt, so hält Professor Pfeiffer fest.[5]

Die Gegenüberstellung von Tatverdächtigen und Verurteiltenzahlen des Fünfjahreszeitraums 1985 bis 1989 zeige, daß die Gerichte den von Anzeigeerstatter und Polizei erhobenen Tatvorwurf auch bei anderen Strafbeständen wie etwa Tötungsdelikten, Vergewaltigung oder Körperverletzungsdelikten weit seltener bestätigen als bei Deutschen. Bei ausländischen Angeklagten sähen die Gerichte offenkundig häufiger Anlaß, die Verurteilung auf ein weniger schweres Delikt zu stützen – also beispielsweise die einem ausländischem Tatverdächtigen vorgeworfene versuchte Tötung im Hinblick auf eine Körperverletzung zu bestätigen.

Wie man es auch drehen und wenden mag, nicht zu leugnen ist die Tatsache: Sowohl in der Kriminalstatistik als auch in der Strafverfolgungsstatistik stellen Ausländer bei etlichen Delikten einen alarmierenden, unverhältnismäßig hohen Anteil, beispielsweise bei den Delikten Mord und Drogenhandel. Als aktuellstes Vergleichsjahr von Kriminalstatistik und Strafverfolgungsstatistik stehen Tabellen aus dem Jahr 1990 zur Verfügung.

Bei Mord wurden in der Kriminalstatistik unter den Tatverdächtigen 26,5 Prozent »Nichtdeutsche« erfaßt.[6] In der Strafverfolgungsstatistik wurden in demselben Jahr unter den wegen Mordes Verurteilten 19,7 Prozent »Ausländer« registriert; hinzukommen 25 Prozent »Ausländer« unter den wegen versuchten Mordes Verurteilten.[7]

Bei Rauschmitteldelikten (unterschiedlicher Schwere) wurden in der Kriminalstatistik unter den Tatverdächtigen 23,4 Prozent »Nichtdeutsche« erfaßt.[8] In der Strafverfolgungsstatistik wurden in demselben Jahr unter den wegen »Handel mit, Besitz oder Abgabe von Betäubungsmitteln in nicht geringer Menge« Verurteilen 30,6 Prozent Ausländer registriert.[9]

Auch der nordrhein-westfälische Innenminister Herbert Schnoor hat die Zahl der Tatverdächtigen einerseits und der dann tatsächlich Verurteilten andererseits verglichen. Die Statistiken zeigten nach Schnoors Angaben auf das Jahr 1987 bezogen für Nordrhein–Westfalen folgendes Gesamtbild.[10]

Während die Polizeiliche Kriminalstatistik je 100 000 registrierte ausländische Einwohner 4785 Tatverdächtige aufgewiesen und die Zahl der Tatverdächtigen für den deutschen Bevölkerungsanteil 1902 je 100 000 Einwohner betragen habe, habe die Strafverfolgungsstatistik der Justiz 2082 verurteilte Ausländer und Staatenlose sowie 1163 verurteilte Deutsche, jeweils je 100 000 Einwohner, registriert. Daraus sei ersichtlich, daß sich die Zahl der verurteilten Ausländer »auf weit weniger als die Hälfte« der ausländischen Tatverdächtigen reduzierte, die Zahl der verurteilten Deutschen aber »nur auf weit mehr als die Hälfte« der deutschen Tatverdächtigen.

Nach Schnoors eigenen Angaben jedoch hält die Justizstatistik fest, wie viele Personen im Lauf eines Jahres verurteilt oder freigesprochen werden und bei wie vielen Personen nach Anklageerhebung oder Strafbefehlsantrag eine Einstellung des Verfahrens erfolgt. Es werden in dieser Justizstatistik ausschließlich strafmündige Personen erfaßt.[11]

Daß (ehemalige) Jugoslawen und Zigeuner bewußt und gezielt ihre strafunmündigen, also unter 14 Jahren alten Kinder zu Wohnungseinbrüchen, Taschendiebstählen und Rauschgifthandel mißbrauchen, bleibt somit unerfaßt. Andererseits berücksichtigt die Justizstatistik die Straßenverkehrsdelikte, die nach Schnoors Angaben rund ein Drittel der Gesamtzahl der Verurteilten ausmachen.

Die Polizeiliche Kriminalstatistik dagegen zählt die bei der Polizei bekanntgewordenen Delikte, die aufgeklärten Delikte (bei denen nach dem polizeilichen Ermittlungsergebnis ein mindestens namentlich bekannter Tatverdächtiger festgestellt worden ist) und die tatverdächtigen Personen. Die Polizeistatistik erfaßt auch Delikte strafunmündiger Kinder bzw. Tatverdächtige der entsprechenden Altersgruppe, verzichtet aber u. a. auf die Erfassung von Straßenverkehrsdelikten.

Schnoor führt aus, in den Berichten zur Strafverfolgungsstatistik des Landes Nordrhein–Westfalen habe ein Wissenschaftler namens Wiegand die Disproportion zwischen ausländischer und deutscher Bevölkerung in Nordrhein–Westfalen entzerrt, um zu demographisch vergleichbaren Daten zu gelangen. Er habe festgestellt, daß die Zahl der verurteilten Ausländer um über ein Viertel niedriger läge, wenn der ausländische Bevölkerungsanteil eine demographische Struktur hätte wie die der Deutschen. Das Übergewicht der ausländischen Verurteilten relativiere sich durch die Ausschaltung der demographischen Disproportionen »mithin erheblich«.[12]

Der Berliner Senat, zu jener Zeit eine rot-grüne Koalitionsregelung, gab 1989 auf eine Anfrage des CDU-Abgeordneten Ernst-August Poritz eine Vergleichsliste der tatverdächtigen Ausländer und der verurteilten Ausländer heraus. Tatverdächtige Ausländer: 1984: 20,3 Prozent, 1985: 23,0 Prozent, 1986: 24,0 Prozent, 1987: 22,6 Prozent, 1988: 24,1 Prozent. Verurteilte Ausländer: 1984: 15,2 Prozent, 1985: 16,1 Prozent, 1986: 17,1 Prozent, 1987: 16,4 Prozent, 1988: 16,7 Prozent.[13]

In Frankfurt am Main schnellte der Anteil jugendlicher Ausländer vor Gericht 1991 um mehr als 20 Prozentpunkte auf 57,1 Prozent nach oben. Das ergab sich aus einer Bilanz des Frankfurter Amtsgerichts, die dessen Präsident Manfred Wick 1992 vorlegte. Die absolute Zahl der gegen ausländische Jugendliche 1991 durchgeführten Termine stieg von 840 auf 1222. Einschränkend wies der Amtsgerichtspräsident darauf hin, daß die Zahl der Hauptverhandlungstermine nicht automatisch auch die Zahl der Anklagen wiedergibt. Die Jugendgerichte hatten 1991, so Wick, verstärkt mit Bandenkriminalität zu tun. »Verfahren mit sechs bis zehn Angeklagten sind keine Seltenheit mehr«, sagte er. Als Ursache nannte Wick, der sich auf Berichte der Jugendgerichtshilfe stützte, Massen- und Langzeitarbeitslosigkeit, verschlechterte Wohnverhältnisse sowie überforderte Eltern.[14]

Eine Telefonrechnung über 162 000 DM

Zu dem Verdacht, Ausländer würden schneller angezeigt als Deutsche, gesellt sich ein zweiter: Mitarbeiter von Behörden brächten Ausländern von vornherein Mißtrauen entgegen. Das mag in manchen Fällen zutreffen, doch ist es nicht gerechtfertigt, den Vorwurf zu generalisieren. Im Gegenteil: Um den Verdacht der Diskriminierung zu entkräften, wird nicht selten in das andere Extrem verfallen: Jede Vorsicht wird außer acht gelassen.

Ein 23jähriger Nigerianer, K. M., meldete sich im Sommer 1990 im nordrhein-westfälischen Siegen als Asylbewerber. Er wurde in das Asylantenheim Hohler Weg eingewiesen, in dem zwanzig alleinstehende Männer untergebracht waren, alle aus Schwarzafrika, darunter elf aus Nigeria. Der Neuankömmling K. M. mußte sich ein Zimmer mit

einem anderen teilen. Er bezog monatlich 473 DM Sozialhilfe, den Regelsatz.

Anfang des Jahres 1991 füllte K. M. einen Antrag für die
Errichtung eines Telefon-Hauptanschlusses aus. Fünf Tage
darauf, am 9. Januar 1991, wurde der Antrag vom Fernmel-
deamt (Telekom) Siegen genehmigt. Weitere zwei Wochen
später, am 23. Januar, wurde der Hauptanschluß für den Nigerianer in dessen Zimmer angebracht.

Die Sachbearbeiter bei Telekom, die für Telefongebüh-
ren-Abrechnungen zuständig sind, wurden Anfang Mai stut-
zig. Der Telefonzähler des Nigerianers zeigte eine unge-
wöhnlich hohe Zahl von Einheiten an: 704 461. Da jede
Einheit 23 Pfennig kostete, summierte sich die Rechnung auf
rund 162 000 DM. Die Bearbeiter mochten das nicht glauben und vermuteten einen Defekt. Techniker suchten nach
einem Fehler in der Anlage; aber es war alles in Ordnung.

Der Nigerianer und seine Freunde müßten Tag und
Nacht mit ihren Familien in ihrer Heimat Nigeria und in die
ganze Welt telefoniert haben, meinte der Siegener Fern-
melde-Amtmann Peter Füllgraben. Eine Gesprächseinheit
nach Nigeria war 4,42 Sekunden lang. Daraus errechnete
sich, daß die Asylbewerber in der Zeit zwischen Ende Januar
und Anfang Mai – in den 15 Wochen des Bestehens des
Hauptanschlusses – rund 865 Stunden telefoniert haben; das
sind rund 36 Tage zu je 24 Stunden. Ein normaler deutscher
Anschlußinhaber, eine Familie mit einer durchschnittlichen
Telefonrechnung von monatlich etwa 100 Mark, könnte mit
den 162 000 DM rund 135 Jahre lang die Gebühren bezah-
len.

Telekom sah von ihrem nigerianischen Kunden keinen
Pfennig. Als die Kripo zu ermitteln begann, stellte sich heraus, daß der Asylbewerber bereits wegen Scheckkartenbe-

trugs mit Haftbefehl gesucht wurde. Die Kriminalbeamten fanden in seinem Zimmer nur noch sein Bett und das Telefon. Als sich der Nigerianer seine 473 Mark Sozialhilfe abholen wollte, wartete die Kripo und vollstreckte den Haftbefehl.

Da bei dem Nigerianer weder Bargeld noch Wertgegenstände zu holen waren, verzichtete die Telekom auf einen gerichtlichen Pfändungsbeschluß.

Wie konnten sich die deutschen Behörden so betrügen lassen?

Jeder habe das Recht, einen Telefonanschluß zu beantragen – auch ein Asylbewerber. Das regele die Telekommunikations-Ordnung. Die Genehmigung des Heim–Grundeigentümers habe vorgelegen, erklärte Telekom. Das Sozialamt habe keine Möglichkeit gehabt, den Antrag abzuwehren, meinte die Stadtverwaltung, weil Telekom keine Gegenzeichnung vom Vermieter verlange.

Wegen des Verdachts des Betruges wurde dem Nigerianer vor dem Schöffengericht Siegen der Prozeß gemacht. Am 6. September 1991 fällte das Gericht das Urteil: Freispruch (Aktenzeichen: 18 Ls 35 Js 564/91M8/91). Das Gericht begründete seinen Freispruch unter anderem mit dem Grundsatz, im Zweifel für den Angeklagten: Es sei nicht auszuschließen, daß auch andere Hausbewohner des Asylantenheimes sich mit einem weiteren Apparat Zugang zu der Telefonbuchse verschafft hätten. Das setze aber eine Manipulation an dem ›kleinen grauen Kästchen‹ des Telefonanschlusses voraus, erklärte dazu Möllemann von der zuständigen Oberpostdirektion (OPD) Dortmund.

Der Freispruch trug Telekom zum Schaden auch noch Spott ein – sich von Asylbewerbern, ob nun von einem Einzeltäter oder von einer ganzen Gruppe an der Nase herumführen zu lassen. Möller von der OPD schilderte, wie seine Behörde mit dem Argument der Ausländerfeindlichkeit so unter Druck gesetzt worden sei, die Regeln kaufmännischer Vernunft aufzuheben. Bis vor einiger Zeit hätte die Post (Telekom) das Prinzip der Vorauszahlung praktiziert, wenn Asylbewerber einen Telefonanschluß beantragten. Die Zahlung betrage das Mehrfache der Grundgebühr, ein paar hundert Mark. Das habe der Post im Bereich des Fernmeldeamtes Hagen den Vorwurf eingetragen, sie sei ausländerfeindlich. Es sei sogar ein Anwalt eingeschaltet worden. Der Vorgang sei bis zum Ausländerbeauftragten von Nordrhein–Westfalen gegangen. Das Ergebnis: In Siegen verzichte die Post (Telekom) auf eine solche Vorauszahlung.

Wie ist es zu erklären, daß sich auch andere deutsche Behörden von Ausländern auf Kosten der Steuerzahler an der Nase herumführen lassen? Ist es Dummheit oder falsch verstandene Humanität – oder eine Mischung aus beidem?

Ein Fall dieser Art von Versagen deutscher Behörden und der kriminellen Energie eines Asylbewerbers, wie er sich vieltausendfach in Deutschland ereignet, wurde im Mai 1993 vor dem Hamburger Amtsgericht verhandelt.[15]

Angeklagt war der 31jährige Nigerianer Joshua Julius O. wegen Betruges und Urkundenfälschung. Er war im Mai 1990 nach Deutschland gekommen, hatte in Aachen einen Asylantrag gestellt und wurde über das schleswig-holsteinische Lager Oelixdorf nach Lübeck weitergeleitet. Dort wurde ihm eine kleine Wohnung zugewiesen. Er bekam Sozialhilfe, Weihnachtszuschläge, Bekleidungsgeld und Gelder für einen Sprachkurs. Die Gesamtkosten beliefen sich bis November 1992 auf 39 000 Mark. Das reichte ihm nicht.

Der Angeklagte stellte – unter Angabe falscher Personalien – in sechs weiteren Städten Asylanträge und kassierte auch dort überall Sozialhilfe ab: in Dortmund, Oldenburg, Köln, Wittenberg, Hamburg und Eisenhüttenstadt. Das waren noch einmal 12 000 Mark. »Sie waren doch in Lübeck versorgt, warum haben Sie das gemacht?« fragte Richterin Elke Bosse. Durch eine Dolmetscherin ließ der Nigerianer dem Gericht mitteilen, daß er nach einer Operation sehr viel habe essen und trinken müssen und das Geld so nicht mehr ausgereicht habe. Arbeit habe er auch nicht gefunden.

Schließlich habe ihm ein Freund geraten, weitere Asylanträge unter falschem Namen zu stellen. Das wäre überhaupt kein Problem, jeder mache das so, er selbst habe allein 15 Aufenthaltsgestattungen, so habe ihm dieser besagte Freund gesagt.

»Haben Sie gedacht, man kann hier soviel bekommen, wie man will, und so viele Namen benutzen, wie man will?« fragte die Richterin. Sie erwartete keine Antwort.

Die Richterin verurteilte den nigerianischen Asylbewerber wegen Betruges und Falschbeurkundung zu einer Freiheitsstrafe von 18 Monaten. Der Angeklagte habe nicht nur einen erheblichen volkswirtschaftlichen Schaden verursacht, sondern auch »sozialfeindliches Verhalten« gezeigt. Jeder Mißbrauch von Sozialleistungen gehe zu Lasten anderer Asylbewerber und Sozialhilfeempfänger und müsse von der Allgemeinheit bezahlt werden. Aus »generalpräventiven Gründen« und weil sich die Straftaten über einen langen Zeitraum erstreckten, könne die Strafe nicht zur Bewährung ausgesetzt werden, wie dies von der Verteidigung gefordert worden war.[16]

Einen Grund zur Abschiebung sah das Gericht indes nicht.

Nachzutragen bleibt: Die Anerkennungsquote für nigerianische Asylbewerber ist »gleich Null«, wie der Vize-Präsident des Bundesamtes für die Anerkennung ausländischer Flüchtlinge in Nürnberg, Wolfgang Weickhardt, feststellt.[17]

Ein weiteres Beispiel belegt, daß Ausländer durchaus darauf vertrauen dürfen, daß ihnen vor einem deutschen Gericht Gerechtigkeit widerfährt – auch wenn die Tatumstände ihre Schuld vermuten lassen. Ein 51jähriger Rumäne namens Gheorge B. war am 18. Januar 1993 in Gudow östlich Hamburgs als Fahrer eines Kastenwagens aufgefallen, in dem 31 Menschen eingepfercht waren.[18]

Der Rumäne wurde wegen Vergehens gegen das Ausländergesetz angeklagt, da er die Menschen über die grüne Grenze nach Deutschland geschmuggelt habe. Die anderen Fahrer des Wagens, eine Stieftochter und Stiefsohn, wurden von der Polizei und der Staatsanwaltschaft in Schwerin vernommen. Sie belasteten den Stiefvater. Am 21. April 1993 fand der Prozeß vor dem Amtsgericht Harburg statt. Aber die Stiefkinder konnten nicht als Zeugen vernommen werden; sie waren unauffindbar nach Rumänien verschwunden. Sie ließen beim Verteidiger ihres angeklagten Stiefvaters eine Erklärung abgeben, in der sie ihre Anschuldigungen zurücknahmen. Sie seien von der Polizei zu ihren Aussagen gezwungen worden.

Aber auch ihr polizeiliches Vernehmungsprotokoll konnte nicht verwertet werden. Denn darin fehlte ein wichtiger Vermerk: der Hinweis auf die Belehrung durch die Vernehmungsbeamten, daß ihnen als Stiefkinder nach Paragraph 52 der Strafprozeßordnung ein Zeugnisverweigerungsrecht zugestanden hat. Alle Beteuerungen des Vernehmungsbeamten, er habe die Verhörten belehrt, nutzten nichts. Der Amtsrichter Udo Brück stellte das Verfahren ein – mit Zustimmung der Staatsanwaltschaft. Den Rumänen hätten eine Haftstrafe und, wie die Staatsanwaltschaft betonte, »massive Schwierigkeiten mit der Ausländerbehörde zu bekommen«, erwartet. Nun aber verließ er als freier Mann den Gerichtssaal.

Versagen von Stadtverwaltungen

Der Vorwurf scheint unvorstellbar: Eine Stadtverwaltung hat aus falsch verstandener Humanität eineinhalbjährige Bemühungen der Polizei und der Justiz, eine Organisation jugoslawischer Tageswohnungseinbrecher zu zerschlagen, gefährdet und teilweise zunichte gemacht.

Der Kölner Kriminalhauptkommissar Thomas Schulz hat es erlebt und belegt es.

Schulz leistet Dienst im 4. K., dem Raub-Kommissariat. Er hat einen detaillierten Bericht verfaßt, wie »z. B. das Jugend- und Sozialamt« der Stadt Köln Ermittlungen gegen Zigeuner behinderte, die etwa drei Jahre lang im Bundesgebiet und im Ausland operierten. An der Spitze Kölns steht seit 1980 der SPD-Oberbürgermeister Norbert Burger, der im Mai 1993 zum Präsidenten des deutschen Städtetages gewählt wurde.

Kommissar Schulz legte seinen Bericht dem Kölner Polizeipräsidenten vor und ließ ihn in der Fachzeitschrift *polizei verkehr + technik* (Heft 7/92) veröffentlichen. Die Zeitschrift, zu deren Herausgeberkreis der Präsident des Bundeskriminalamtes, Hans-Ludwig Zachert, zählt, stellte dem Beitrag eine aufschlußreiche Bemerkung voran.[19]

Wenn polizeiliche Ermittlungen gegen ethnische Minderheiten geführt würden, gebe es recht oft Schwierigkeiten. Das gelte besonders dann, wenn es sich bei den Betroffenen um Zigeuner handelte, deren Volk während der nationalsozialistischen Herrschaft verfolgt worden sei. Wörtlich heißt es dann: »Der in dem nachstehenden Beitrag geschilderte Sachverhalt macht jedoch deutlich, wie eine falsch verstandene Humanität der Stadtverwaltung genau das Gegenteil bewirken kann. Die Betroffenen mußten sich ja förmlich bei dem Verhalten der Stadtverwaltung in ihrem strafrechtlichen Tun bestärkt fühlen. Leider ist bei vielen Stadtverwaltungen eine Tendenz zu erkennen, die darauf hinausläuft, die polizeilichen Ermittlungen eher zu behindern, als sie zu unterstützen.« Im Grunde gelte es hier, Bürger vor Verlust des Eigentums zu schützen und Straftäter einer gerechten Strafe zuzuführen. Dabei habe auch der Jugendschutz und »Datenschutz« seine Grenzen. Der Fall sei ein Lehrbeispiel, wie es seitens einer Stadtverwaltung nicht gemacht werden solle. Weil dem Vorgang über das Einzelbeispiel hinaus eine grundsätzliche Bedeutung beizumessen ist, soll er in seinen relevanten, zuweilen kaum glaublichen Einzelheiten geschildert werden:

Seit dem Jahre 1986 war ein starker Zuzug von jugoslawischen Roma nach Köln festgestellt worden. Zunächst lagerten die verschiedenen Sippen auf einem Gelände im nördlichen Kölner Gewerbegebiet; nachdem anliegende Gewerbebetriebe wegen Belästigungen unterschiedlicher Art protestiert hatten und die hygienischen Bedingungen, gerade in den Herbst- und Wintermonaten, als menschenunwürdig anzusehen waren, wurde den Roma nach einer kurzen Zwischenstation der sogenannte Schiffhof an der Brühler Landstraße nahe der Bundesautobahn 4 Anfang des Jahres 1989 durch die Stadt Köln als ständiger Lagerplatz zugewiesen. Zu diesem Zeitpunkt lagerten dort etwa 200 Personen.

Ein wichtiger Grund für den starken Zustrom der Roma nach Köln war, so berichtete Kommissar Schulz, die in den

Kreisen der Roma bekannte und geschätzte großzügige materielle und finanzielle Zuwendung der städtischen Dienststellen und die Betreuung durch städtische Bedienstete. Daneben kümmerten sich auch kirchliche Stellen sowie sogenannte Unterstützergruppen wie die »Roma-Initiative« um die Belange der Roma.

Nachdem die Zahl der angezeigten Wohnungseinbrüche in den Jahren zuvor nahezu unverändert geblieben war, wurde seit dem Jahresbeginn 1987 ein überproportionaler Anstieg dieser Deliktsart festgestellt. Nach 5852 angezeigten Taten im Jahre 1986, stieg die Zahl auf 6342 im Jahre 1987 und auf 7071 im Jahre 1988. Im ersten Quartal 1989 wurde eine 13,8prozentige Steigerung gegenüber der Vergleichszahl aus dem Jahre 1988 festgestellt.

Bei der Ursachenerforschung fielen folgende Fakten ins Auge: Häufig wurden in dieser Zeit minderjährige Zigeuner, jugoslawische Roma, auf frischer Tat getroffen und festgenommen oder durch die Tatortarbeit als Spurenleger identifiziert. So wurden in der Zeit vom 1. Januar bis zum 22. Mai 1989, dem vorläufigen Höhepunkt der Einbruchsdaten, allein 90 minderjährige Roma auf frischer Tat festgenommen oder in Verwahrung genommen. Weitere 70 minderjährige Roma wurden im selben Zeitraum als Spurenleger von Wohnungseinbrüchen identifiziert. Bereits im Jahre 1988 zeichnete sich dieses Phänomen ab, als von 400 Personen, anhand von Tatortfingerspuren als Täter identifiziert, bereits 176 Personen – mehr als 40 Prozent – minderjährige Roma waren.

Eine kommissariatsübergreifende Arbeitsgruppe der Kölner Polizei übernahm die Bearbeitung der »Haftsachen« dieser jungen Roma. Nach einer Anhörung und Identifizierung wurden die Minderjährigen regelmäßig dem sogenannten

»Roma-Projekt«, einer Einrichtung der Stadt Köln, über-
führt, die die Kinder dann nach kurzer Versorgung den Erziehungsberechtigten übergeben sollten. Allerdings mußten
die Polizeibeamten in der Folgezeit häufig feststellen, daß
minderjährige Roma an ein und demselben Tag mehrfach
bei der Begehung von Straftaten ermittelt wurden.

Um diesem Problem Herr zu werden, leitete die Staatsanwaltschaft Köln insgesamt 36 Verfahren gegen die bekannten Erziehungsberechtigten wegen des Verdachts der Verletzung der Fürsorge- und Erziehungspflicht ein. Es ging dabei
zum Teil um Kinder, die im Einzelfall bereits 50 Einzeltaten
in nur kurzer Zeit begangen hatten. Aus den Ermittlungen
war bekannt, daß durch Bedienstete der Stadt Köln im Jugendamt mit den betroffenen Eltern sogenannte Beratungsgespräche, im Einzelfall 20 Gespräche, geführt worden waren. Um den Straftatbestand der Verletzung der Fürsorge-
und Erziehungspflicht nachweisen zu können, war es notwendig, Umfang und Zeitpunkt dieser Beratungsgespräche
festzuhalten. Die Kölner Staatsanwaltschaft ersuchte deshalb die Stadt Köln, die relevanten Daten zu übergeben.

Unter Hinweis auf datenschutzrechtliche Vorschriften
wurde das Ersuchen negativ beschieden. Daraufhin wurde
zunächst in einem Fall ein Beschluß des Amtsgerichts Köln
zur Herausgabe der Daten erwirkt. Gegen diesen Beschluß
legte die Stadt Köln Beschwerde beim Landgericht Köln ein.
Die Beschwerde wurde verworfen. Obgleich anhand dieses
exemplarischen Falles die Rechtmäßigkeit des Auskunftser-
suchens und Auskunftserteilens aufgezeigt wurden, mußten
auch in den anderen 35 Fällen jeweils richterliche Beschlüsse
gegen die Stadt Köln erwirkt werden. Auf diese Weise ver-
gingen Monate, so daß mittlerweile der Aufenthaltsort einer
Vielzahl der beschuldigten Eltern und Erziehungsberechtig-

ten unbekannt war. So kam es nur zur Anklage gegen einige wenige Verantwortliche.

Bei den anschließenden Prozessen ließen sich die Angeklagten, gut beraten durch ihre Anwälte, geschickt ein und spielten die Bedeutung der sogenannten »Beratungsgespräche« bei der Stadt Köln herunter oder gaben an, den Sinn der Gespräche nicht verstanden zu haben. Um diese Angaben widerlegen zu können, wurden die städtischen Mitarbeiter, die die Einzelgespräche geführt hatten, durch die Staatsanwaltschaft als Zeugen benannt.

Erneut blockte die Stadt Köln ab und erteilte den städtischen Bediensteten keine Aussagegenehmigung. Die Folge war, daß es in annähernd allen Fällen zu Freisprüchen kam. Als Motiv für dieses Verhalten wurde seitens der Stadt Köln reklamiert, daß es nach dem Jugendwohlfahrtsgesetz Aufgabe der Stadt Köln sei, zu den Betroffenen, in diesem Fall den Roma, ein Vertrauensverhältnis aufzubauen. Dies würde durch eine Aussage im Prozeß gegen die Erziehungsberechtigten gestört.

Der Vorgang weitete sich im April des Jahres 1989 aus. In jenem Monat ging bei der Polizeibehörde in Frankfurt am Main ein anonymes Schreiben ein. Durch einen mutmaßlichen Insider wurde die Behauptung aufgestellt, daß durch Banden jugoslawischer Roma organisiert Straftraten wie Taschendiebstahl und Tageswohnungseinbrüche in Deutschland begangen würden. Haupttäter seien zwei Sippen, die zu jener Zeit in Köln lagerten. Die eigentlichen Organisatoren seien in Paris beheimatet und lenkten von dort aus das Geschehen. Der Anonymus schilderte in Einzelheiten die Vorgehensweise der Täter.

Daraufhin richtete die Kölner Polizei eine Ermittlungskommission unter dem Namen Zlato gegen die Angehörigen der beiden erwähnten Sippen ein. Nach rund neunmonatiger Tätigkeit stellte sich das Ergebnis im einzelnen so dar:

Etwa 50 Erwachsene sowie minderjährige Roma standen im dringenden Tatverdacht, sich als Mitglieder einer kriminellen Vereinigung in Verbindung mit Bandendiebstahl und gewerbsmäßiger Hehlerei strafbar gemacht zu haben. Konkret stand dieser Täterkreis im Verdacht, organisiert Tageswohnungseinbrüche zu begehen, wobei die einzelnen Tatverdächtigen innerhalb dieser Organisation in unterschiedlichen Ebenen verschiedene Funktionen ausübten.

Die erste Ebene stellten die sogenannten Argati, die Arbeiter, dar. Es handelte sich hierbei um Kinder und Jugendliche, die die Tageswohnungseinbrüche begingen.

In der zweiten Ebene waren die sogenannten Fahrer angesiedelt. Diese wurden von den Chefs engagiert und waren für den Transport der Argati zu den von ihnen ausgesuchten Einbruchsorten verantwortlich. Sie wurden für diese Tätigkeit anteilmäßig an der Beute entlohnt.

Die dritte Ebene hatten die sogenannten Chefs innerhalb der Organisation inne. Sie waren für den Einsatz der Fahrer und die Zusammenstellung der Einbruchstrupps sowie den Absatz der Beute verantwortlich. Bei den Tatverdächtigen dieser drei Ebenen handelte es sich ausschließlich um jugoslawische Roma.

In der vierten Ebene waren die Hehler zu finden, die regelmäßig den größten Teil des Diebesgutes, nämlich Schmuck, von den Chefs aufkauften. Dieser Kreis dieser Tatverdächtigen setzte sich ausschließlich aus polnischen Roma zusammen. Diese Personen lebten nicht auf dem Schiffhof-Gelände mit den jugoslawischen Roma zusammen.

Nachdem durch die Chefs die einzelnen Einbrechertrupps

zusammengestellt waren, in der Regel zwei Personen, wurden diese durch die engagierten Fahrer zu vorher festgelegten Einbruchsorten gefahren. Diese Orte lagen im gesamten Bundesgebiet, wobei Brennpunkte im Köln/Bonner Raum, im Hamburger Raum, im süddeutschen Raum, aber auch im benachbarten Belgien und Frankreich erkannt werden konnten. In den Zielorten wurden die Einbrechertrupps sodann ausgesetzt und begannen ihre Touren. Dabei suchte man ausschließlich Wohnungen und Häuser aus, in denen zu jener Zeit keine Bewohner anwesend waren. Die Objekte wurden mit massiver Gewalt, entweder durch Aufbrechen der Eingangstüren oder Zerschlagen von Scheiben, geöffnet. In den Objekten suchten die Einbrecher gezielt nach Bargeld, Schecks und Schmuck.

Nach der Tatbegehung trafen sie die Fahrer an zuvor vereinbarten Punkten. Die Beute wurde überreicht. War man an einem von Köln weit entfernten Ort für mehrere Tage tätig, wurde die Beute vorübergehend durch die Fahrer in Erddepots zwischengelagert und erst bei Abreise aus diesen entnommen und nach Köln transportiert. Nahmen die Einbrecher das Treffen mit den Fahrern nicht wahr, gingen letztere davon aus, daß eine Festnahme erfolgt war. Die Fahrer schalteten in diesem Fall sofort einen Rechtsanwalt ein. Ihm wurde der Name der Festgenommenen sowie der aktuelle Standort mitgeteilt. So war erklärlich, daß oft schon nach kurzer Festnahmezeit sich Rechtsanwälte bei den zuständigen Polizeibehörden meldeten, um sich nach den Festgenommenen zu erkundigen. Gegenüber den Polizeibehörden gaben die Festgenommenen grundsätzlich falsche Personalien an, und in der Regel erklärten sie, nicht älter als 14 Jahre alt zu sein, da ihnen beigebracht worden war, daß man bis zu diesem Alter durch die Polizei nicht festgehalten und belangt werden kann.

Nach dem Eintreffen auf dem Lagerplatz in Köln übergaben die Fahrer die Beute an die Chefs. Die Fahrer wurden anteilmäßig entlohnt. Anschließend lagerte man die Beute wiederum in Erddepots. Oft gingen die Argati unmittelbar vom Schiffhof auf Diebestour. Dabei benutzten sie öffentliche Verkehrsmittel. Auf der Anfahrt zu den Einbruchsorten wurde häufig in Baumärkten zunächst das Einbruchswerkzeug wie große Schraubendreher »besorgt«. Um vor möglicher Verfolgung sicher zu sein, wechselten die Kinder und Jugendlichen die Bahnen und liefen große Strecken zu Fuß. Wenn die Argati gegen Mittag das Lager wieder erreichten, übergaben sie die Beute an die Chefs.

Der Schiffhof wurde annähernd täglich von polnischen Roma aufgesucht, die zum Teil in Köln lebten, teilweise aber auch aus anderen Städten wie Frankfurt und Hamburg zum Schmuckankauf anreisten. Als Grundlage für den An- und Verkaufspreis diente der jeweilige aktuelle Tageskurs für den Verkauf von Gold.

Mitte März 1990 erließ das Amtsgericht Köln 20 Haftbefehle. Ferner erließ das Gericht Durchsuchungsbeschlüsse für alle von den Roma auf dem Schiffhof bewohnten Wagen und Baracken. Am 5. April 1990 wurden zeitgleich in Köln sowie aufgrund aktueller Erkenntnisse, in Hamburg und Bochum die Haftbefehle und Durchsuchungsbeschlüsse vollstreckt. Im Bereich des Schiffhofes hielten sich rund 250 Personen in etwa 70 Wohnwagen und Baracken auf. Wegen der geographischen Lage und Besonderheit der Anlage wurden dort rund 1200 Polizeibeamte eingesetzt. Von den 20 Haftbefehlen konnten 11 vollstreckt werden; insgesamt wurden 33 Personen vorläufig festgenommen.

Die Durchsuchungsaktion führte zur Entdeckung von etwa 22 Kilogramm Schmuck im Werte von rund 520 000

DM, neun Schußwaffen, 80 Schecks, etwa umgerechnet 200 000 DM Bargeld in unterschiedlichen Währungen. Ein Großteil der Beute war in Erddepots – sechs Erddepots konnten aufgefunden werden – versteckt worden. Um den einzelnen Tatverdächtigen konkrete Straftaten zuzuordnen, wurden drei Schmuckausstellungen unter großer Resonanz in die Bevölkerung in Köln und Hamburg abgehalten. Von den etwa 1200 sichergestellten Schmuckstücken konnten 198 Gegenstände insgesamt 96 Straftaten zugeordnet werden.

Die meisten Tatverdächtigen zeigten in der Folge Geständnisfreudigkeit und bestätigten im wesentlichen das bis dahin vorliegende Ermittlungsergebnis. Im Laufe des Jahres 1991 wurden erste Täter angeklagt und verurteilt. Gegen die Hehler ergingen mehrjährige Haftstrafen. Am 23. Dezember verurteilte die 1. Große Strafkammer des Landgerichts Köln die Haupttatverdächtigen und Verantwortlichen zu mehrjährigen Haftstrafen; in Einzelfällen wurden vier Jahre Freiheitsstrafe verhängt.

Das Urteil der 1. Großen Strafkammer des Landgerichts Köln unter dem Vorsitzenden Richter Heinz Kaiser und den Richtern Günter Paul und Georg Lauber wurde am 7. April 1992 rechtskräftig (Aktenzeichen: 101 – 32/91). Die Richter rügten in ihrem Urteil sowohl die Kölner Stadtverwaltung als auch die Medien. Auf Seite 144 der schriftlichen Urteilsbegründung heißt es:

»Zugunsten aller Angeklagten wurde . . . berücksichtigt, daß ihr Unrechtsbewußtsein im Hinblick auf ihre eigenen, gleichgelagerten Kindheitserfahrungen herabgesetzt war. Die Angeklagten haben sich – unwiderlegbar – dahingehend eingelassen, sie seien in ihrer Kindheit von ihren Eltern zu Diebstählen angehalten worden, und das Stehlen sei unter Zigeunern üblich und schon immer von den Eltern an die Kinder weitergegeben worden. Die Angeklagten sind daher selbst Opfer elterlichen Versagens. Trotz der Herabsetzung des Unrechtsbewußtseins war den Angeklagten aber klar, daß sie nach deutschen Gesetzen Unrecht begehen und dafür bestraft werden würden, was sich insbesondere dadurch manifestiert, daß sie strafunmündige Kinder eingesetzt haben, um der eigenen Bestrafung zu entgehen.«

Weitere kritische Sätze aus dem Urteil könnten in der Geschichte der deutschen Rechtsprechung bei Delikten durch Ausländer nachklingen und seien deshalb gleichfalls im Wortlaut zitiert:

»Strafmildernd wurde ferner in Ansatz gebracht, daß den Angeklagten die Durchführung der Taten auch sehr leichtgemacht worden war. Insbesondere das Verhalten von Bediensteten des Jugendamtes der Stadt Köln hat dazu beigetragen, bei den Angeklagten den Eindruck zu erwecken, die ganze Sache werde von den Behörden nicht so ernst genommen. Denn einerseits wurden die von der Polizei festgenommenen und an das Jugendamt überantworteten Kinder unmittelbar wieder an die Angeklagten und die anderen Roma-Angehörigen zurückgeführt, selbst wenn das Kind bereits an einem Tag wiederholt aufgefallen war; Konsequenzen blieben also aus. Andererseits wurden die Angeklagten nur allgemein ermahnt, auf ihre Kinder zu achten. Die wegen der Auffälligkeit der Kinder notwendige Belehrung der der deutschen Sprache nur unvollkommen mächtigen Angeklagten in Gegenwart eines Dolmetschers, in der sie unmißverständlich auf die Folgen ihres Handelns hingewiesen wurden, fand nicht statt. Aber auch der privatrechtlich organisierte Kölner Roma-Initiative, die auf dem letzten Kölner Lagerplatz der Roma-Angehörigen, dem sogenannten Schiffhof, Geschäfts- bzw. Betreuungsräume in einem feststehenden Steinhaus unterhielt, muß vorgehalten werden, daß sie die Angeklagten nicht auf die möglichen strafrechtlichen Folgen ihres

Tuns hingewiesen und nicht auf eine Änderung des strafbaren Lebenswandels hingewirkt hat. Nach der glaubhaften Einlassung der Angeklagten sind die Beuteverkäufe an die gesondert verfolgten Hehler ... zu jeder Tages- und Nachtzeit zum Teil offen auf dem Platz abgewickelt worden, vereinzelt sogar in der Form, daß der Hehler ... mit einer Goldwaage über den Platz lief, um die Beutestücke zu taxieren. Die Kammer ist davon überzeugt, daß eine derart ›dreiste Offenheit‹ beim Absatz der Beute sicherlich bei verantwortungsbewußtem Handeln der sozialen Einrichtungen, die den direkten Kontakt zu den Zigeunern hatten, nicht möglich gewesen wäre.

Schließlich haben auch die Medien und Angehörigen von Organisationen, die sich der Betreuung von Roma widmen bzw. gewidmet haben, aus falsch verstandener Rücksichtnahme, möglicherweise auf dem Hintergrund des verbrecherischen Vorgehens gegen Zigeuner während der NS-Zeit, indirekt zu einer gewissen Förderung der Taten beigetragen, indem sie durch ihre Berichterstattung einseitig Diskriminierungen und Benachteiligungen der Roma-Angehörigen in den Vordergrund gestellt haben, obwohl die Angeklagten, wie sie der Kammer wiederholt mitgeteilt haben, von den Behörden in Deutschland, insbesondere in Köln, gut behandelt und ausreichend versorgt worden sind.[20]

Zuweilen kann der Eindruck entstehen, manche Ausländer trieben Mißbrauch mit den rechtsstaatlichen Verfahren, die sie in Deutschland im Gegensatz zu den Prozessen in den meisten ihrer Heimatländer erwarten. Der Kurde Ibrahim B. lebt seit rund drei Jahren in Deutschland, davon verbrachte er die längste Zeit im Gefängnis. Eine Schlepperbande schleuste ihn mit falschen Papieren nach Hamburg. Hier wurde er im Juli 1991 dabei gestellt, wie er mit zehn Kilo Heroin Handel trieb. Am 30. Dezember 1991 war das Hamburger Jugendschöffengericht mit ihm gnädig umgegangen und verurteilte ihn nur zu zweieinhalb Jahren Jugendstrafe. In der Türkei wäre möglicherweise ein Todesurteil gegen ihn vollstreckt worden. Aber die geringe Strafe in Deutschland war dem Kurden immer noch zu hoch. Er ging in die Berufung vor die Jugendkammer der Großen Strafkammer IV in Hamburg unter dem Vorsitzenden Richter, Landgerichtspräsident Dr. Roland Makowka.

Die Berufungsverhandlung begann im Frühjahr 1993. Es ging um das Alter, das für das Strafmaß von Bedeutung ist. Der Kurde besitzt angeblich keine Ausweispapiere und gab zu Protokoll: Sein Vater habe ihm gesagt, er sei im Jahr 1973 geboren. Demnach sei er zur Tatzeit erst 17 oder 18 Jahre alt gewesen. Die Staatsanwaltschaft dagegen wollte beweisen, daß der Angeklagte bei Begehung der Straftat unter Umständen älter als 18 war.

Der Staatsanwalt beauftragte zur Wahrheitsfindung drei Mediziner mit Gutachten. Der Gerichtsmediziner Axel G. kam zu der Feststellung: »Um die 20.« Der zweite Gutachter war ein Kieferchirurg, Dr. med. Dr. dent. Bernd K. Er kam mit einem Abdruck vom Gebiß des Angeklagten in den Gerichtssaal. Er gab zu Protokoll: »Mit höchster Wahrscheinlichkeit war der Angeklagte (im Oktober 1992, dem Zeitpunkt der Untersuchung) über 21 Jahre alt.« Für den Angeklagten bedeutete dies, daß er auch nach dem Erwachsenenrecht bestraft werden könnte. Der dritte Gutachter war ein Kinderradiologe der Hamburger Universitätsklinik Eppendorf, Dr. Knut H. Er dokumentierte dem Gericht anhand vergleichender Röntgenaufnahmen ebenfalls, daß die Altersangaben des Kurden mit hoher Wahrscheinlichkeit falsch sein müssen. »Ich kann mit Sicherheit sagen, daß der Angeklagte im September 1992 (dem Zeitpunkt dieser Untersuchung) älter als 19 war, eher in Richtung 22.«

Der Aufwand ist enorm, aber in Prozessen dieser Art in Deutschland durchaus üblich. Für die Altersbestimmung werden bis zu drei Gutachter bestellt. Kinderradiologen bestimmen das Alter anhand des Handskeletts. Ein Gutachten dieses Fachbereiches hat einen Umfang von drei bis fünf Seiten. Für das Diktieren und Korrigieren berechnet der Mediziner nach eigenem Ermessen pro Stunde 60 Mark. Die Schreibarbeit pro Seite durch eine Sekretärin kostet 4,90 Mark. Röntgenaufnahmen der Hand müssen von einer Medizinisch-Technischen Assistentin (MTA) angefertigt werden; das kostet nochmals 60 Mark. Für das Erscheinen vor Gericht stellt der Kinderradiologe 60 Mark pro Stunde in Rechnung.

Einige Gutachter haben Angst, vor Gericht in Erscheinung zu treten. In Frankfurt am Main wurden Gerichtsmediziner verbal angegriffen, weil ihre Arbeit für die Altersbestimmung »gegen Türken gerichtet« sei. Ein Gutachter, dessen voller Name einmal in einer Zeitung veröffentlicht wurde, war sehr unglücklich darüber. »Man sagt, hinter diesen Dealern stehen höhere Mächte, die zu allem fähig sind«, sagt er im privaten Kreis. »Eigentlich bin ich für die ein kleines Licht, aber man kann nie wissen.«

Die Situation in den Gefängnissen

Die Kriminalität überfordert inzwischen nicht nur die Polizei, sondern auch die Justiz. Gerichte sind überlastet. Mutmaßliche Verbrecher müssen entlassen werden, weil die Untersuchungshaft von sechs Monaten überschritten wird. Deutschlands Gefängnisse quellen über. Diese Situation wird nicht zuletzt durch den hohen Anteil von ausländischen Tatverdächtigen in Haft verursacht. »Der Anteil ist in den letzten Jahren enorm gestiegen«, sagte der Sprecher des Justizministers von Nordrhein-Westfalen, Dieter Wendorff. In mancher U-Haftanstalt sind Ausländer inzwischen in der Überzahl. Die Rechtspflege in Deutschland ist nicht mehr gewährleistet.

Beispiel Hamburg: Im Jahr 1992 sind in 18 Fällen Gefangene durch das Hanseatische Oberlandesgericht auf freien Fuß gesetzt worden, weil wegen Überlastung der Justiz die Prozeßeröffnung nicht rechtzeitig terminiert werden konnte. In zwei Fällen lautete die Anklage auf versuchten Totschlag, einmal auf Totschlag und einmal auf Mord. Aus der U-Haft entlassen wurden zwei Beschuldigte, die einen Supermarkt überfallen haben sollen, drei Türken, denen vorgeworfen wird, mit 25 Kilo Heroin gehandelt zu haben, und ein Libanese, der unter anderem wegen des Verdachts des schweren Raubes und des versuchten Totschlags in U-Haft saß. Ebenfalls wegen Überlastung der Gerichte ordnete das Oberlandesgericht im Juli 1992 die Freilassung zweier Türken, 19 und 20 Jahre alt, aus der U-Haft an. Die Staatsanwaltschaft hatte die Anklage rechtzeitig erhoben: Die beiden Türken waren angeklagt, einer Dealerbande anzugehören und mit Heroin gehandelt zu haben. Wie es heißt, sind die Angeklagten sogleich unauffindbar untergetaucht.

Mitte April 1993 sind in Hamburg mindestens zehn Strafprozesse ausgefallen, weil die zentrale Untersuchungshaftanstalt (UHA) sich nicht einmal in der Lage sah, die Angeklagten in die jeweiligen Verhandlungssäle zu führen. Die Belegung der Haftanstalt, die für etwa 700 Insassen ist, schwankt seit geraumer Zeit zwischen 800 und rund 1000 Untersuchungshäftlingen und liegt zeitweise noch darüber. Ein Hamburger Amtsgericht setzte zwei angeklagte Rumänen auf freien Fuß, weil sie von Beamten aus der U-Haftanstalt nicht zum Prozeßtermin gebracht worden waren. Sie sollten sich wegen Wohnungseinbrüchen vor Gericht verantworten. Das Gericht meinte zur Freilassung, die beiden Beschuldigten hätten nur mit einer Bewährungsstrafe zu rechnen.

Die Überlastung der Justiz im Strafvollzug ist der bemerkenswerte Grund für eine strikte Verweigerung der »Konferenz der Justizministerinnen und -minister«. Die FDP-Bundesjustizministerin Sabine Leutheusser-Schnarrenberger und die Länderjustizminister lehnten am 23. April dieses Jahres eine Amtshilfe für die Ausländerbehörden bei der Abschiebehaft für Ausländer ab. Die Justizminister unter dem Vorsitz Sachsens gaben eine Erklärung heraus, in der eingestanden wurde: »Aufgrund der bestehenden Belegungssituation in den Justizvollzugsanstalten ist der Justizvollzug nicht in der Lage, den nun zu erwartenden wesentlichen Anstieg der Zahl der Abschiebegefangenen zu verkraften.«

Die Zeitung *Welt am Sonntag* bat die Bundesjustizministerin Leutheusser-Schnarrenberger am 19. März 1993 um Information und Stellungnahme zu der Problematik der Justizbelastung, besonders unter dem Aspekt der Ausländerkriminalität. Trotz zweier Erinnerungsschreiben sah sich das Bundesjustizministerium auch nach fünf Wochen dazu nicht in der Lage.

Welt am Sonntag nahm selbst eine Umfrage bei den Justizministerien der 16 Bundesländer über die Belastung der Justizvollzugsanstalten (JVA) vor. Die JVA-Belegungszahlen erlauben eine Vorstellung von der prekären Situation, in der sich die Justiz befindet.

- **Baden-Württemberg:** Insgesamt 7456 Insassen; von 5001 in Strafhaft sind 1279 Ausländer (= 25,6 %) und von

2455 in U-Haft sind 1336 Ausländer (= 54,4%), Stand
31. März 1993;

- **Bayern:** Ingesamt 10389 Insassen (Stichtag 31. März
  1993); Ausländeranteil insgesamt im Strafvollzug 29%
  (Stand Mitte 1992): davon in Straf- und Jugendstrafhaft
  19% Ausländer, in U-Haft 46,6% Ausländer (»Im 1.
  Halbjahr 1993 wohl über 50%«). »Der Ausländeranteil
  wird nur alle Jahre gezählt. Er wächst überproportional
  zur Steigerung der allgemeinen Belegung.«
- **Berlin:** Insgesamt 3587 Insassen, darunter 980 Ausländer
  (= 27,3%). Von den Ausländern befinden sich 504 in
  U-Haft. Dort beträgt ihr Anteil 47,8%. 477 Ausländer befinden sich in Strafhaft; das entspricht einem Anteil von
  18,8% (Stand 1. 7. 92).
- **Brandenburg:** Insgesamt 1270 Insassen (Stand: 28. 4. 93).
  Zunächst meinte die Pressesprecherin des brandenburgi-
  schen Justizministeriums in Potsdam, Bettina Bunde: »In
  Brandenburg werden Ausländer aus naheliegenden Grün-
  den nicht ausgesondert.« Einen Tag später korrigierte sie
  sich und teilte mit: »Der Ausländeranteil betrug bei der
  letzten Zählung insgesamt 19,5%.«
- **Bremen:** In der JVA Oslebshausen befinden sich 189 Insassen in U-Haft, 65% sind Ausländer. In der JVA Bremerhaven befinden sich 26 Insassen in U-Haft, 60% sind
  Ausländer. In der JVA Blockland sind 51 Jugendliche in
  U-Haft, 88% sind Ausländer. »Ausländeranteil bei der
  Strafhaft wird nicht gesondert ausgewiesen.«
- **Hamburg:** Insgesamt 2795 Insassen. Davon in U-Haft
  rund 800, unter ihnen 480 Ausländer (= etwa 60%);
  Stichtag 28. 4. 93. In der Strafhaft Anstalt II (»Santa Fu«)
  etwa 520 Insassen, unter ihnen 170 Ausländer (= etwa
  33%); Stichtag: 28. 2. 93.

- **Hessen:** Insgesamt 5067 Insassen (Stichtag 30. 9. 92), davon 1712 in U-Haft. Unter der Gesamtbelegung befanden sich 1995 Ausländer (= 38,7%). Bei den U-Häftlingen betrug der Ausländeranteil 62,6% (Stichtag 31. 3. 92). Seit 1989 hat sich der Bestand in der U-Haft (jeweils zum 1. Januar) mit dem entsprechenden Ausländeranteil (jeweils zum 31. 3.) folgendermaßen entwickelt; 1989: 1246 Insassen, davon 54,3% Ausländer, 1990: 1402, davon 54,5% Ausländer, 1991: 1566 Insassen, davon 62,7% Ausländer; 1992: 1733 Insassen, davon 62,6% Ausländer. Unter allen ausländischen Gefangenen sind als häufigste Nationalität vertreten: Türken zu 19,1%, Jugoslawen zu 16,6%.
- **Mecklenburg-Vorpommern:** 743 Insassen (Stand 31. 3. 93), davon 132 Ausländer (= 17,8%). 385 der Insassen befinden sich in U-Haft, davon 100 Ausländer (= 26%). 318 der Insassen befinden sich in Strafhaft (einschließlich Jugendstrafhaft), davon sind 12 Ausländer (= 3,8%). 20 Ausländer befinden sich in Abschiebehaft. Die auffälligsten Nationalitäten unter den Ausländern: Polen 34,1%, Rumänen 29,5%, Vietnamesen 14,4%. Justizsprecher Michael Bauer: »Das soll keine Diskriminierung sein, aber eine Auflistung der Nationalitäten ist für die Belegung wichtig. Sie können beispielsweise keinen Aserbaidschaner mit einem Armenier zusammenlegen.«
- **Niedersachsen:** Insgesamt 5859 Insassen (Stand: 31. 3. 93). In U-Haft befinden sich 592 ausländische Gefangene (= 46%), in der Strafhaft 505 ausländische Gefangene (= 15%), Stand: 31. 12. 92.
- **Nordrhein-Westfalen:** Insgesamt 16 245 Insassen (Stand 31. 3. 93). Der Ausländeranteil in der U-Haft beträgt zwi-

schen 35% und 40%, der Ausländeranteil in der Strafhaft dagegen 30%. Justizsprecher Dieter Wendorff sagt: »Der Ausländeranteil ist in den letzten Jahren enorm gestiegen. Jetzt ist er seit einigen Monaten in etwa konstant.«

- **Rheinland-Pfalz**: Insgesamt 3053 Insassen (Stichtag: 31. 3. 93), davon 726 Ausländer (= 24,1%). In U-Haft saßen 374 Ausländer (= 43,4%), in Strafhaft 267 Ausländer (= 13,2%).

- **Saarland**: 577 Insassen in der JVA für Erwachsene in Saarbrücken, davon 160 Ausländer (= 27,7%). Von den 160 Ausländern befinden sich 81 in U-Haft, 57 in Strafhaft und 22 in Abschiebehaft. Im Jugendvollzug befinden sich 87 Gefangene, davon sind 17 Ausländer (= 19,5%) aus elf Nationalitäten. Von diesen 17 Ausländern befinden sich 10 in U-Haft, 6 in Strafhaft, 1 in Abschiebehaft. Im Offenen Vollzug ist niemand unter den 89 Gefangenen Ausländer.

- **Sachsen**: Insgesamt 2122 Insassen; 125 Ausländer befinden sich in Abschiebehaft. Das Justizministerium schätzt, daß etwa 10% der Insassen in Strafhaft Ausländer sind. Sprecher Moheeb vom Justizministerium: »Ausländer werden bei uns nicht gesondert erfaßt. Das wäre diskriminierend. Deshalb die geschätzte Zahl.«

- **Sachsen-Anhalt**: Ingesamt 919 Insassen, darunter 83 Ausländer (Stichtag 31. 3. 93). 47 Ausländer befinden sich in U-Haft, 10 Ausländer in Strafhaft. 26 Ausländer sitzen in Abschiebehaft.

- **Schleswig-Holstein**: Insgesamt 1412 Insassen. 166 von 387 Untersuchungsgefangenen sind Ausländer (= 40,56%), 98 von 1025 Strafgefangenen sind gleichfalls Ausländer (= 9,56%). Ferner befinden sich 69 Ausländer in Abschiebehaft.

- **Thüringen:** Insgesamt 606 Insassen, darunter 81 Ausländer. Davon in U-Haft: 56 Ausländer (= 21 %). Davon in Strafhaft: 12 (= 3,5 %); 13 Ausländer befinden sich in Abschiebehaft. Stand 27. 4. 93.

Die Politiker sind sich anscheinend über die Brisanz solcher Zahlen im klaren. Das rheinland-pfälzische Justizministerium des FDP-Ressortchefs Peter Caesar ergänzte seine Zahlenangaben mit einer Erklärung für die *Welt am Sonntag*: Der Justizminister weise insbesondere zu dem hohen Anteil von Ausländern in Untersuchungshaft darauf hin, daß der Schluß, Ausländer seien in solch hohem Maß straffällig, unzulässig sei. Vielmehr würden Ausländer schon deshalb häufiger in Untersuchungshaft genommen als deutsche Staatsangehörige, weil hier die Voraussetzungen für die Untersuchungshaft eher bejaht würden: Die Fluchtgefahr, die abhängig von der Schwere des Deliktes einen Haftbefehl rechtfertigen könne, werde bei Ausländern höher eingeschätzt, da oft auch fester Wohnsitz und soziale Bindungen fehlten. Deshalb werde gegen Ausländer auch bei dringendem Verdacht vergleichsweise weniger schwerwiegender Delikte sehr häufig Untersuchungshaft angeordnet, die in einem vergleichbaren Fall gegen Deutsche nicht angeordnet werden würde.

Dies zeige sich auch bei dem weitaus geringeren Anteil der Ausländer in Strafhaft. Wenn auch der Anteil der in Strafhaft sitzenden Ausländer den Anteil der Ausländer an der Gesamtbevölkerung überschreite, so müsse darauf hingewiesen werden, daß die Altersstruktur des ausländischen Bevölkerungsanteils nicht der der Deutschen entspreche. Vielmehr seien Ausländer im ›kriminogenen‹ Alter zwischen 16 und 35, das heißt, in einem Alter, in dem die meisten Strafta-

129

ten begangen werden, überrepräsentiert. Ob es die Bürger beruhigt, daß Ausländer in Deutschland im »kriminogenen Alter überrepräsentiert« sind?

Am Beispiel der Freien und Hansestadt Hamburg kann dargestellt werden, wie die Bundesländer das Problem der mit Ausländern gefüllten Haftanstalten zu lösen versuchen: Durch die überfüllten Strafvollzugsanstalten in Hamburg sah sich die dortige Justizbehörde unter der Senatorin Lore Maria Peschel-Gutzeit im April 1992 veranlaßt, eine Richtlinie an die Staatsanwaltschaft zu geben. Die Richtlinie sah vor, ausländische Straftäter, die in Hamburg eine Freiheitsstrafe absitzen müssen und ausgewiesen werden sollen, schon nach Verbüßung der halben Haftzeit aus dem Gefängnis zu entlassen und dann in ihre Heimat abzuschieben. Durch die vorzeitige Abschiebung würden die überfüllten Strafvollzugsanstalten in Hamburg entlastet, in denen der Ausländeranteil bei 36 Prozent (Stand: 1. Quartal 1992) liege, hieß es in einer am 15. April 1992 veröffentlichten Mitteilung der Staatlichen Pressestelle.[21]

Eine Strafvollstreckung gegen Ausländer, die aus der Bundesrepublik auszuweisen oder abzuschieben sind, sei unter dem Gesichtspunkt der Resozialisierung und des Schutzes der Allgemeinheit vor weiteren Strafen wenig sinnvoll, meinte die Justizbehörde. Auch erweise sich die Abschiebung eines straffällig gewordenen Ausländers häufig als das wirksamere Mittel der Verbrechensbekämpfung als die konsequente Durchsetzung des deutschen Strafanspruchs. Die Richtlinie schöpfe den bundesrechtlich vorgegebenen Entscheidungsrahmen des Paragraphen 456 a der Strafprozeßordnung aus. Ausländische Täter, die der Organisierten Kriminalität oder der schweren Drogenkriminalität zugerechnet werden, sollten allerdings von der Neuregelung ausgenommen und künftig über den Halbstrafenzeitpunkt hinaus in Haft bleiben. Erst dann müssen sie Deutschland verlassen, erklärte die Justizbehörde.

Warum wird bei schwerkriminellen Ausländern nicht eine sofortige Ausweisung vollzogen? Darauf antwortet der Hamburger Oberstaatsanwalt Rüdiger Bagger: »Wir sind sehr daran interessiert, Straftäter zunächst in der Bundesrepublik zu verfolgen. Besonders bei Drogenhändlern haben wir die Befürchtung, daß den Tätern in ihrem Heimatland nicht der Prozeß gemacht wird. Eine vorzeitige Abschiebung könnte dazu führen, daß sie in einigen Monaten wieder in der Bundesrepublik auftauchen.«[22]

In Hamburg besteht eine interne Absprache zwischen Ausländerbehörde und Staatsanwaltschaft. Kleinkriminelle, wie zum Beispiel Diebe, werden nach Angaben der Staatsanwaltschaft sofort nach der Urteilsverkündung abgeschoben – es sei denn, sie leben seit mindestens acht Jahren in Deutschland und sind in dieser Zeit nicht straffällig geworden. Wer hingegen mit Drogen gehandelt oder beispielsweise einen Raubüberfall verübt hat, verbüßt in der Regel die Hälfte der Haftzeit in der Bundesrepublik. Erst dann werde er abgeschoben. »So wollen wir sicherstellen, daß der Täter auch tatsächlich seine Strafe erhält«, sagt Oberstaatsanwalt Bagger.[23]

In Deutschland sitzen derzeit etwa 18 000 Deutsche und Ausländer in Untersuchungshaft. Das Problem der überfüllten Haftanstalten könnte noch dramatischere Formen annehmen, wenn die Zahl der rechtskräftig abgelehnten Asylbewerber nach dem neuen Asylrecht vom 1. Juli 1993 steigt, sie aber Deutschland nicht freiwillig verlassen wollen. Wohin mit ihnen bis zur Abschiebung, vor allem mit den Familien? Die Hamburger Justizbehörde erwog im August 1993 die

Aufstellung zusätzlicher Haft-Container auf dem Gelände der Vollzugsanstalt Glasmoor in Norderstedt bei Hamburg.[24]

Niedersachsen und Schleswig-Holstein wollen spezielle Haftanstalten einrichten. Die Kieler Landesregierung kündigte an, für abgelehnte Asylbewerberfamilien die bisherige Jugendarrestanstalt Rendsburg zu verwenden und geräumige, familiengerechte Zellen für insgesamt 50 Personen bereitzustellen. Sie wurden bisher nach Lübeck in die Justizvollzugsanstalt gebracht und dort getrennt nach Frauen und Männern zu Straftätern einquartiert, wenn sie bis maximal vier Wochen nach der rechtskräftigen Ablehnung ihres Antrages nicht ausgereist waren. Durchschnittlich traf dieses Schicksal zwei Asylbewerber pro Monat.[25]

Anmerkungen

1 Drucksache 11/5628 Landtag Nordrhein–Westfalen, 11. Wahlperiode, ausgegeben am 16. Juni 1993.

2 Uwe Dörmann, Wissenschaftlicher Direktor des Bundeskriminalamtes, in seiner Bewertung: Probleme der Polizeilichen Kriminalstatistik und der Dunkelfeldforschung im geeinten Deutschland.

3 CDU-Bundestagsabgeordneter Heinrich Lummer, Portugiesen und Spanier am anständigsten, Leserbrief in: *Frankfurter Allgemeine Zeitung* vom 23. Oktober 1992.

4 Professor Christian Pfeiffer, Die polizeilich registrierte Kriminalitätsentwicklung des Jahres 1991. Ergänzende Datenanalysen zur Polizeilichen Kriminalstatistik, Kriminologisches Forschungsinstitut Niedersachsen e.V., Hannover 1992, S. 8 f.

5 Pfeiffer (Anm. 4), S. 9.

6 Polizeiliche Kriminalstatistik 1990 des Bundeskriminalamtes (BKA), Wiesbaden 1991, S. 95.

7 Statistisches Bundesamt, Wiesbaden, Tabelle 8 der Arbeitsunterlage Strafverfolgung 1990, S. 365.

8 Polizeiliche Kriminalstatistik 1990 des BKA, Wiesbaden 1991, S. 66.

9 Statistisches Bundesamt (Anm. 7), hier: Tabelle 8, S. 372.

10 Innenminister Herbert Schnoor, Kriminalität von Deutschen und Ausländern – Probleme eines Vergleichs, in: Bericht '99 – Zur Situation der ausländischen Arbeitnehmer und ihrer Familien – Bestandsaufnahme und Perspektiven für die 90er Jahre; 2. ergänzte Auflage, Herausgegeben von der Beauftragten der Bundesregierung für die Integration der ausländischen Arbeitnehmer und ihrer Familienangehörigen, Bonn 1990, S. 353 ff.

11 Schnoor (Anm. 10), S. 354.

12 Schnoor (Anm. 10), S. 355.

13 Antwort des Berliner Senats vom 22. Juni 1989 (eingegangen beim Berliner Abgeordnetenhaus am 30. Juni 1989) auf eine Anfrage des CDU-Abgeordneten Ernst-August Poritz.

14 Mehr Ausländer vor Gericht, in: *Frankfurter Rundschau* vom 29. Januar 1992.

15 Asylbewerber kassiert dreist ab. Nigerianer erklärt dem Gericht, wie die »Masche« läuft, in: *Die Welt,* Hamburg, vom 13. Mai 1993.

16 Keine Milde für Sozialhilfe-Betrug, in: *Die Welt* vom 19. Mai 1993.

17 Jochen Kummer, Neue Asylantenflut aus Nigeria, Zaire und Ghana, in: *Welt am Sonntag* vom 1. November 1992, S. 29.

18 Verfahrensfehler – Angeklagter frei. Zeugen nicht über Rechte aufgeklärt, in: *Hamburger Abendblatt* vom 22. April 1993, S. 19.

19 Kriminalhauptkommissar Thomas Schulz, Die Ermittlungskommission ›Zlato‹. Erkenntnisse aus einem nicht alltäglichen Verfahren gegen jugoslawische ROMA wegen des Verdachtes der Mitgliedschaft in einer kriminellen Vereinigung in Verbindung mit Bandendiebstahl und gewerbsmäßiger Hehlerei, in: *polizei verkehr + technik* Heft Nr. 7 vom Juli 1992, S. 196–198.

20 Landgericht Köln, Urteil in der Strafsache 83 Js 31/89 Staatsanwaltschaft Köln = 101-32/91 Landgericht Köln.

21 *Die Welt* vom 16. April 1992.

22 Was kriminelle Ausländer erwartet, in: *Hamburger Abendblatt* vom 17./18. April 1993. S. 16.

23 Was kriminelle Ausländer erwartet, in: *Hamburger Abendblatt* vom 17./18. April 1993, S. 16.

24 *Die Welt,* Hamburg, vom 14. August 1993, S. H1.

25 *Ahrensburger Zeitung* vom 14. Januar 1993.

4

Zigeuner – Ein Kapitel für sich

Vor allem eine ethnische Minderheit in Deutschland, die Sinti und Roma, fühlt sich durch Behörden, Justiz und Medien als Tätergruppen stigmatisiert.

»Vor acht Tagen zogen rund 150 Zigeuner in einer beispiellosen Klau-Tour über den Hamburger Fischmarkt, plünderten die Stände und schlugen zwei Polizisten in die Flucht. An diesem Sonntag hatten sich 50 Polizisten auf die Lauer gelegt und griffen 30 Diebe.« So begann ein Artikel, den die *Hamburger Morgenpost* am 23. November 1992 veröffentlichte. Die Zeitung dokumentierte den Bericht mit zwei Fotos vom Ort des Geschehens.[1]

In dem Artikel wurde der Fortgang der »Klau-Tour« geschildert: »Wie schon am 15. November kamen die Diebe, als die Markthändler ihre Stände schon abbauten. Die Zigeuner steckten Schmuck, Bananen, Kleidung und Andenken ein. Zivilfahnder griffen sofort ein, wurden von rund 40 Uniformierten unterstützt. In einem Fall wollten die Zivilpolizisten drei Diebe greifen, wurden sofort von anderen Zigeunern umringt. Einer der Täter drohte mit einem Messer. Schutzpolizisten kamen ihren Kollegen zur Hilfe. Gegen die Angreifer wird jetzt wegen versuchter Gefangenenbefreiung ermittelt. Die Diebe, darunter auch viele Kinder, die von ihren Eltern gezielt zum Klauen an die Marktstände geschickt wurden, kamen zur Wache Sedanstraße. Die meisten sind Asylbewerber aus Rumänien . . .«

Wird durch die Nennung der ethnischen Zugehörigkeit in solchen Zeitungsberichten die Volksgruppe stigmatisiert?

»Wenn Polizisten einen minderjährigen Roma aufs (Asy-
lanten-)Schiff bringen, der beim Diebstahl erwischt wurde,
kriegt der . . . von seinem Vater erfahrungsgemäß ›erst mal
eine Schelle‹: ›Nicht weil er gestohlen hat, sondern weil er sich
hat erwischen lassen‹.« Dies schrieb im Mai 1993 der *Spiegel*
in einem Asylanten-Report aus Hamburg über »Schwierigkeiten, die es des öfteren mit Rumänen gibt, die ›nicht immer
die besten Manieren‹ haben . . .«[2]

Wurde auch dadurch die Volksgruppe beleidigt?

»Der mit internationalem Haftbefehl gesuchte Geschäftsmann Karl-Josef Zulier ist mit seiner Ehefrau am Montag
abend in einem Ferienpark im Hunsrück festgenommen worden . . . Zulier, der seit dem 28. November auf der Flucht gewesen war, hatte von 5000 bis 7000 Sinti und Roma mehrere
hundert Millionen Mark als Darlehen aufgenommen, die er
offenbar zum großen Teil nicht mehr zurückzahlen kann.
Rund 160 Millionen Mark sind nach Angaben der Staatsanwaltschaft verschwunden. Zulier, der selbst Sinto ist, hatte
seinen Kunden Renditen von 30 Prozent und mehr innerhalb
von drei Monaten versprochen.« Diese Meldung der Nachrichtenagentur Associated Press (AP) veröffentlichte die
Frankfurter Allgemeine Zeitung am 28. April 1993.[3]

Ist das wieder ein Beispiel für die Diskriminierung einer
Volksgruppe?

Am 26. April 1993 hat der 1982 gegründete Zentralrat
Deutscher Sinti und Roma mit Sitz in Heidelberg in einer Erklärung den Vorwurf der Diskriminierung erhoben: »Mit
stigmatisierenden Berichten durch Behörden, Justiz und die
Medien selbst werden zunehmend vorhandene Aggressionen
in Teilen der Bevölkerung gezielt vor allem auf Sinti und
Roma gerichtet. Dies geschieht insbesondere mit einer
rechtsstaatswidrigen Kriminalisierung der gesamten Minder-

heit durch die ethnische Kennzeichnung von Beschuldigten im Zusammenhang mit Berichten über Kriminalitäts- und Straftatvorwürfe gegen einzelne Personen.«[4]

Nach Angaben des Zentralrates umfaßt die deutsche Volksgruppe der Sinti und Roma »etwa 70 000 Angehörige, deren Vorfahren seit 600 Jahren hier ansässig waren«. Im Mai 1993 machte das Bundesinnenministerium diese Angaben: »In der Bundesrepublik Deutschland leben etwa 30 000 Sinti und etwa 15 000 Roma als ethnische Minderheit mit eigener Sprache und Kultur. Daraus ergibt sich eindeutig, daß Sinti und Roma als ethnische und kulturelle Minderheit anerkannt sind.«

Nun strömen Sinti und Roma, vornehmlich aus Rumänien und dem ehemaligen Jugoslawien, zu Zehntausenden zusätzlich illegal nach Deutschland und beantragen Asyl. 438 000 Ausländer stellten 1992 einen Asylantrag – davon mehr als die Hälfte (52 %) aus Rumänien und dem ehemaligen Jugoslawien. Rund 105 120 kamen aus Rumänien. Das Bundesamt für die Anerkennung ausländischer Flüchtlinge in Nürnberg erfaßt Sinti und Roma nicht gesondert. »Wir gehen aber davon aus, daß über 50 Prozent der rumänischen Staatsbürger, die einen Asylantrag stellen, Sinti oder Roma sind«, erklärt der Vize-Präsident des Bundesamtes, Wolfgang Weickhardt. Das bedeutet: Mehr als 50 000 Sinti und Roma allein aus Rumänien überschritten 1992 die Grenze nach Deutschland. 1993 meldeten sich bis zum 30. April weitere 47 602 Asylbewerber aus Rumänien: darunter mutmaßlich rund 24 000 Zigeuner. Damit übertreffen die etwa 74 000 zugewanderten Sinti und Roma inzwischen die schon lange in Deutschland lebenden Sinti und Roma an Anzahl. »So gut wie keiner von ihnen wird als Asylant anerkannt«, berichtet Weickhardt. Anfang Mai 1993 wurde ein Urteil des baden-württembergischen Verwaltungsgerichtshofes in Mannheim bekannt: Rumänische Roma hätten keinen generellen Anspruch auf Asyl, denn sie müßten in ihrer Heimat nicht mit ethnisch begründeter staatlicher Verfolgung rechnen (Aktenzeichen A 14 455/92).

Was tut der Zentralrat Deutscher Sinti und Roma, um es den zuwandernden bzw. um Asyl nachsuchenden Roma und Sinti wenigstens zu erleichtern, sich mit der für diese Menschen völlig neuen und andersartigen Mentalität in Deutschland zurechtzufinden? Gibt es ein Programm zur Integration, ähnlich wie es etwa die jüdischen Gemeinden für Einwanderer haben? Der damalige Vorsitzende des Zentralrats der Juden in Deutschland, Dr. Heinz Galinski, setzte sich immer dafür ein, daß Gesetzesbrecher als solche bezeichnet und behandelt werden müssen.

Der Zentralrat Deutscher Sinti und Roma schwieg zur Kriminalität in der Volksgruppe und erhob seinerseits Vorwürfe gegen die Medien. Er gab ein verfassungsrechtliches Kurzgutachten in Auftrag, das zu dem Ergebnis kam, Polizei- und Justizbehörde wiesen in Verlautbarungen über kriminelles oder sonstiges Fehlverhalten einzelner Sinti und Roma vielfach auf die ethnische Zugehörigkeit der Beschuldigten hin und auch in der Medienberichterstattung werde diese Zugehörigkeit ohne zwingenden Anlaß genannt. Der Zentralrat sah darin die unzulässige Diskriminierung einer Volksgruppe, die als Opfer des nationalsozialistischen Holocaust besonders schutzbedürftig sei. Diese Diskriminierung bestärke überlieferte Vorurteile und Klischees und bewirke dadurch eine Stigmatisierung. Die Folge sei, daß 50 Prozent der Deutschen Sinti und Roma grundsätzlich ablehne und daß manche Angehörige dieser Minderheit ihre Volksgruppenzugehörigkeit verschweigen.

Ende April 1993 legte der Zentralrat ein Gutachten des Bundesverfassungsrichters Helmut Simon vor. Der Zentralrat Deutscher Sinti und Roma habe »nach der besorgniserregenden Entwicklung im letzten Jahr« (gemeint sind die Anschläge von Rostock, Hoyerswerda usw.) den ehemaligen Bundesverfassungsrichter gebeten, ein Gutachten zur Verfassungsmäßigkeit der Berichterstattung deutscher Medien und Behörden zu erstellen.

Der Zentralrat bediente sich mit dem 71jährigen Simon eines ehemaligen Richters und langjährigen SPD-Mitglieds, der sich durch Sondervoten zum Hochschulurteil und zum Paragraphen 218 in bestimmten Kreisen einen guten Ruf erworben hat. Er sprach sich Anfang der achtziger Jahre dafür aus, den jugendlichen Aussteigern Freiräume für alternative Lebensformen einzuräumen. Er verharmloste Hausbesetzungen als bloße Regelverletzungen und setzte sich für eine Amnestie ein. In zahlreichen Äußerungen zeigte er Verständnis für Sitzblockaden vor militärischen Einrichtungen als Protest gegen die Nachrüstung.

In seinem Gutachten trifft Richter Simon einerseits die Feststellung:[5]

Es bedürfe keiner näheren Begründung, daß durch die einfache Angabe der Zugehörigkeit zur ethnischen Minderheit der Sinti und Roma *ein Beschuldigter seinerseits* weder in strafbarer Weise beleidigt noch in seinem Persönlichkeitsrecht verletzt werden könne.

Andererseits jedoch kommt der ehemalige Verfassungsrichter zu der Einschätzung: »In Betracht käme eine Regelung, welche zur Vermeidung von Diskriminierungen die Erwähnung der ethnischen Volkszugehörigkeit in behördlichen Verlautbarungen und Pressemeldungen über kriminelles und anderes Fehlverhalten untersagt, sofern für diese Erwähnung nicht ausnahmsweise ein zwingend sachbezogener Anlaß besteht.«[6]

Richter Simon gelangt in seinem Gutachten zu einem Leitsatz, den der Zentralrat verbreitete: »Die verfassungsrechtliche Prüfung führt zu dem Ergebnis, daß die Forderung nach einem verbesserten Schutz für Sinti und Roma gegen Diskriminierung grundsätzlich gerechtfertigt erscheint.«[7]

In seinem Gutachten schildert Simon ein in den Augen des Zentralrats bemerkenswertes Beispiel für Diskriminierung:[8]

Im Zusammenhang mit dem Abriß eines ehemals von Roma-Familien bewohnten Hauses habe der Oberbürgermeister von Darmstadt unter anderem die Roma pauschal als Personen bezeichnet, die strafbare Handlungen, insbesondere Eigentumsdelikte, begangen hätten; die Roma-Familien seien in erster Linie nach Westeuropa gekommen, um durch strafbare Handlungen ihren Lebensunterhalt zu verdienen. Wegen dieser Äußerungen habe der Zentralrat dem Oberbürgermeister in einer öffentlichen Anzeige vorgeworfen, er hätte das seit 1945 schlimmste Beispiel für Rassismus geboten und den Abriß eines Hauses mit genau den gleichen Vorwänden gerechtfertigt, mit denen in den dreißiger Jahren Juden und Zigeuner als Volksschädlinge abgestempelt worden seien. Der dagegen gerichtete Antrag des Oberbürgermeisters auf Erlaß einer einstweiligen Verfügung sei vor dem Oberlandesgericht Frankfurt insoweit erfolglos geblieben, da nach Auffassung des Gerichts der Eingriff in das Persönlichkeitsrecht des Antragstellers vom Recht auf freie Meinungsäußerung gedeckt werde (Urteil vom 21. März 1985 – 16 U 202/84).

Dieser Vorfall liegt rund neun Jahre zurück. Aber die Behörden geraten angesichts der explodierenden Kriminalität in zunehmendem Maß in den Konflikt, bei Abwägung ge-

wisser Bedenken eine ethnische Zugehörigkeit oder Staatsbürgerschaft doch bekanntzumachen.

Dabei fällt auf, daß immer wieder Rumänen in Erscheinung treten. Das wird durch folgende amtliche Berichte mit
Daten aus dem Jahr 1992 belegt, die getrennt voneinander
alle im Februar 1993 durch deutsche Ministerien und Behörden veröffentlicht wurden.

Das niedersächsische SPD-Innenministerium beispielsweise, das der Polizei per Erlaß in Pressemitteilungen eine
Nennung der Staatsangehörigkeit bei Straftätern untersagt
hat, erwähnte ausdrücklich die Rumänen als Faktor beim
Anstieg der Ausländerkriminalität:[9] Mit einem Anteil von
34,1 Prozent (= 67 276 Tatverdächtige) sei der Anteil der
nichtdeutschen Tatverdächtigen in Niedersachsen im Vergleich zum Vorjahr erheblich gestiegen. Der prozentuale
Anteil der Nichtdeutschen unter den Tatverdächtigen habe
betragen:

- 1988: 15,22 Prozent
- 1989: 17,65 Prozent
- 1990: 19,12 Prozent
- 1991: 23,49 Prozent

47 317 nichtdeutsche Tatverdächtige hätten den Status eines
Asylbewerbers oder Asylbegehrenden. Recht unterschiedlich
sei der Anteil einzelner Nationalitäten an der Gesamtzahl
der nichtdeutschen Tatverdächtigen gewesen. So seien ermittelt worden:

- Rumänen: 21 176 Tatverdächtige,
- Jugoslawien: 9006,
- Türken: 8389,

- Polen: 5293,
- Libanesen: 2503,
- Bulgaren: 1784.

Der niedersächsische Kriminologe Professor Christian Pfeiffer wies darauf hin, daß die Zahl der Rumänen unter den Tatverdächtigen damit seit 1990 von 1300 auf rund 21 000 emporgeschnellt sei. Durch Verstöße gegen das Ausländergesetz und das Asylverfahrensgesetz lasse sich ein solcher Anstieg nicht allein erklären.[10]

Das baden-württembergische SPD-Innenministerium publizierte gleichfalls die auffälligen Volksgruppen mit den höchsten Kriminalitätsziffern.[11]

Seit 1989 habe sich der Anteil der nicht-deutschen Tatverdächtigen kontinuierlich erhöht. Auffällig dabei sei der hohe Anteil von Staatsangehörigen aus Ost- und Südosteuropa, insbesondere bei Diebstahldelikten. 53,9 Prozent aller Ausländer, die eines Diebstahlsdeliktes verdächtigt würden, kämen 1992 aus dem früheren Jugoslawien, aus Rumänien und aus Polen.

Das Frankfurter Polizeipräsidium hob in einer Veröffentlichung ausdrücklich folgenden Tatbestand hervor:[12] Sei Taschendiebstahl in den Vorjahren noch Domäne südamerikanischer und jugoslawischer Täter gewesen, so hätten sich 1992 zunehmend Angehörige aus osteuropäischen Ländern, jugendliche Marokkaner und Algerier (überwiegend Asylbewerber) sowie Kinder rumänischer Großfamilien unter die Täter gemischt. Gravierende Veränderungen hätten sich hauptsächlich im Diebstahlsbereich gezeigt: bei einfachen Diebstählen habe sich die absolute Zahl nichtdeutscher Tatverdächtiger um 1473 (40 %) erhöht. Mehr als drei Viertel dieser Personengruppe seien als Ladendiebe aufgefallen.

Hier hätten Jugoslawen (606), Polen (525), Rumänen (426), Türken (390) und Algerier (312) dominiert.

Das Bayerische Staatsministerium des Inneren listete auf:[13] Nach den häufigsten Staatsangehörigkeiten bei den tatverdächtigen Nichtdeutschen ergebe sich für 1992 auf den ersten drei Plätzen: ehemaliges Jugoslawien 18,3 Prozent, Rumänien 13,5 Prozent, Türkei 13,3 Prozent.

Das Hessische Landeskriminalamt in Wiesbaden veröffentlichte in seiner Polizeilichen Kriminalstatistik für 1992 folgende Feststellung über »nichtdeutsche Tatverdächtige aus dem ehemaligen Ostblock«:[14] Besonders hohe Zahlen seien bei den Tatverdächtigen aus dem ehemaligen Jugoslawien, aus Polen und aus Rumänien zu verzeichnen. Neben den ausländertypischen Delikten (Straftaten gegen das Ausländer- und das Asylverfahrensgesetz sowie Urkundenfälschungen) träten diese Nationalitäten besonders bei Diebstahlsdelikten und hier vor allem beim Ladendiebstahl auf.

Das Bundeskriminalamt (BKA) stuft Staatsbürger Rumäniens unter den ausländischen Tatverdächtigen nach der Häufigkeit auf Platz drei in der Rangfolge der Nationalitäten (Zahl der nichtdeutschen Tatverdächtigen und ihr Anteil in Prozent) ein:[15]

Rumänien 74 994 (= 14,7 %). Die komplette Liste ist im Kapitel über die BKA-Statistik abgedruckt.

Ein Gruß aus Deutschland

Das Bundesamt für die Anerkennung ausländischer Flüchtlinge in Nürnberg belegt, wie auffällig oft rumänische Staatsangehörige krassen Mißbrauch mit dem deutschen Asylrecht betreiben. 1991 stellten 40 504 Rumänen einen Antrag auf

Asyl. 1992 hat sich die Zahl mit 105 120 mehr als verdoppelt. Der Vize-Präsident des Bundesamtes, Wolfgang Weickhardt, teilt mit: »Lediglich 0,2 Prozent wurden anerkannt.«[16]

In diese Kategorie der abgelehnten Asylbewerber gehört auch die Familie eines rumänischen Staatsbürgers, der sich Ilie Ilie nennt. Der Vorgang Ilie wurde in einem niedersächsischen Landkreis aktenkundig. Er verdient aus folgendem Grund besondere Erwähnung: Bei der Erörterung der Ausländerkriminalität kommen in den seltensten Fällen diejenigen zu Wort, die meistens als erste und immer wieder aufs neue vor Ort mit den Problemen konfrontiert werden: nicht die Beamten des Bundeskriminalamtes, nicht die der Landeskriminalämter und der Polizeipräsidien, sondern die vielen Polizisten der niederen Dienstränge in den Polizeirevieren. Kommt man mit ihnen ins Gespräch, ist Frust und Empörung über kriminelle Ausländer deutlich herauszuhören. Die Polizisten im niedersächsischen Westerstede, die mit dem Fall Ilie befaßt waren, schließen aus dem Verhalten von Asylbewerbern, daß diese vielfach nicht arglos nach Deutschland einreisen, sondern um gezielt durch Kriminalität an dem deutschen Wohlstand teilzuhaben.

Der Roma-Zigeuner Ilie hatte 1992 bei den deutschen Behörden sein Alter mit 25 Jahren angegeben und behauptet, bei Guben von Polen nach Deutschland gekommen zu sein – ohne Papiere. Er brachte seine Ehefrau, 24, und zwei Kinder, 7 und 5 Jahre alt, mit. Die Familie stellte Antrag auf Asyl. Die Zentrale Anlaufstelle für Asylbewerber (ZASt) im niedersächsischen Oldenburg wies sie nach Bad Zwischenahn im benachbarten Landkreis Ammerland ein. Ammerland besteht aus sechs Gemeinden mit 97 000 Einwohnern. Dort waren etwa 1200 Asylbewerber registriert, mehr als die Hälfte davon Zigeuner.

Die Familie Ilie bezog in Bad Zwischenahn zwei Zimmer im Asylantenheim Langenhof. Seit dem 10. September 1992 war sie unter dieser Adresse gemeldet. Das Sozialamt bezahlte der Familie jeden Monat rund 1400 Mark und gewährte Bekleidungszuschüsse; Unterkunft und Heizung waren kostenfrei.

Das Bundesamt lehnte den Asylantrag – wie voraussehbar – als »offenbar unbegründet« ab. Aber die Folge war nicht, daß die Familie abgeschoben wurde. Davor schützte sie unter anderem ein Verfahren, das vor einem Verwaltungsgericht anhängig war.

Es dauerte nicht lange, bis die Polizei Bekanntschaft mit der Familie machte:

- Am 2. November 1992 suchte Ilie mit seiner Frau und anderen Zigeunerinnen eine Bäckerei im Zwischenahner Ortsteil Ofen auf. Während er mit ständigen Fragen die Verkäuferin ablenkte, stahlen die Frauen Süßigkeiten aus dem Regal.
- Am 12. November entwendete Frau Ilie im Kaufhaus »Ammerland« eine Kette vom Schmuckständer und steckte sie ihrem siebenjährigen Jungen zu.
- Am 25. November stahl Ilie im »Euro-Sparmarkt« eine Packung Zigaretten.
- Am 12. Januar 1993 besuchte Frau Ilie mit ihrem siebenjährigen Jungen den »Aldi-Markt«. Der Junge verstaute eine gestohlene Stange Zigaretten in seiner Sporttasche und wurde von seiner Mutter an einer anderen Kasse vorbeigeschickt.

Nach dem vierten entdeckten Ladendiebstahl entschloß sich die Zwischenahner Schutzpolizei zu einer Durchsuchung der Wohnung. Die Beamten entdeckten in Sofas und Sesseln präparierte Hohlräume. Diese waren mit Diebesgut gefüllt: Whisky wie »Chivas Regal« (eine Flasche etwa 40 Mark), Schinken und Würste, Aal und Kosmetika, Schmuck und Textilien. Auch 2000 Mark Bargeld wurde gefunden.

Polizeihauptkommisar Hans-Joachim Böhm, Leiter des Ermittlungsdienstes in Bad Zwischenahn, sagte: »Wir haben auch aufschlußreiche Fotos sichergestellt, die mit einer Sofortbildkamera aufgenommen worden waren.« Ein Beamter beschrieb die Aufnahmen: Auf den Fotos posiere die Familie vor einem Tannenbaum in der Ecke ihrer Wohnung. Der Weihnachtsbaum sei anstelle von Lametta und Kugeln mit Hundert-Mark-Scheinen geschmückt. Etwa 15 Hunderter seien gefaltet, wie eine Kugel zum Kreis geöffnet und an die Zweige gehängt worden. Vater, Mutter, Kinder hielten fächerförmig Hunderter in der Hand und streckten sie in die Kamera. Sie gruppierten sich sitzend auf dem Fußboden, der auf etwa einem Quadratmeter mit schätzungsweise 30 Hundert-Mark-Scheinen ausgelegt sei. Auf dem Foto seien zusammengerechnet etwa 4500 Mark zu sehen.

Der Erste Polizeihauptkommissar Hans-Günther Bartels, seit 1974 Leiter des Polizeireviers Bad Zwischenahn, berichtet: Solche Fotos würden in die Heimat geschickt und sollten demonstrieren, daß in Deutschland das Geld gewissermaßen an den Bäumen wachse; man brauche es nur zu ernten. In Hannoversch-Münden habe ein Kollege von einem Foto berichtet, auf dem ein Asylbewerber mit einem brennenden echten Hunderter zu sehen gewesen sei – nach dem Motto: Seht her, Landsleute! Als Asylbewerber in Deutschland kann ich es mir leisten, große Scheine als Fidibus anzuzünden.

Asylbewerber Ilie rechtfertigte sich bei der Vernehmung, das Geld hätte seine Familie gespart.

Das nahm ihm die Polizei jedoch nicht ab. Die Polizeibeamten entdeckten in seiner Wohnung auch Einlieferungsabschnitte für Pakete. Aus ihnen ging hervor: In den letzten Wochen vor der Festnahme sandte Familie Ilie nach und nach Pakete mit einem Gesamtgewicht von 170 Kilo, also nahezu dreieinhalb Zentner, per Post in die rumänische Heimat. Allein das Porto betrug mehr als 1000 Mark.

Revierleiter Bartels erklärte dazu: Diebesgut, das am Tage gestohlen werde, werde noch am selben Abend auf dem Postweg nach Rumänien geschickt. Rumänische Familien und Sippen arbeiteten bandenartig und arbeitsteilig. Die Polizei erlebe, wie rumänische Eltern ihre Kinder bei Diebestouren einsetzten: Sie seien genau im Bilde, daß in Deutschland Kinder unter 14 Jahren strafrechtlich nicht belangt würden. Der Leiter des Kriminalkommissariats in Westerstede, Erster Kriminalhauptkommissar Werner Sandner, erklärte, die Asylbewerber machten der Polizei eine Menge Arbeit.

Die Polizeiliche Kriminalstatistik des Bundeskriminalamtes 1992 weist aus, daß etwa jeder siebte unter den »nichtdeutschen Tatverdächtigen« ein Rumäne war.

Ein Kriminalbeamter in Westerstede nennt einen der üblichen Tricks der Zigeunerbanden: Frau Ilie trug unter den vielen Röcken einen speziellen Rock, der der Polizei als »Diebesschürze« geläufig ist. Auf ihm sind Fächer aufgenäht, um Diebesgut zu verstauen.

Ein Amtsrichter in Westerstede erließ Haftbefehl gegen Ehemann Ilie. Der Asylbewerber wurde in die Justizvollzugsanstalt Oldenburg eingeliefert. Seine Frau blieb auf freiem Fuß. Sie war zum dritten Mal schwanger und durfte mit den Kindern im Asylantenheim wohnen bleiben und hatte – ohne ihren Mann – Anspruch auf rund 1000 Mark Sozialhilfe im Monat.

Als ein Reporter Ende Januar 1993 in Bad Zwischenahn dem Fall nachging, baten die zuständigen Polizeibeamten um etwas Geduld. Denn zur selben Zeit mußten sie Frau Ilie erneut vernehmen. Um 11.20 Uhr des 28. Januars 1993 war die Zigeunerin mit zwei Landsmännern im Wareneinkaufszentrum »WEZ« schon wieder beim Ladendiebstahl gestellt worden – diesmal mit einem Sack Kartoffeln.

Die Parkuhren-Knacker

Die Pressestelle der Hamburger Polizei verbreitete am 25. März 1993 folgende Meldung:[17]

Tatzeit 24./25.03.93, 23.35 Uhr und 0.20 Uhr, Tatort: Alsterterrasse (Hamburg-Rotherbaum). Zivilfahnder beobachteten drei Männer, die von einer Baustelle kommend auf eine Parkuhr zugingen, sich an ihr zu schaffen machten und sich entfernten. Die Polizeibeamten stellten anschließend fest, daß die Parkuhr aufgebrochen worden war. Der aufgebrochene Geldbehälter wurde in der Nähe auf einem Baustellengelände gefunden. Die drei Personen, es handelte sich um rumänische Asylbewerber im Alter von 27, 17 und 16 Jahren, konnten kurz darauf festgenommen werden.

Ein Beamter, der sich noch zur Tatortsicherung in der Nähe der Parkuhr aufhielt, sah gegen 0.20 Uhr, daß erneut drei Personen auf den Parkplatz kamen, auf dem sich die aufgebrochene Parkuhr befand. Zwei von ihnen blieben auf dem Parkplatz, während der dritte zu den Parkuhren ging. Danach verließen sie gemeinsam den Parkplatz. Bei ihrer Überprüfung konnten drei Geldbehälter und Tatwerkzeuge sichergestellt werden. Auch bei diesen Personen, einer 23-

jährigen Frau und zwei Männern im Alter von 25 und 22 Jahren, handelte es sich um rumänische Asylbewerber.

Einige Tage später, am 1. April 1993, gab die Pressestelle der Polizeidirektion Braunschweig in ihrem Polizeibericht Nr. 64/93 eine nicht weniger aufschlußreiche Meldung heraus:[18]

31.03.93, Braunschweig, Lindentwete. Drei Personen wurden festgenommen, nachdem sie sich an mindestens sieben Parkuhren in der Innenstadt bereichert hatten. In jüngster Zeit wurden hier 52 Parkuhren aufgebrochen.

Zivilbeamte beobachteten die Männer, die sich an der Parkuhr in der Lindentwete zu schaffen machten. Die Verdächtigen flüchteten, wurden aber kurz darauf in Tatortnähe aufgegriffen. In ihrem Versteck, unter Büschen, fanden die Beamten wichtige Beweismittel: die Münzensammelbehälter von sieben Parkuhren.

Nachdem im Fahrzeug der Täter größere Mengen Kleingeld und typisches Einbruchswerkzeug sichergestellt wurde, legte einer der 17 bis 23 Jahre alten Beschuldigten ein Teilgeständnis ab. Auf Antrag der Staatsanwaltschaft erging gegen die Beschuldigten inzwischen Untersuchungshaftbefehl.

Die Polizei vermutet, daß das Trio auch für etwa 2000 Straftaten in Frage kommt, die in Hamburg auf gleiche Art begangen wurden. Einer der Männer ist bereits nach 12 dieser Taten ertappt worden. Insgesamt ist in der Hansestadt durch diese Einbrüche ein Schaden von ungefähr 2 Mio. Mark entstanden.

Kein Wort wurde in dem Polizeibericht über die Nationalität der Täter verloren. Klaus Buhlmann, der Sprecher der Polizeidirektion Braunschweig, sagte zur Begründung: »Wir dürfen die Staatsangehörigkeit eines Tatverdächtigen nicht nennen. Es soll der Ausländerfeindlichkeit nicht Vorschub geleistet werden.«

Das hat der niedersächsische SPD-Innenminister Gerhard Glogowski in einem am 17. Februar 1993 erneuerten internen Runderlaß mit der Nummer 21.2-02051/1 verfügt:[19]

»Name, Beruf, Nationalität/Ausländereigenschaft und Lichtbild von beteiligten Personen (Täterinnen, Täter, Opfer und Zeugen) sowie andere Daten, die Rückschlüsse auf eine bestimmte Person zulassen, dürfen nur in Ausnahmefällen bekanntgegeben werden.«

Ein Kriminalbeamter sagte trotzdem zu einem Journalisten: »Nennen Sie nicht meinen Namen. Die rumänischen Asylbewerber haben bei dem Delikt Parkuhrplünderung das Monopol.« Davor hätten sie das Monopol auf Telefonautomaten-Aufbrüche gehabt.

Vor dem niedersächsischen Innenminister hatte schon der nordrhein-westfälische SPD-Innenminister Dr. Herbert Schnoor einen eigenen Weg gegen eine vermeintliche Ausländerdiskriminierung gesucht und einen Erlaß, speziell Sinti und Roma betreffend, herausgegeben. Er lautete:[20]

»Bezeichnung von Sinti und Roma durch die Polizei RdErl. des Innenministers v. 10. 3. 1986 – IV A4 – 6590 – Das Grundgesetz und die Konvention zum Schutze der Menschenrechte und Grundfreiheiten verbietenes, Personen aufgrund ihrer Rasse oder Abstammung zu benachteiligen. Auch besondere Lebensweisen bestimmter Personengruppen dürfen nicht zu Benachteiligungen führen. So hat sich das Ministerkomitee des Europarates wiederholt dafür ausgesprochen, jeder Form der Diskriminierung von Landfahrern Einhalt zu gebieten und Vorurteilen entgegenzutreten, die die Grundlage diskriminierender Einstellungen und Verhaltensweisen gegenüber Landfahrern, insbesondere gegenüber Sinti und Roma, bilden. Der Zentralrat der deutschen Sinti und Roma, der eine Bevölkerungsgruppe vertritt, die während der NS-Diktatur schwerstes Unrecht erleiden mußte, hat außerdem darauf hingewiesen, daß die Mehrheit der deutschen Sinti einen festen Wohnsitz habe und erwerbstätig sei.

Da Angaben über die Volkszugehörigkeit von Personen, die einer Straftat verdächtigt sind, Diskriminierungen darstellen können, die Vorurteile verstärken oder wecken, bitte ich, die Bezeichnung von tatverdächtigen Sinti oder Roma als Zigeuner, den Hinweis bei solchen Tatverdächtigen auf ihre Zugehörigkeit zu den Sinti oder Roma sowie deren Kennzeichnung als Landfahrer zu unterlassen. Das gilt auch bei Mitteilungen gegenüber Dritten einschließlich der Presse.

Die Pflicht, Anzeigen und Venehmungen authentisch zu protokollieren, bleibt hiervon unberührt. – MBl. NW. 1986 S. 464.«

Der Ministererlaß stieß teilweise auf Widerspruch bei nordrhein-westfälischen Polizeibeamten. Der Bonner Kriminalhauptkommissar Heini Fritsche, langjähriges SPD-Mitglied, schrieb am 14. Mai 1986 einen zornigen Brief an seinen Dienstherrn und Parteifreund Schnoor. Fritsche hatte im Juli 1964 als Leiter der Fahndung im Bonner Polizeipräsidium begonnen; kurz darauf wurde er dort Leiter des Kommissariats Einbruch und Raub, das er bis zu seinem Ausscheiden aus dem Dienst im Oktober 1989 führte.

»Ihr inzwischen in Polizeikreisen sogenannter ›Zigeunererlaß‹ hat bei den meisten Ihrer Beamten Empörung, Kopfschütteln und ein nicht geringes Maß an Ratlosigkeit ausgelöst«, schrieb Fritsche. »Ich kann Ihnen gleichfalls nach 27 Jahren im Kriminaldienst meine Verständnislosigkeit für dieses klassische Dokument des politischen Opportunismus zum Ausdruck bringen.«

Auch dieser Erlaß lasse immer tiefere Zweifel an der Festigkeit der politischen Führung der Polizei dieses Bundeslandes aufkommen, und er schüre einmal mehr die verbreitete Resignationswelle, die sich längst in dem geflügelten Ausdruck, es »kotze einen allmählich an«, Polizist geworden zu sein, Bahn gebrochen habe. Er schreibe dieses als längjähriger Sozialdemokrat, der in der vormaligen Sowjetischen Besatzungszone in der Auseinandersetzung mit »rotlackierten Nazis« seinen Kopf hingehalten habe und dafür in »Sowjet-KZs« gebracht worden sei. Minister Schnoor habe im Erlaß »jene ständig wider besseres Wissen vorgebrachten Behauptungen gestützt, die Polizei habe bisher Zigeunerverfolgung im Sinne einer Rassenverfolgung bzw. einer Volkszugehörigkeit betrieben«.

Auch er habe bisher nicht gewußt, fuhr Fritsche fort, daß (kriminal-)polizeiliche Ermittlungen und Strafverfolgung ein Akt der Diskriminierung und Benachteiligung bestimmter Menschen oder Gruppen seien. Seit Jahren gebe es auch in Nordrhein-Westfalen Großverfahren, die fast ausschließlich ganze Zigeunersippen beträfen. Es wundere ihn, daß der Innenminister diese Fakten, die dort ermittelt worden seien, ignoriere und vor dem Druck der Medien und einer »dort anzutreffenden gezielten Stimmungsmache wie auch dem Herrn Rose (Vorsitzender des Zentralrats Deutscher Sinti und Roma) ohne weiteres gewichen« sei.

Fritsche fragte Schnoor wörtlich: »Durchschauen Sie eigentlich nicht, daß der offensichtlich mit Erfolg ausgeübte Druck dieser Kreise auf die Staatsgewalt, auf die Ermittlungstaktiken und die Möglichkeiten einer statistisch fundierten kriminalpolitischen Aussage abzielt?« Der Innenminister sei seit Jahren nicht mehr in der Lage, etwas über die Intensität krimineller Zigeunergruppen auszusagen, weil das statistisch unmöglich gemacht worden sei. Leider setzte man mit diesem Erlaß die Absicht in die Welt, auch jedwede wei-

tere kriminalistische Wirkungsmöglichkeit in Richtung auf
die »recht agilen Umtriebe zigeunerischer Gruppen mit krimineller Betätigung zu lähmen«. Es werde die Einrede benutzt, daß polizeiliche Ermittlungen und Fahndungen ohne
ethnische und kriminalphänomenologische Begriffe aus-
kommen könnten. Fritsche kritisierte: »Wenn solches von
Ihren Beratern behauptet worden sein sollte, dann stellen sich
diese Damen und Herren ein fachliches Armutszeugnis aus.«
Der Streit um den Zigeunernamen gehöre hier genauso
her. Es sei ein Unding, diese Bezeichungen unter Spitzna-
men zu subsumieren. Zigeunernamen seien geprägt von der
Eigenart dieses Volkes und seiner Dialekte. Ihre Kenntnis sei
wichtig für die Ermittlungsarbeit. Die Verdeutlichung als Zi-
geunername müsse gewährleistet sein. Es gehöre zum Reak-
tionsbereich der Polizei.

Minister Schnoor ließ am 3. Juni 1986 durch seinen Leitenden Kriminaldirektor Günter Seidel antworten.

»Zum Inhalt Ihres Schreibens darf ich Ihnen mitteilen,
daß vor Herausgabe des Erlasses durchaus bedacht worden
ist, daß nicht alle Polizeibeamten seine Absicht sofort verstehen würden. Das konnte letztlich aber kein Grund sein, ihn
nicht zu veröffentlichen.« Es sei nicht richtig, daß die Augen
davor verschlossen würden, daß Angehörige der Sinti Straftaten mit teils erheblichen Schadensfolgen begingen. Uner-
findlich sei, wo Fritsche dem Erlaß entnehme, er stelle die
Ermittlungs- und Fahndungsmaßnahmen der Polizei als
Diskriminierung dar. Vielmehr ginge es darum, diejenigen
Sinti zu schützen, die als gesetzestreue Deutsche bei uns leben. Durch das gedankenlose Verbinden der Lebensweise
(Umherziehen) eines Teils der Sinti und Roma mit Straftaten
von Tatverdächtigen dieser Volksgruppe könne die gesamte
Volksgruppe diskriminiert werden. Wenn im Zusammen-

hang mit der Sachverhaltsermittlung und Tatklärung ständig nur bei Tatverdächtigen einer bestimmten Volksgruppe deren Zugehörigkeit genannt werde, bei anderen dagegen nicht, könne der Eindruck entstehen, alle Angehörige dieser Volksgruppe seien Straftäter. Dies sei der Ansatzpunkt des Erlasses. Da die Polizei erklärlicherweise vor allem mit den tatverdächtigen Sinti zu tun habe, sei auch in ihren Reihen das in der Gesamtgesellschaft vorhandene Vorurteil anzutreffen, Zigeuner seien Straftäter. Auch die Polizei müsse ihr Vorurteil korrigieren. Seidel schloß mit dem Wunsch an Fritsche: »Ich bin sicher, daß Sie als Angehöriger der Polizei der ›Bitte‹ Ihres Ministers entsprechen werden, und fände es gut, wenn Sie auch als Staatsbürger die Gesamtproblematik aufnehmen könnten.«

Zigeuner sind ein hauptsächlich in Europa verbreitetes Volk indischen Ursprungs, das seine eigene Sprache und Gesittung zumeist bewahrt hat. Der deutsche Name ist über das Ungarische aus älterem bulgarischen *acigane* entlehnt, das wieder auf das byzantinische *atsinganoi* zurückgeht und zunächst eine westkleinasiatische Sekte der »Unberührbaren« (griechisch thingano »berühre«) bezeichnete. Zigeuner weisen viele Züge auf, die Indien als ihr Ursprungsland erkennen lassen. Sie sind mit den Drawida und Mon-Khmer verwandt. Jeder Zigeuner hat die Fähigkeit, durch Wortwahl bei Gefahr seine Sprache nur Vertrauten verständlich zu machen.[21]

Die Wissenschaft bezeichnet das nordwestliche Indien als Urheimat der Roma. »Rom« gehe auf den indischen Stammesnamen »Dom« zurück. Islamische Invasoren, unter denen sich auch Türken befanden, verwandelten den indischen Roma-Namen in die alttürkische Bezeichnung »tschigan« (arme Leute, Habenichtse). Daraus wurde vor Jahrhunderten über das Ungarische und das Italienische im europäischen Sprachgebrauch »tsigan«, auf deutsch »Zigeuner«. Diese Menschen wurden versklavt und zogen, heimatlos geworden, durch Europa. Als Sinti (Cinti) werden diejenigen Gruppen unter den Roma bezeichnet, die bereits seit etwa 600 Jahren in Deutschland leben.[22]

Weil durch Schnoors Erlaß den Polizisten in Nordrhein-Westfalen der öffentliche Gebrauch des Wortes »Zigeuner« verboten ist, ersannen sie einen Ersatzbegriff. Sie sprachen fortan nicht mehr von Zigeunern, Sinti oder Roma, sondern von einer »mobilen ethnischen Minderheit«.

Die Tabuisierung eines Begriffes mag manchem um so verwunderlicher erscheinen, weil andererseits noch im Frühjahr 1993 in Deutschland mit dem Begriff »Zigeuner« und »Zigeunerkultur« für Veranstaltungen geworben wurde. Nicht nur, daß in der Vergangenheit die Strauß-Operette mit dem Titel »Der Zigeunerbaron« in den Bann zog, auch heute noch wird mit der Faszination, die sich mit dem Wort »Zigeuner« verbindet, erfolgreich Reklame gemacht. In München und Hamburg waren an den Anschlagflächen Plakate zu lesen. »Mittwoch, 21. April 20.00 Uhr, CCH Saal 1. Peter Schwenkow präsentiert ein weiteres Kult-Ereignis von André Heller: Magneten – Charismatische Meisterinnen und Meister weltumspannender Zigeunerkultur, erstmals in einer triumphalen Show vereinigt Trance-Tänzerinnen, Czardasexzentriker, Roma-Primadonnen aus . . . Rußland, Rumänien, Ungarn . . .«

Dieses Plakat in Hamburg wurde noch zusätzlich mit einem leuchtend gelben Aufkleber und den Worten aktualisiert: »Das triumphale Kult-Ereignis über die Kultur der Zigeuner – 100 000 Besucher in München – Jetzt auf Tournee.«

So wird das klangvolle Wort »Zigeuner« noch manchen Erlaß überleben. Oder ist seine Verwendung nur dann angebracht, wenn es sich – nach dem durch die Romantik idealisierenden Bild – um Folklore mit tanzenden rassigen Zigeunerinnen und dazu fidelnden leidenschaftlichen Zigeunern dreht? George Bizet läßt seine Carmen singen: »Die Liebe ist ein Zigeunerkind, Gesetze sind ihm fremd.« Die Deutsche Presseagentur (dpa) verbreitete im April 1993 eine Kurzmeldung mit diesem Text: »Die Zigeuner Rumäniens wollen eine eigene ›Polizei‹ zur Bekämpfung der Kriminalität in ihren Reihen einführen. Der rumänische Polizeichef Sandu hat diesem von Zigeunerkönig Cioaba vorgebrachten Wunsch zugestimmt.«[23]

Anmerkungen

1 30 Diebe bei Klau-Tour auf dem Fischmarkt erwischt, in: *Hamburger Morgenpost* vom 23. November 1992.

2 Das alles nervt total, in: *Der Spiegel* Nr. 18 vom 3. Mai 1993, S. 72–79, hier. S. 79.

3. Meldung der Nachrichtenagentur AP in: *Frankfurter Allgemeine Zeitung* vom 28. April 1993.

4 Romani Rose, Presseerklärung des Zentralrats Deutscher Sinti und Roma, Heidelberg, vom 26. April 1993.

5 Bundesverfassungsrichter i.R. Dr. Dr. theol. h.c. Helmut Simon, Karlsruhe, Gutachten, erstattet im Auftrag des Zentralrats Deutscher Sinti und Roma, April 1993, S. 13.

6 Simon (Anm. 5), S. 17.

7 Simon (Anm. 5), Leitsätze, 1.

8 Simon (Anm. 5), S. 6.

9 Niedersächsisches Innenministerium, Presseinformation 47/93 vom 3. Februar 1993, S. 20 f.

10 Fast keine Hemmschwelle, in: *Der Spiegel* Nr. 32 vom 9. August 1993, S. 100.

11 Innenministerium Baden-Württemberg, Pressemitteilung vom 15. Februar 1993, S. 4.

12 Polizeipräsidium Frankfurt am Main, Presseerklärung vom Februar 1993, S. 38.

13 Bayerisches Staatsministerium des Innern, Polizeiliche Kriminalstatistik für den Freistaat Bayern Jahr 1992, S. 19.

14 Hessisches Landeskriminalamt, Polizeiliche Kriminalstatistik Hessen 1992, S. 69.

15 Bulletin Nr. 40 des Presse- und Informationsamtes der Bundesregierung vom 18. Mai 1993, S. 364.

16 Jochen Kummer, Asylanten schmückten Christbaum mit Hundertern, in: *Welt am Sonntag* vom 31. Januar 1993, S. 6.

17 Polizeibericht, Freie und Hansestadt Hamburg, vom 25. März 1993, S. 1 f.

18 Polizeibericht Nr. 64 vom 1. April 1993, S. 3.

19 SPD-Innenminister Gerhard Glogowski, interner Runderlaß Nr. 21.2 – 02051/1, Punkt II, erneuert am 17. Februar 1993.

20 Runderlaß des Innenministers v. 10.03.1986 – IV A4 – 6590, Land Nordrhein-Westfalen, Ministerialblatt Nr. 30, vom 25. April, S. 464.

21 Der Große Brockhaus, 17. Auflage, Wiesbaden 1974, Band 20, Seite 684.

22 *Hamburger Abendblatt* vom 29. Mai 1993.

23 dpa-Meldung in: *Frankfurter Allgemeine Zeitung* am 3. April 1993.

5

Das Aufbegehren der Bürger

Am 26. Mai 1993 zeichnete der CDU-Bundestagsabgeordnete Alfred Dregger in der Asyldebatte des Deutschen Bundestages ein Bild der Stimmung der deutschen Bevölkerung. Es war der Tag, an dem die CDU/FDP-Regierungsfraktionen und ein Teil der SPD-Abgeordneten mit einer Zwei-Drittel-Mehrheit den Asyl-Artikel 16 des Grundgesetzes änderten. Als einziger von 88 Rednern vermittelte Dregger den Eindruck, als kenne er den Zorn der Bürger über den Asylmißbrauch wirklich. Dregger brachte im Parlament jenes Problem zur Sprache, das in Bonn von Politikern gemeinhin als Tabu ausgespart wird: Die Ausländerkriminalität.[1]

»Daß sich manche Asylbewerber bei uns unangepaßt, anmaßend, in Einzelfällen auch kriminell verhalten, steht im Gegensatz zu allem, was der Durchschnittsdeutsche über das Verhalten in einem Gastland gelernt hat und daher erwarten zu können glaubt. Daß auch mehrfache Straftaten und damit ein eklatanter Verstoß gegen das von einem Gast zu erwartende Verhalten häufig nicht zur sofortigen Ausweisung führen, ist für viele unserer Mitbürger unbegreiflich. . . . Die Deutschen sind empört, wenn sie von manchen Politikern und Medien der ›Ausländerfeindlichkeit‹ verdächtigt werden, während sie doch lediglich versuchen, sich aus ihren handgreiflichen Erfahrungen ein Urteil zu bilden. Das verstört und verletzt die Menschen. Manchmal entsteht bei ihnen sogar der Verdacht, daß das undifferenziert ausgesprochene Wort ›Ausländerfeindlichkeit‹ von der

Politik als Kampfbegriff zur Ruhigstellung des eigenen Volkes verwendet wird. Davor kann ich nur warnen.«

Die SPD-Abgeordnete Lieselott Blunck meldete sich mit einer Zwischenfrage zu Wort:[2]

Ob Dregger mit einer »solchen Rede mit den Inhalten« nicht den »rechtsextremistischen Parteien« nutze? Dregger widersprach: Als Politiker die Wahrheit zu sagen, sei »unsere vornehmste Pflicht«. Und wörtlich: »Wenn wir das tun, haben die Republikaner keine Chance.«

Die nächste Rednerin, Bayerns SPD-Landesvorsitzende Renate Schmidt, bestritt nicht Dreggers Schilderungen. Aber sie warf ihm vor, damit »Emotionen zu schüren«.

Es stellten sich für die Parlamentarier grundsätzliche Fragen zur Kontroverse um Asyl und Ausländerkriminalität: Werden durch Wahrheiten Emotionen geschürt? Wird das Geschäft der Rechtsextremisten mit der Ausländerfeindlichkeit betrieben? Soll man also die Wahrheit verschweigen?

Nicht zu bestreiten aber ist: Ängste der Bürger sind ein Signal an die Politiker. Was die Bürger bewegt, bekommen kontaktfähige Kommunalpolitiker und Mitarbeiter in Stadtverwaltungen früher als andere zu spüren. Das bewahrheitete sich während einer Einwohnerversammlung am 12. Mai 1993 im Stadtteil Schwerin-Görries in Mecklenburg. Die *Schweriner Volkszeitung* berichtete darüber am 14. Mai 1993:[3]

»Laut Einladung sollte es um die bereits im Bau befindliche Containersiedlung für Asylbewerber und den vorgesehenen Umbau der Schule in ein Aussiedlerübergangswohnheim gehen. Die Stadtverwaltung hatte einen Raum in der Schule an der Mittelstelle für etwa 50 Personen vorbereitet. Völlig überrascht von der großen Zahl der Bürger (300), die in diskutierenden Gruppen kamen, wich man auf den alten

Sportplatz gegenüber aus. Sozialdezernent Dr. Wolfgang Jähme (Neues Forum), Ordnungsdezernent Günter Semat (FDP), Sozialamtsleiter Jörg Heydorn und Ausländerbeauftragte Annette Köppinger hatten ab dann einen schweren Stand.

Es gelang ihnen nicht, die Ängste und Befürchtungen der Bürger zu zerstreuen. Auch auf präzise gestellte Fragen gab es keine befriedigende Antwort. Daß Asylbewerber in die Schule sollen, stimme nicht. Die genannten Zahlen seien falsch, so Günter Semat. Dann solle er richtige nennen, forderten die Anwohner. Doch Semat mußte passen. Ähnlich bei Fragen nach der Sicherheit: »Was tun Sie zu unserer Sicherheit?« fragte energisch ein Bürger. Jörg Heydorn: »Wollen Sie damit sagen, daß Asylbewerber an sich kriminell sind?«

Bürger: »Dann eben anders gefragt, was tun Sie zur Sicherheit der Asylbewerber?«

Heydorns Hinweis auf Wachdienste und die Polizei erntete nur noch gereiztere Zwischenrufe.

Schwerins SPD-Oberbürgermeister Johannes Kwaschik reagierte Tage später mit Anschuldigungen: Die rechtsradikale NPD mit einer Ortsgruppe Görries steuere den Widerstand der Einwohner.[4]

Der SPD-Bundestagsabgeordnete Jochen Welt würde wohl kaum um den Ärger vor Ort wissen, wenn er nicht auch Bürgermeister der Ruhrgebietsstadt Recklinghausen wäre. In Recklinghausen bestanden Ende der achtziger Jahre in den Stadtteilen Süd und Suderwich soziale Brennpunkte, wo deutsche Obdachlose oder sozialschwache Familien nicht gerade problemfrei, aber doch gewöhnungsmögliche Nachbarn waren. Ihre Unterkünfte hatten im Lauf der Jahre arg gelitten, die Gebäude an einer der Straße dort sollten aufgrund ihrer schlechten Substanz nach und nach abgerissen werden. Welt schildert, was nun geschah: »Dann kamen ... 1988 mehrere Sinti- und Roma-Familien, die Asyl begehrten und Unterkunft benötigten ... Schlagartig änderte sich die Qualität des sozialen Brennpunktes, äußerte sich die andere Lebensmentalität und -form in einer Art und Weise, wie sie derjenigen deutschen Familien teilweise geradezu diametral entgegensteht: Ein in die Nacht verschobener Lebensrhythmus der ganzen Familie (insbesondere im Sommer mit mehr als fetenhafter Lautstärke verbunden), archaisch zu nennende Eßgewohnheiten (wilde Schlachtung von Schafen inklusive ›Entsorgung‹ der Innereien in Mülltonnen als verwesende Rattenleckerbissen) und nomadenhaft gelerntes Hygieneverhalten (Verrichtung der Notdurft auf offener Straße).«[5]

Jochen Welt zählt zu jenen praxisnahen Kommunalpolitikern, über die die SPD im Bundestag verfügt. Er wußte also, wovon er sprach, als er sich in der Öffentlichkeit als vehementer Befürworter einer Asyl-Änderung der Verfassung profilierte. »Wenn in einer Stadt wie Recklinghausen mit 126 000 Einwohnern allein beim Wohnungsamt rund 1400 Wohnungssuchende registriert sind und der Sozialdezernent (CDU) vorrechnet, daß jährlich mindestens 350 bis 400 neue Wohnungen gebaut werden müßten, wenn eine Arbeitslosenquote von knapp neun Prozent angesichts der Struktureinbrüche bei Bergbauzulieferbetrieben erreicht ist, wenn (vorübergehend) ganze Schulen keinen Sportunterricht durchführen können, weil die Turnhallen von kriegsflüchtigen Libanesen belegt sind, wenn die Lokalzeitungen teilweise in Boulevard-Manier Diebstahlsfälle zu nationalitätsdiskriminierenden Schlagzeilen aufbauschen – dann kann sich kein Politiker wundern, wenn der Ruf nach Lö-

sung des Problems ein Ruf zur Einschränkung des Asylrechts wird.«

Nicht zu bestreiten ist: Signale der Bürgerängste, auch
über Ausländerkriminalität, sind zu lange von Politikern
ignoriert worden. Schon vor Rostock, Mölln und Solingen waren erschreckende Taten zu registrieren, welche
die politisch Verantwortlichen hätten alarmieren müssen.
Einen Monat vor Rostock und vier Monate vor Mölln,
im Juli 1992, schlugen junge Männer zwischen 20 und 30
Jahren in der schwäbischen Gemeinde Kemnat (5000 Einwohner) einen Kosovo-Albaner namens Sadri Berisha tot
und seinen Landsmann Sahit Elezay halbtot. Der wegen
Mordes mitangeklagte Leipziger Michael Drigalla, der
zur Tatzeit 20 Jahre alt war, sagte im Frühjahr dieses Jahres vor Gericht einen erschreckenden Satz. »Ich honorier'
das halt nicht, die vielen Straftaten, die von Ausländern
gemacht werden.« Wut über Ausländerkriminalität als
Motiv für einen Mord? Drigalla wurde von der Jugendkammer des Stuttgarter Landgerichts zu neun Jahren Haft
verurteilt.[6]

Kurt Senne, Professor für Sozialpädagogik an der Fachhochschule Esslingen, sah sich als Sachverständiger vor Gericht zu Vorwürfen über Versäumnisse veranlaßt: »In der
Entwicklung retardierte Personen müssen deutliche Zeichen
aus der Umgebung bekommen. Die Diskussion der Eliten
um die Asylproblematik und ihre Gleichgültigkeit mußte den
Angeklagten als Akzeptanz des Fremdenhasses erscheinen.«[7]

Die Ausländerkriminalität und die Ausschreitungen in
Rostock-Lichtenhagen haben den Bundesvorsitzenden des
Bundes Deutscher Kriminalbeamter (BDK), Kriminalhaupt-
kommissar Eike Bleibtreu, bewogen, zur Feder zu greifen

und gleichfalls an dem Tabu zu rühren. Bleibtreu steht seit rund drei Jahren an der Spitze des BDK, in dem sich rund 17 000 der 25 000 deutschen Kriminalbeamten zusammengeschlossen haben. Er ist seit 29 Jahren SPD-Mitglied. »Seit sechs, sieben Jahren ist die Distanz zur SPD wegen ihrer Politik der Inneren Sicherheit gewachsen«, sagt er.

Bleibtreu wählte für seine Aufzeichnungen den Titel »Was hat Wuppertal mit Rostock gemein?« Er schrieb unter anderem:[8]

»Was hat Wuppertal mit Rostock gemein? Man sollte meinen, eigentlich gar nichts ... Aber beide haben ihre Probleme kleinerer oder größerer Art mit Ausländern. Im Ernst: Es ist an der Zeit, Probleme offen auszusprechen, bevor sie so stark emotionalisiert werden, daß blinder Volkszorn völlig überreagieren läßt oder im anderen Fall Kriminalbeamte langsam wirklich die Lust an der Arbeit verlieren.
Beginnen wir mit Wuppertal. Vor einigen Tagen sagte mir am Rande einer Landesvorstandssitzung in Nordrhein-Westfalen ein Kollege schon fast nebensächlich: ›Als ich am letzten Wochenende K-Wache (Wache des diensthabenden Kriminalbeamten) hatte, lagen uns am Sonntag morgen 7 Haftsachen vor, davon 6 Ausländer!‹
Nun ist es vom Prinzip her egal, ob man einen nichtdeutschen oder deutschen Einbrecher vor sich hat, die Arbeit bleibt die gleiche. Nur wenn man denn wüßte, daß man statt 7 Haftsachen möglicherweise nur 2 oder 3 zu haben braucht, dann kommt man ins Überlegen ...
Am Sonntag morgen einen Dolmetscher für Rumänisch oder Ghanaisch zu bekommen, ist nicht einfach und die 8 Stunden eines Frühdienstes reichen dann einschließlich Vorführung des Täters mit Sicherheit nicht aus.
Also überlegt man sich, ob es denn nötig ist, immer weiter gegen Windmühlenflügel zu kämpfen, wenn man doch nur die Hoffnung haben könnte, daß illegal Eingereiste oder abgelehnte Asylbewerber konsequent abgeschoben würden ...

Nun bin ich dann auch schon bei Rostock, und hier zeigt sich etwas ganz Erstaunliches:

In den Beitrittsländern leben lediglich ca. ein Prozent nichtdeutscher Bevölkerung. Im Bereich Schwerin sogar nur 0,51 Prozent, und gerade da entzündet sich die Wut ausgerechnet an den Ärmsten der Armen, den Flüchtlingen. Da reagieren sich Schwache an den noch Schwächeren ab. Die Wut auf den Westen und die Verzweiflung über die Tristesse im Osten öffneten ein Ventil, durch das aufgestauter Haß und Hoffnungslosigkeit entwich.

Aber man muß die Grundsituation sehen. Wenn vor einem Asylbewerberheim über einen Zeitraum von mehr als 2 Monaten ethnische Minderheiten (die in vielen Bundesländern unserer schönen Republik nicht mehr Zigeuner genannt werden dürfen) illegal lagern, nachdem sie illegal von Rumänien über Polen eingereist sind, geht das den Bürgern auf den Nerv.

Eine Menge von Eingaben, Anrufen und Hinweisen an die Stadtverwaltung (von Rostock) nutzten nichts. Das Problem wurde verdrängt. Nur die Bürger konnten nicht verdrängen, wenn Horden dieser Personen vor ihren Fenstern urinierten usw., wenn sie die Möwen wegfingen und auf offenem Rasen brieten und wenn sich 2 Meter unter dem Balkon eines Nachbarn Nacht für Nacht lautstarker Geschlechtsverkehr abspielte. Dann fragt man sich, wie denn unser westdeutscher wohlgenährter und hochzufriedener Bundesbürger reagiert hätte? Aber hier liegt das Problem offen. Die Bundesregierung und mit ihr viele Länderregierungen haben gewartet, gewartet und nichts als gewartet. Deutliche Hinweise von den Ausländerämtern, der Polizei und aus der Bevölkerung wurden in den Wind geschlagen ...

In der Vergangenheit meldeten verschiedene Bundesländer die Zahlen der abgelehnten Asylbewerber schon gar nicht mehr und die Abschiebung schon gar nicht. Inoffiziell ist bekannt, daß weit unter fünf Prozent der abgelehnten Asylbewerber überhaupt abgeschoben werden. Eine Duldung ohne den Rechtsanspruch auf Arbeit zäumt das Pferd von hinten auf. Es ist schlicht unmenschlich und fördert natürlich die Kriminalität bei diesen vielen Reizen, die auf diese Menschen einwirken ...

Nur, der Staat muß wehrhaft sein und dem Bürger zeigen, daß er sein Machtmonopol auch durchsetzen kann. Darum muß er auch konsequent sein in seiner Abschiebepraxis. Das gleiche gilt aber auch insbesondere für straffällig gewordene Ausländer in der Bundesrepublik. Da reicht es nicht aus, zu einem oder zwei Jahren Gefängnis verurteilt worden zu sein (Bewährungsstrafe), da muß man schon mehrfach straffällig werden und das Konto so langsam die 5-Jahresmarke erreichen, bevor unsere Ausländerämter in die Lage versetzt werden, abschieben zu können.«

Gerichtsurteile und Grundsatzbeschlüsse verwässerten immer mehr die Rechtslage und ähnlich wie im Polizeiberuf existiere die Neigung, lieber nichts tun, als zuviel. Aber so mache man schließlich alles falsch, wie sich zeige.

Ein solch offener Beitrag in einer Verbandszeitschrift einer Polizeiorganisation könnte zu voreiligen und falschen Schlüssen führen. Um mögliche Zweifel an seiner Haltung im Keim zu ersticken, ließ der BDK einen Aufkleber anfertigen: »BDK: Auf uns ist Verlaß – gegen Ausländerhaß.«

Fraglos haben Organisierte Kriminalität und die grassierende sogenannte Alltagskriminalität das Sicherheitsgefühl von immer mehr Deutschen verschlechtert. Inzwischen haben die Deutschen in West wie Ost vor nichts mehr Angst als vor Kriminalität. An langjährigen Umfragen ist das abzulesen. Das Institut für Demoskopie Allensbach fragt seit 1971 die Deutschen (West): »Es soll einmal untersucht werden, was den Menschen heute Sorgen bereitet, was sie bedrückt.« 1971 gaben 40 Prozent zur Antwort: »Daß die Kriminalität in Deutschland immer stärker wird.« Weniger, nämlich 37 Prozent, antworteten: »Daß die Luft- und Wasserverschmutzung zunimmt.«

Das kehrte sich um. 1986 war die Angst vor Luft- und Wasserverseuchung größer (35 %) als vor Kriminalität (26 %). Mitte 1990, im Jahr der Wiedervereinigung Deutschlands, erreichte die Angst um Luft und Wasser mit 53 Prozent einen Gipfelpunkt, während die Angst vor Kriminalität mit 30 Prozent darunter lag.

Seit 1990, mit Öffnung der Ostgrenzen, stieg die Angst vor Verbrechen bis April 1993 auf 47 Prozent der Befragten und überstieg die Angst um Luft und Wasser (Mitte 1992: 46%). Die Angst vor Kriminalität ist auch größer als die Angst vor Arbeitslosigkeit, die von 1992 bis April 1993 auf 37 Prozent stieg.

Das Institut richtete im Wiedervereinigungsjahr 1990 dieselbe Frage an die Deutschen (Ost). Seit jenem Jahr stieg die Angst vor Kriminalität von 53 Prozent der Befragten auf 63 Prozent im April 1993. Sie rangiert an oberster Stelle vor der Sorge um Arbeitslosigkeit (55% der Befragten) und vor der Furcht um Luft- und Wasserverseuchung (25% der Befragten im Jahr 1992).[10]

Die Direktorin des Allensbach-Institutes, die Demoskopin Professorin Elisabeth Noelle-Neumann, ist über einen Zeitraum von mehr als 40 Jahren Beraterin unterschiedlicher Bundesregierungen gewesen. Sie wurde im Juni 1993 von der *International Herald Tribune* nach den Wurzeln der Gewalt gefragt, die Deutschland im Sommer erschütterten.[11] »Das Problem hat sich extrem verschärft durch die Zahl von Personen, die hier in den letzten Jahren um Asyl nachgesucht haben«, antwortete sie. Seit 1991 hätte sie die Aufmerksamkeit und das Interesse der politischen Führung dafür zu wecken versucht, weil »der anhaltende Strom« das Gefühl von Deutschen bestärkt habe, bedroht zu werden, nicht mehr zu Hause zu sein und auf Leute zu stoßen, deren Verhaltensweisen und Werte sich von den eigenen sehr unterschieden. Warum in jüngster Zeit gerade Türken die Opfer geworden seien? Darauf sagte sie: »Amerikaner werden sich schwerlich eine Situation vorstellen können, in der, beispielsweise 1,5 Millionen Türken hier leben, aber nicht integriert werden möchten.«

Das Bundesministerium des Innern gab zusätzlich bei einem anderen Institut, beim Bielefelder Meinungsforschungsinstitut Emnid, eine repräsentative Bevölkerungsumfrage über Einstellungen zu aktuellen Fragen der Inneren Sicherheit in Auftrag. Die Umfrage fand im Zeitraum zwischen dem 13. November und dem 9. Dezember 1992 statt und umfaßt insgesamt 2940 Interviews, von denen 2027 in den alten und 913 in den neuen Bundesländern durchgeführt wurden. Sie wurde im April 1993 veröffentlicht. Das Ergebnis dieser Umfrage:[12]

Fragt man die Bundesbürger nach den Hauptproblemen im Bericht der Inneren Sicherheit im allgemeinen, sehen sie die größte Gefahr in der Drogenkriminalität (63 % der Befragten im Westen, 45 % im Osten), gefolgt von der Ausländerkriminalität (57 % der Befragten im Westen, 53 % im Osten), der Ausbreitung des organisierten Verbrechens und den Gewalttätigkeiten gegen Ausländer und Fremde. Den Bürgern im Osten Deutschlands bereiten insbesondere die Jugendkriminalität, die Gewalttätigkeiten gegen Ausländer sowie eine mangelhafte Polizeipräsenz und eine unzureichende Ausrüstung der Polizei Sorgen.[13]

Als Hauptursachen für einen Anstieg der Kriminalität, insbesondere im Diebstahlbereich, werden gesellschaftliche Faktoren angesehen. Hier wird der »steigenden Arbeitslosigkeit« die größte Bedeutung, aber u. a. auch den Ausländern eine wichtige Rolle zugeschrieben.[14]

Von den vorgegebenen Antwortmöglichkeiten zur Erhöhung der Inneren Sicherheit findet eine »konsequente Abschiebung straffällig gewordener Ausländer« die höchste

Zustimmung mit 88 Prozent Befürwortung bei den ostdeutschen und 83 Prozent bei den westdeutschen Befragten. »Eine derart starke Zustimmung gibt es in keinem anderen Punkt. Lediglich fünf bzw. acht Prozent lehnen diese
Maßnahme ab«, heißt es bei Emnid.[15] Auch bei dieser
Frage wird wieder der Wunsch der Ostdeutschen nach
mehr Polizeipräsenz deutlich: 89 Prozent der befragten
Ostdeutschen (im Gegensatz zu 69 Prozent der befragten
Westdeutschen) sehen in der »stärkeren Anwesenheit der
Polizei in der Öffentlichkeit« die wichtigste Maßnahme,
die Innere Sicherheit zu erhöhen.[16]

Die Mehrheit der Befragten (51 %) ist dafür, daß Personen bestraft werden sollten, die sich trotz polizeilicher Aufforderung nicht aus einer gewälttätigen Menschenmenge
entfernt haben, auch wenn sie selbst keine Gewalt ange-
wendet haben.[17] Eine deutliche Mehrheit der Befragten im
Westen (79 %) und im Osten (84 %) ist dafür, »schon im
Vorfeld einer Demonstration Personen, von denen begründet angenommen werden kann, sie werden Gewalt aus-
üben, vorübergehend festzunehmen«. Im gleichen Ausmaß
stimmen die Befragten der Aussage zu, »jemand, der sich
an Gewalttätigkeiten aus einer Menschenmenge heraus beteiligt, bis zum Strafverfahren in Untersuchungshaft nehmen zu können«, wenn anzunehmen ist, daß er sonst bei
nächster Gelegenheit in gleicher Weise tätig wird«. Beide
Maßnahmen finden in allen Parteilagern breite Zustimmung.[18]

Die Besorgnis, die Demokratie in Deutschland sei durch
extremistische Gruppen gefährdet, ist weit verbreitet; rund
zwei Drittel sehen diese Gefährdung, nur 31 Prozent emp-
finden sie nicht. Besonders interessant ist der hohe Anteil
an Besorgten in den neuen Bundesländern: 80 Prozent hal-

ten die Demokratie durch Extremisten für gefährdet gegenüber 61 Prozent der Befragten in den alten Bundesländern.[19]

Angriffe auf Asylbewerberwohnheime und das Auftreten von Skinheads und anderen Rechtsradikalen gegen Asylbewerber werden eindeutig abgelehnt. Bürgerinitiativen »gegen Errichtung einer Asylbewerberunterkunft in der Nachbarschaft« werden indes weniger stark abgelehnt. Für die Position »gewaltfreie Demonstration gegen Asylbewerberzustrom im allgemeinen« ist bei den Befragten im Durchschnitt ein leichtes Verständnis vorhanden.[20]

Eine deutliche Mehrheit der Befragten sieht durch Asylbewerber die Leistungen unseres sozialen Systems mißbraucht. Besonders aus der Sicht der Bürger in den alten Bundesländern verschärfen Asylbewerber die Wohnungsnot der Deutschen (73 % Zustimmung im Westen, 54 % im Osten).[21] Knapp zwei Drittel der Befragten in West und Ost befürchten im Zusammenhang mit den Asylbewerbern: »Die Ausländer bringen Kriminalität in unser Land.« Daß sich »die meisten deutschen Politiker zu sehr um sie und nicht genug um die Deutschen kümmern«, meinen etwa 56 Prozent der West- und Ostdeutschen.[22]

Das Bundesministerium des Innern faßt im Bereich der Inneren Sicherheit unter anderem zusammen: »Fragt man die Bundesbürger nach den Hauptproblemen im Bereich der Inneren Sicherheit im allgemeinen, sehen sie die größte Gefahr in der Drogenkriminalität, gefolgt von der Ausländerkriminalität, der Ausbreitung des organisierten Verbrechens und den Gewalttätigkeiten gegen Ausländer und Fremde. Den Bürgern im Osten Deutschlands bereiten insbesondere die Jugendkriminalität, die Gewalttätigkeiten gegen Ausländer sowie eine mangelhafte Polizeipräsenz und eine unzureichende Ausrüstung der Polizei Sorgen.«[23]

Aus dem Umfrageergebnis ist zweierlei zu entnehmen: einerseits die große Sorge der Menschen in Deutschland wegen der Ausländerkriminalität und der Wunsch nach stärkerem Durchgreifen des Staates, andererseits die eindeutige Ablehnung von Gewalt gegen Asylbewerber.

In diesen gemischten Gefühlen aus Angst und Zorn, aus Besonnenheit für den Fall des Konflikts und dem Wunsch nach Änderung der Lage suchen Bürger nach Wegen, gewaltfrei aufzubegehren. Sie greifen nach Mitteln, die ihnen der Rechtsstaat läßt.

Eine Strafanzeige gegen Hamburgs Ersten Bürgermeister

Wie lange ist es Bürgern in Deutschland zuzumuten, daß der Staat und die verantwortlichen Politiker sie immer weniger vor der Kriminalität schützen?

120 Anwohner und Geschäftsleute im Karolinenviertel im Hamburger Stadtzentrum haben für sich die Antwort gegeben: Sie waren nicht mehr gewillt, die herrschenden Umstände zu ertragen. Die 120 erstatteten mit Datum des 30. März 1993 Strafanzeige gegen den SPD-Regierungschef eines Bundeslandes: gegen den Ersten Bürgermeister der Freien und Hansestadt Hamburg, Henning Voscherau, und gegen den SPD-Innensenator Werner Hackmann.

Die 120 empörten Bürger wählten unter Anleitung eines Rechtsanwaltes für die Anzeige an die Staatsanwaltschaft bei dem Landgericht Hamburg denselben Text:

»Strafanzeige gegen die Freie und Hansestadt Hamburg, vertreten durch 1. den 1. Bürgermeister Herrn Henning Voscherau und

2. den Herrn Senator für Inneres und 3. unbekannt – Beschuldigte wegen: des Verdachts der Beihilfe zum Drogenhandel durch Unterlassen und aller sonst in Frage kommenden strafrechtlichen Vorschriften, Begründung: der Anzeigeerstatter lebt bzw. arbeitet im sogenannten Karolinenviertel in 2000 Hamburg 36 (heute 20357 Hamburg; Anm.)

Seit ca. 3 Jahren nimmt die Drogenkriminalität in dem vorgenannten Hamburger Stadtviertel mit steigender Tendenz zu.

Einhergehend mit der steigenden Drogenkriminalität mehren sich ständig auch die Straftaten im Umfeld.

Ursache hierfür ist u. a. der überproportionale Anstieg der Bevölkerungsgruppe der Roma und Sinti in diesem Viertel.

Durch äußerst starke Familien- und Sippenzugehörigkeit dieser Bevölkerungsgruppe schaffen einzelne Familien dieser Gruppen, daß Außenstehende, die nicht dem Kulturkreis angehören, seien es die Geschäftsleute oder die Anwohner dieses Viertels, nicht ohne Furcht vor tätlichen Übergriffen die Straßen passieren.

Die Beschuldigten unterlassen es gem. des Kinder- und Jugendhilfegesetzes, hier insbes. gem. Paragraph 42 Abs 3 KJHG, diejenigen Kinder und Jugendlichen in ihre Obhut zu nehmen, die bekanntermaßen von ihren Eltern, zumindest aber mit deren Wissen, auf die Straße zum Dealen geschickt werden.

Das Jugendamt ist nach der o. g. Vorschrift verpflichtet, ein Kind oder einen Jugendlichen in seine Obhut zu nehmen, wenn eine dringende Gefahr für das Wohl des Kindes oder des Jugendlichen es erfordert.

Es ist in der Tat so, daß nahezu rund um die Uhr Kinder und Jugendliche und ebenso auch Erwachsene in den Hauseingängen und auf der Straße des Karolinenviertels stehen und in nicht unbeträchtlichem Umfang mit Drogen handeln.

Dieses ist auch polizeibekannt, aber dennoch wird nichts unternommen, um den Kindern und Jugendlichen zu helfen, um nicht noch weiter in die Kriminalität abzugleiten, sondern es entsteht der Eindruck, als ob die Freie und Hansestadt diese Handlungen der Kinder und Jugendlichen duldet, wobei die Motive für diese Unterlassungen (bzw. der Duldungen?) bei der Bevölkerung unbekannt sind.

172

Es wird von seiten der Innenbehörde nichts gegen die wachsende Kriminalität insbes. Drogenhandel, unternommen, so jedenfalls stellt es sich dem Anzeigeerstatter dar.

Obwohl der Stellvertreter des Herrn Innensenators im 2. Halbjahr 1992 vor Ort – nach Gesprächen mit den Anwohnern und Geschäftsleuten dieses Viertels – die Problematik der anwachsenden Kriminalität und insbes. des Drogenhandels zur Kenntnis genommen hatte, hat sich keine Veränderung gezeigt, weder:

– in dem Verhalten der Strafverfolgungsbehörden, die Drogenkriminalität in stärkerem Maße zu verfolgen als bisher es vereinzelt geschah;

– noch daß auch nur Ansätze gemacht wurden, die Bevölkerung vor tätlichen Übergriffen der dort kriminell Handelnden zu schützen.

Es wird in einem solch starken Maße in dem Viertel gedealt, daß Passanten und Bürger, die nicht gewillt sind, Drogen zu kaufen, wenn diese ihnen auf der Straße angedient werden, und sie zu verstehen geben, daß sie persönlich von Drogen nichts halten, man ihnen bereits zu verstehen gibt, daß es für sie gesundheitlich besser sei, wenn sie sich von dem Karolinenviertel fernhielten.

Inhaltlich gleiche Äußerungen, oder besser gesagt Drohungen, werden auch den hiesigen Anwohnern und Gewerbetreibenden gegenüber getätigt, die die kindlichen und jugendlichen Drogenhändler lediglich gebeten haben und hatten, den Drogenhandel nicht in ihren Haus- bzw. Geschäftseingängen auszuüben.«

Nirgendwo in Hamburg waren die Drogenhändler des Frühsommers 1993 so jung wie in der Marktstraße im Karolinenviertel. Roma- und Sinti-Kinder – die jüngsten fünf, die ältesten 13 – handelten dort offen mit Haschisch und Kokain, von Verwandten zum Drogendeal gezwungen, weil sie noch nicht strafmündig sind.

Eine Szene wie jeden Tag: Es ist 12 Uhr mittags. »Hasch? Koka?« fragt ein etwa sieben Jahre altes Mädchen einen Passanten. Die ersten Kinder-Dealer haben schon eine Zwei-Stunden-Schicht hinter sich. Bis spät abends drücken sie sich in den Hauseingängen an der Marktstraße herum, um Haschisch und Kokain zu verkaufen. Offenbar bieten sie auch Heroin an; Anwohner dort beobachten immer wieder Junkies.

Die Polizei hat zusätzlich zu einem »bürgernahen Beamten« zwei Polizisten für das Problemviertel im Schatten der imponierenden Gerichtstempel abgestellt. Ein Beamter der für das Viertel zuständigen Polizeirevierwache 16 berichtete: »Wir beobachten die Szene.«

Ein 31jähriger Anwohner beklagte sich: »Unser einst alternatives Viertel ist zum Drogenumschlagplatz geworden.« Aus seinem Wohnungsfenster konnte er an jenem Tag beobachten, wie eine Gruppe Kinder-Dealer kleine Mengen Rauschgift, in Streichholzschachteln verpackt, an Süchtige verkaufte. Das Geld wird im Handumdrehen an Ältere weitergegeben, die sich am sogenannten Knochen aufhalten, dem verkehrsberuhigten Teil der Marktstraße. Nachschub ist in Erddepots, unter geparkten Autos und in Abfalleimern versteckt. Manchmal werfen die Erwachsenen neuen Stoff aus den Fenstern ihrer Wohnungen.

Der Staat, die Polizei – machtlos?

»Wenn wir die Kinder beim Haschisch-Verkauf erwischen, müssen wir sie laufenlassen«, sagte Thomas Gundlach, Leiter des Hamburger Rauschgiftdezernats.

Ein 43jähriger Anwohner, der seit zehn Jahren in dem Viertel lebt, berichtete: »Wer aufmuckt oder die Kinder-Dealer von seinem Eingang vertreiben will, wird massiv bedroht oder geschlagen.« Vor den Augen von Passanten geschieht dann dies: Ein Auto hält an der Marktstraße. Blitzschnell reichen zwei Kinder Drogen hinein und nehmen einen Geldschein entgegen.

Im Karolinenviertel leben rund 4000 Bürger, davon annähernd 1600 Ausländer. 500 sind Roma. In Hamburg beträgt der Ausländeranteil 15 Prozent, in der Hamburger City 27 Prozent, im Karolinenviertel aber wird er auf rund 45 Prozent geschätzt. Die Häuser mit den schönen Fassaden von Anfang des Jahrhunderts sind heruntergekommen; ein Drittel des Viertels gehört der Stadt. Die Stadterneuerungsgesellschaft STEG hält 900 Wohnungen treuhänderisch für die Stadt und saniert sie nach und nach für 150 Millionen Mark. Der Platz am Schnittpunkt von Markt- und Glashüttenstraße wurde unter den Augen der politisch Verantwortlichen zum Balkan der Hansestadt.

Die *Spiegel*-Redakteurin Ariane Barth schrieb über die Konflikte mit den Roma-Kindern im Karolinenviertel:[24] »Hier kursiert in unzähligen Exemplaren ein Flugblatt anonymer Urheber:

Sinti und Roma

Wieviel zahlt man Euch für die ›Entmietung‹ unseres Viertels?

Warum verfolgt, beraubt, belästigt, bespuckt, bepinkelt (wirklich geschehen!) Ihr uns?

Warum besonders gerne die Schwächeren, die Alten, die Kranken?

Warum mißbraucht Ihr Eure Kinder zu schwerer Kriminalität?

Wofür verachtet Ihr die Frauen?

Helft uns, Euch zu verstehen, denn wir kennen gerne unsere Gäste.

Noch was: Hier im Viertel gibt es keine Nazis. Nennt uns bitte nicht so, wenn wir Euch unsere Brieftaschen nicht geben oder Euch nicht unter den Rock greifen lassen. Wenn Ihr wissen wollt, was Nazis wirklich sind, wären wir möglicherweise bereit, Euch welche vorzustellen.«[25]

Ariane Barth berichtete vom Leiden der Menschen, von denen etliche im Karolinenviertel alt geworden sind.[26] »Nachdem ihr ein blauer Fleck ins Bein gekniffen wurde, weil sie ihre Tasche nicht hergeben wollte an fünf Rangen und ihnen ›haut ab‹ zuzischte, kaufte sich die Hausfrau Betti Bischof, 73, eine Gaspistole, allerdings ohne Patronen: ›Man muß hier ja vorbereitet sein. Schlimme Gegend geworden, das war doch früher nicht so.‹«

35 Jahre ist ihrer Schwester Irma Schmaljohann, 72, hier nichts passiert, bis, wie ein Blitz aus heiterem Himmel, die Kinder kamen, ihren Dackel Bassi mit Steinen bewarfen und auch über sie herfielen, sie umschmissen und einen auf der Straße stehenden Napf mit Hundewasser über ihr auskippten. Seither trägt die durch ihren Zucker durchsichtig zarte Frau, wenn sie geht und Bassi mit den Schlüsseln im Maul neben ihr läuft, einen Spray mit geöffneter Klappe in der Hand: »CS 3000 Reizgas Jet Super defence«.

Zur Inkarnation für die Plagen der alten Frauen wurde eine große Unbekannte, jedenfalls im Karo, schätzungsweise 80 Jahre alt. Etliche Leute haben aus der »Villa Massimov«, dem Schlemmerlokal des Viertels, beobachtet, wie die Greisin von sechs Roma-Jungen naßgepinkelt wurde.

Schockiert von der »blinden Aggression«, schoß die Sinologie-Studentin Claudia Madl, 24, heraus und rief den davonflitzenden Übeltätern noch nach, sie schürten Ausländerhaß: »Die alte Frau hat furchtbar geweint, das hat mir so leid getan. So eine Erniedrigung in diesem hohen Alter. Wenn die mir den Rock hochheben und an den Strümpfen herumfummeln, was die immer wieder tun, nun ja, das ist nicht gerade angenehm, aber ich kann das wegdrücken.«

So begann es: Im Karolinenviertel waren im Jahr 1991 genau 21 städtische Wohnungen an vier Roma-Großfamilien aus Jugoslawien vermietet – an vier Sippschaften mit insgesamt 200 Angehörigen. Entfernte Verwandte, Freunde und Freundesfreunde zogen nach und baten um Asyl. Die Roma-Kinder gebärden sich als Schrecken verbreitende Straßenkinder: Sie schlagen betagte deutsche Anwohner und schleudern Wurfgeschosse und Müllsäcke auf Menschen, sie rauben und stehlen, sie nötigen und schmeißen Vitrinen ein, sie beschmieren Schaufenster mit Kot. Das Deutsche Rote Kreuz (DRK) in einer Lagebeurteilung: »Die älteren (deutschen) Bewohner sind zu einer Randgruppe geworden.«

Ein seit 15 Jahren in Hamburg lebender Roma und Vorsitzender des Roma-Vereins »Negotin-Krajina«, Djuric Mladel, schiebt die Schuld an den Zuständen vor allem auf die erst in den letzten Jahren zugezogenen, aus dem ehemaligen Jugoslawien oder Rumänien gekommenen, sich teilweise illegal bei ihren Sippen aufhaltenden Roma. »Keine Arbeit, keine Papiere, keine Alternative – die Leute dealen«, sagte er und zuckte die Achseln.

Ob eine Strafanzeige der 120 Anwohner den Hamburger Bürgermeister und all die anderen Politiker wachzurütteln vermag?

Juristisch hatte Bürgermeister Voscherau, von Beruf Notar, durch die Anzeigen kaum etwas zu befürchten. Das wußte die Staatsanwaltschaft schon, als die Anzeigen bei ihr einliefen. Ihr Sprecher sagt: »Wenn der politisch Verantwortliche alles in seinen Möglichkeiten Stehende getan hat, aber finanzielle und personelle Mittel nicht ausreichten, dann liegt kein Unterlassungsdelikt vor. Dies setzt Vorsatz voraus. Es wird ihm also keine Beihilfe zum Rauschgifthandel durch Unterlassung nachgewiesen werden können.«

Ende Mai 1993 wurde dann tatsächlich die Einstellung des Verfahrens gegen Voscherau und seinen Innensenator verkündet. »Die Staatsanwaltschaft ist nur dann zu einem Einschreiten berechtigt und verpflichtet, wenn zureichende tatsächliche Anhaltspunkte für das Vorliegen verfolgbarer Straftaten gegeben sind«, hieß es offiziell zur Begründung.

Aus der politischen Verantwortung sind Regierende und Opposition damit allerdings nicht entlassen – auch nicht aus der Verantwortung für das Wohlergehen ihrer Bürger.

Empört über die deutschen Politiker und die jugendlichen Drogenhändler, die auch andernorts in Hamburg unter den Augen von Gesetzeshütern und Passanten ihren Geschäften nachgehen, äußerte sich schon früher ein Hamburger Bürger gegenüber dem *Hamburger Abendblatt*: »Sie bringen einen ausführlichen Bericht über jugendliche Drogenhändler. Ich bin entsetzt. Einmal natürlich über diese Form des Drogenhandels, aber noch mehr über die Art und Weise, wie der Senat hier handelt oder besser: nicht handelt. Ich bin sicher, daß unsere Gesetze es erlauben, uns vor solchen ausländischen Kriminellen zu schützen, und zwar dauerhaft. Warum geschieht das nicht? Sind die Belange der deutschen Bürger auch hier nachrangig gegenüber irgendwelchen Ideologien? Täglich wird gegen ›Ausländerfeindlichkeit‹ gewettert. Falls es sie geben sollte: Warum befaßt man sich dann nicht gründlicher mit solchen Ursachen?«[27]

Steuerboykott eines bedrängten Hoteliers

Manchmal reißt aufbegehrenden Bürgern auch der Geduldsfaden und sie üben zivilen Ungehorsam, um endlich den Politikern die Augen zu öffnen. Ein Geschäftsmann im hessischen Hanau beschloß, vorerst keine Steuern mehr zu zahlen. Er begründete dies mit den Worten: »Als steuerzahlende Staatsbürger haben wir ein Recht auf innere Sicherheit. Diese ist augenscheinlich in Hanau, zumindest in der Krämerstraße/Heumarkt/Am Frankfurter Tor, nicht mehr gegeben.«[28]

Die Ankündigung des sofortigen Steuerboykotts war in einem Brief festgehalten, den der Geschäftsführer des »Hotel zum Riesen«, Dr. Wolfgang Knof, im April 1993 geschrieben hatte. Das Schreiben vom 26. April war an den Hanauer SPD-Oberbürgermeister Hans Martin und an den SPD-Landrat des Mainz-Kinzig-Kreises (Sitz: Hanau), Karl Eyerkauf, gerichtet.

Knof teilte mit: Die offene Drogenszene in dem Gebiet sei inzwischen stadtbekannt und werde auch durch die regelmäßigen Polizeikontrollen und andere polizeiliche Maßnahmen nicht eingedämmt. Es sei mehrfach zu beobachten gewesen, daß festgenommene Kriminelle (der Drogenszene zuzuordnende Personen) kurze Zeit nach der Festnahme wieder frei in Hanau herumliefen.

Die Drogenszene im Herzen des rot-grün regierten Hanau ist nach Erkenntnissen der Polizei in der Hand von Ausländern: von Marokkanern, darunter vielen Asylanten. Knof erläutert seine Drohung: In Absprache mit seinem Rechtsanwalt handele er in Notwehr. Das Familienhotel mit der Drogenszene vor der Haustür erleide durch Belegungseinbußen Verluste zwischen 100 000 und 200 000 Mark im Jahr. Er werde zunächst monatliche Steuern in Höhe von 5000 Mark nicht mehr an das Finanzamt Hanau abführen. Seine Hausbank, die Sparkasse Hanau, sei beauftragt worden zu prüfen, ob ein Sperrkonto eingerichtet werden könne. Ferner fordere er von den für die Zustände Verantwortlichen einen geldmäßigen Ausgleich ein.

Knof berichtete: »Nach meinem Brief geschah ein Wunder: Die Polizei startete eine Razzia.«

Ein Frankfurter Unternehmen griff zum Mittel des Ultimatums, um Politiker an ihre Verantwortung für die Sicherheit zu erinnern. Vor den Augen der Passanten, der Kinder und Frauen, spielen sich in deutschen Großstädten, in manchen Mittel- oder sogar Kleinstädten auch, alltäglich solche Szenen wie in der Frankfurter Innenstadt vor dem Eingang eines geschlossenen Restaurants, Ecke Gutleutstraße/Weserstraße, ab. Ein Mittag im April 1993: Es sammelte sich eine Gruppe junger Leute, zwei farbige Männer um die 20 Jahre alt, ein etwas jüngeres farbiges Mädchen und drei mittelblonde Mädchen heller Hautfarbe, etwa 14 bis 16 Jahre alt. Die jungen Männer fingern ein Kügelchen aus ihren Jeans und händigen es dem mittelblonden Mädchen aus. Im selben Zug drücken die Mädchen den Männern etwas in die Hand – Geld. Passanten werden am hellichten Tag Zeuge eines Drogendeals. Hier im Viertel aus der Gründerzeit kann Kriminalität rund um die Uhr besichtigt werden.

Wenige Schritte vom Dealertreff residiert im zweiten Stock der Weserstraße 4 der Geschäftsführer der Büroartikelfirma Hartmann & Cie (»Harcie«), Heribert Nüsser. Er macht sich ab und zu den Spaß, Besucher ans Fenster zu rufen: »Kommen Sie bitte mal und schauen Sie auf die Weserstraße runter.« Nüsser schiebt dann die Fensterlamellen beiseite. Einer seiner Besucher konnte folgende Szene beobachten. »Da, sehen Sie den Farbigen links, und den zweiten? Da – von rechts kommt ein anderer Farbiger! Sehen Sie den, der mit der blauen Kappe?« Es wurden immer mehr, die sich in der Straße unter uns vor dem »Haus der Diakonie« gegenüber der Firma Hartmann trafen. »Das sind Nordafrikaner – Marokkaner und Algerier«, erklärte Nüsser fachmännisch. »Sie halten jetzt Logistikbesprechung, wie sie Drogennachschub ranholen und es in dem Viertel verkaufen. Manchmal sitzen 20 Männer gedrängt im Diakonie-Eingang. Irgendwann geraten sich rivalisierende Gruppen da unten in die Haare.«

Die Geschäftsleitung der Firma Hartmann, 1919 in Frankfurt am Main gegründet und seit 40 Jahren mit Sitz in der Weserstraße 4, wollte das Treiben der Drogenszene vor ihrer Haustür nicht länger schicksalsergeben hinnehmen. Nüsser und seine beiden Mit-Geschäftsführer schrieben am 21. September 1992 einen Brief an den Frankfurter SPD-Oberbürgermeister Andreas von Schoeler. Der Inhalt war geharnischt:

»Die Zentrale, Vertrieb und Datenverarbeitung ist in der Weserstraße 4, 6000 Frankfurt 1. Hier errichten wir nun mit einem Umbauvolumen von DM 2 Mio. auf zwei Etagen einen hochmodernen Fachmarkt (als Abholmarkt) für die Kunden im näheren Geschäftsviertel der Innenstadt. Die Eröffnung soll am Freitag, dem 04.12.92, sein.
Und hier beginnt nun das Problem, das wir Ihnen vortragen müssen, dessen Lösung entscheidend von Ihrem politischen wie auch wirtschaftlichen Wollen für ein ungefährdetes Miteinander der Unternehmen in unserer Stadt, seinem Image als Wirtschafts- und Finanzmetropole abhängig ist.
Wir meinen die gefährliche Entwicklung des Drogenproblems mit allen seinen bedrohlichen, kriminellen Begleiterscheinungen, das mittlerweile in einer derartigen Massierung in unserer und den angrenzenden Straßen auftritt, daß zu jeder Tageszeit Konflikte mit unseren Mitarbeitern und Kunden unseres Hauses an der Tagesordnung sind.
Wenn Sie nicht unverzüglich dauerhaft wirksame Schritte unternehmen, den anhaltenden Sog der Verlagerung des Milieus in das Geschäfts- und Bankenviertel um die Taunusanlage herum zu unterbinden, verlieren Sie mehr als nur das Haus Hartmann & Cie für Ihre – und unsere – Stadt ...

Sollte Ihre kurzfristig erwartete Antwort, die mit einer ver-
bindlichen Zusage über sofort entscheidende Maßnahmen
verbunden sein müßte, unbefriedigend sein, erwägen wir, unser Projekt erst gar nicht zu eröffnen . . .«

Drei Tage später, mit Datum vom 24. September 1992,
antwortete der Oberbürgermeister: Er müsse zunächst be-
tonen, daß ihn die Schärfe des Briefes und dessen drohen-
der Charakter in höchstem Maße erstaunt habe. Das Bahn-
hofsgebiet sei nicht erst seit gestern von Drogenhandel und
Drogenszene stark berührt. Im übrigen schlage er vor, die
Aspekte und »die Situation in der Weserstraße im besonderen« im Gespräch unter Beteiligung der Polizeiführung zu
vertiefen.

Schoeler hätte den Ernst der Lage längst erkennen müssen, wenn er für die Sorgen und Ängste der Bürger Auge
und Ohr gehabt hätte. Im Juli 1992 hatten vier Sekretärin-
nen der Geschäftsleitung der Deutschen Genossenschafts-
Leasing GmbH aus der Wiesenhüttenstraße unweit der
Weserstraße in einem gemeinsamen Brief an Schoeler ihn
ins Bild gesetzt und ihrem Unmut freien Lauf gelassen.
Zwei von ihnen schrieben ihm am 13. August 1992 ein
zweites Mal, wieder über die Drogenszene und die afrika-
nischen Dealer: Es könne doch wohl nicht angehen, daß
die auf unsere Kosten ihr Gewerbe betrieben und Unschuldige in die oft lebenslange Abhängigkeit trieben und selbst
straffrei ausgingen. Es sei für sie ein Schock gewesen zu
beobachten, wie frei, ungeniert und jenseits jeglicher
Hemmschwelle die Dealer die Süchtigen in ihrer Gegenwart ansprächen, wohlwissend, daß sie durch die Maschen
unseres Gesetzes schlüpften.

Auch der Frankfurter Rechtsanwalt Dr. Robin L. Fritz
vom Anwaltsbüro Paul, Paul & Schmitt ging den Oberbür-

germeister per Brief vom 8. Juli 1992 wegen der gleichen Problematik in einer Querstraße, der Münchener Straße, an. Er tat es im Auftrag von 23 Firmen:

»Wir vertreten folgende Firmen ... Sämtliche Firmen sind geschäftsansässig in der Münchener Straße. Viele dieser Geschäfte sind alteingesessen ... Die Münchener Straße ist zu einem Treff von Dealern und Drogensüchtigen geworden. ... Die Geschäfte beklagen massiven Kundenrückgang und erhebliche Umsatzeinbußen.« Gruppen von Dealern und Drogensüchtigen belästigten Passanten und pöbelten Frauen und Kinder an. In der jüngsten Zeit mehrten sich auch Gewaltdelikte, zuletzt sei am 6. Juli 1992 der Versuch eines bewaffneten Raubüberfalls auf das Juweliergeschäft Golab unternommen worden. Die Inhaber und Betreiber der vorgenannten Ladengeschäfte verlangten daher, daß sofort geeignete Maßnahmen seitens der Stadt ergriffen würden, um die Gesamtsituation in der Münchener Straße wieder zu normalisieren.

Der Oberbürgermeister antwortete nicht. Am 31. Juli 1992 schickte der Anwalt ein Erinnerungsschreiben. Wieder keine Antwort. Am 20. August 1992 schickte der Anwalt ein zweites Erinnerungsschreiben.

Am 4. September 1992 gab der Leiter des für das Viertel zuständigen 4. Polizeireviers am Wiesenhüttenplatz, Eugen Stendebach, den Geschäftsleuten öffentlich Schützenhilfe und äußerte sich über die Drogenszene: »Wir stellen die Personalien dieser Leute fest und nehmen hin und wieder auch einige fest. Wir müssen sie aber wieder freilassen. Rauschgift wurde in der Regel nicht bei ihnen gefunden. Der ist irgendwo in der Umgebung ›gebunkert‹.« Seiner Einschätzung nach stört die Polizeipräsenz die Marokkaner und Algerier nicht, die überwiegend in Frankfurt ihren festen

Wohnsitz haben. Nach kurzer Zeit seien sie wieder am alten Platz. »Die Leute in der Münchener Straße«, das sei sein Eindruck, »haben das Gefühl, daß die Stadt sie im Stich läßt.«

Vier Tage nach der Veröffentlichung dieser Äußerungen des Revierleiters kam mit Datum vom 8. September 1992 eine Antwort von Schoeler an den Rechtsanwalt. Der Oberbürgermeister schrieb: Magistrat und Polizeiführung seien gerne bereit, sich der Diskussion mit den von den Anwälten vertretenen Geschäftsleuten zu stellen.

Zu diesem Zeitpunkt lagen dem Leiter des Frankfurter Drogenkommissariates, Norbert Ditt, wichtige Erkenntnisse vor: Marokkaner und Algerier haben im Frühjahr 1992 in dem Frankfurter Geschäftsviertel die Jugoslawen als Zwischen- und Kleinhändler der harten Drogen wie Heroin verdrängt. Schnelle »ausländerrechtliche Maßnahmen« wie Abschiebung greifen meist nicht, weil die Händler nach Ditts Erkenntnisstand »zu 80 Prozent Asylbewerber« sind.

Inzwischen haben Gespräche mit den Geschäftsführern der Firma Hartmann aus der Weserstraße, mit den Geschäftsleuten aus der Münchener Straße, mit der Polizeiführung und Vertretern des Magistrats stattgefunden. Auch Schoeler nahm sich einmal Zeit dafür. Das Resultat: Die Schutzpolizei riegelt gelegentlich die Weserstraße ab und unterzieht die Verdächtigen während der Razzia Leibesvisitationen. Der Fußgängertunnel unter der Gutleutstraße, beim Nahen eines Polizistenschwarms häufig Fluchtweg der Heroinhändler Richtung Main, wurde zur Jahreswende 1992/93 zugeschüttet. Die Firma Hartmann entschloß sich zum Bleiben. Aber die Drogenszene hat sich als resistent erwiesen.

Anmerkung

1 Alfred Dregger, Deutscher Bundestag 160. Sitzung am 26. Mai 1993, Protokoll, S. 13 564.

2 Dregger (Anm. 1), S. 13 565.

3 Udo Mitzlaff, Dezernenten auf wackligem Tisch inmitten von Bürgern. Einwohner in Görries wehren sich gegen Container für Asylbewerber, in: *Schweriner Volkszeitung* vom 14. Mai 1993, S. 9.

4 Uli Zahn, Görrieser vor Karren der Rechtsradikalen? Offener Brief des OB an die Einwohner des Stadtteils, in: *Schweriner Volkszeitung* vom 25. Mai 1993, S. 9.

5 Jochen Welt, Konkrete Vorkommnisse lösen Widerwillen aus, in: *Welt am Sonntag* vom 8. November 1992, S. 5.

6 Ingrid Eißele, Mord in Kemnat, in: *Wochenpost*, Berlin, Nr. 21 vom 19. Mai 1993, S. 40.

7 Eißele (Anm. 6).

8 Eike Bleibtreu, Was hat Wuppertal mit Rostock gemein?, in: *der kriminalist* Nr. 11, November 1992.

9 Institut für Demoskopie Allensbach, Umfrage zur Kriminalitätsbesorgnis, aktualisiert April 1993.

10 Allensbach (Anm. 9).

11 Elisabeth Noelle-Neumann, Interview, in: *International Herald Tribune* vom 21. Juni 1993, S. 2.

12 Umfrage 12/1992 des Bielefelder Meinungsforschungsinstituts Emnid im Auftrag des Bundesministeriums des Innern zu aktuellen Fragen der Inneren Sicherheit, veröffentlicht im April 1993.

13 Emnid-Umfrage (Anm. 12), S. 6.

14 Emnid-Umfrage (Anm. 12), S. 8 f.

15 Emnid-Umfrage (Anm. 12), S. 10.

16 Emnid-Umfrage (Anm. 12), S. 13.

17 Emnid-Umfrage (Anm. 12), S. 14.

18 Pressemitteilung des Bundesministeriums des Innern vom 15. April 1993 zur Emnid-Umfrage 12/1992, S. 4 f.

19 Pressemitteilung zur Emnid-Umfrage 12/1992 (Anm. 18), S. 5.
20 Pressemitteilung zur Emnid-Umfrage 12/1992, (Anm. 18), S. 5.
21 Pressemitteilung zur Emnid-Umfrage 12/1992 (Anm. 18), S. 5 f.
22 Emnid-Umfrage 12/1992 (Anm. 12), S. 21.
23 Pressemitteilung zur Emnid-Umfrage 12/1992 (Anm. 18), S. 2.
24 Ariane Barth, Hier steigt eine Giftsuppe auf, in: *Der Spiegel* Nr. 42 vom 14. Oktober 1991, S. 118–143.
25 Barth (Anm. 24), S. 118.
26 Barth (Anm. 24), S. 125 f.
27 Gunther Albers, Leserbrief in: *Hamburger Abendblatt* vom 26. Februar 1993, S. 15.
28 *Welt am Sonntag* vom 2. Mai 1993, S. 30.

6

Organisierte Kriminalität

»Ich bin mir bewußt, daß es ein Akt der Selbstgefährdung sein könnte, wenn ich mich öffentlich zu der Organisierten Kriminalität in Deutschland äußere«, sagte der Berliner Oberstaatsanwalt Hans Jürgen Fätkinhäuer. Aber er tue es um der Sache willen. Wir seien an einem Punkt angelangt, an dem wir uns fragen müßten, ob wir uns wehrhaft verteidigen wollten.

Fätkinhäuer, ein Mann von Mitte 40, ist mit 16jähriger Erfahrung im Bereich der Organisierten Kriminalität (OK) Berlins dienstältester OK-Staatsanwalt und zählt zu den kompetentesten Fachleuten Deutschlands. Seit 1989 leitet der parteilose Oberstaatsanwalt die Abteilung 32, die in der Staatsanwaltschaft bei dem Landgericht Berlin für Organisierte Kriminalität, speziell Rauschgift, zuständig ist. Fätkinhäuer weiß, wovon er spricht, wenn er eine Selbstgefährdung einkalkuliert. 1990 kauften sechs Verbrecher aus der Rauschgiftszene, die in der Berliner Vollzugsanstalt mehrjährige Haftstrafen verbüßen, für 50 000 bis 70 000 Mark einen Killer. Der gedungene Mörder war auf Fätkinhäuer angesetzt, um die »Störung der Aktivitäten« in der Drogenszene durch seine Tätigkeit zu beenden und »um ein Zeichen zu setzen«, wie der stellvertretende Berliner Generalstaatsanwalt Dieter Neumann erklärte. Durch einen Hinweis an die Polizei konnte das Attentat verhindert werden.

Fätkinhäuer beschreibt, wie die Sicherheitslage in Deutschland durch das Organisierte Verbrechen verändert worden ist. Der entscheidende Faktor sei die Öffnung der

187

Grenzen nach Osten. »Während vor ungefähr fünf bis zehn Jahren der Anteil deutscher OK-Straftäter bei teilweise 90 Prozent lag, sieht es heute so aus, daß man bei Vernehmungen nur mit Dolmetschern vorankommt: Im OK-Bereich haben wir es fast ausschließlich mit Ausländern zu tun.«

Der Oberstaatsanwalt sieht bei den kriminellen Ausländern nationale Schwerpunkte: Das beginne mit polnischen Autoschiebern. Bei Einbrüchen in Häusern und Wohnungen seien entweder die Täter Rumänen, Jugoslawen oder aber es handle sich um Beschaffungskriminalität von Heroin-Fixern – und in diesen Fällen wiederum spielten Türken und Libanesen als Händler eine Rolle. Türken brächten bevorzugt Heroin. Südamerikanische Tätergruppen schmuggelten Kokain und verübten in Gruppen Diebstahl und Betrug. Mit Russen hätte Deutschland langfristig ein kriminelles Potential bekommen, das teilweise über Israel und Wien eingetroffen sei.

Fätkinhäuer forderte bereits im August 1992: Sowohl im Ausländerrecht als auch im Asylrecht müßten sich die Politiker endlich dazu durchringen, Ausländer, die hier schwer kriminell würden und rechtskräftig verurteilt seien, abzuschieben. Es sei nicht nachzuvollziehen, wie man einen Asylantrag eines türkischen Rauschgifthändlers noch sachlich bescheide. Der Oberstaatsanwalt erhebt den Vorwurf: »Es ist ja geradezu ein Witz, daß Asylantenheime – soweit wir das geortet haben – als zentrale Anlaufstellen beispielsweise von Rumänen mißbraucht werden, die im Bereich des Euroscheck-Diebstahls, des Trickdiebstahls und der Betrügereien aktiv sind. In Asylantenheimen werden die Täter rekrutiert. Das ist perfekt organisiert. Was den Bürger in Deutschland zu Recht verdrießt: Daß man in unserem Staat nicht in der Lage ist, ausländische schwerkriminelle Verbrecher außen vor zu halten.« Wir Deutsche mit »einem übrzogenen Liberalisierungs- und Humandenken« behielten diese Leute größtenteils hier.

Fätkinhäuer nennt die nach seiner Überzeugung politisch Verantwortlichen mit Namen: »Eine ähnliche, meiner Erfahrung nach falsche Romantik vertreten Politiker wie die Berliner SPD-Justizsenatorin Jutta Limbach im großzügigen Strafvollzug.«[1]

Der liberale Strafvollzug erzürnt den Oberstaatsanwalt. Die Staatsanwälte hätten folgende Varianten häufig erlebt: Einer der profiliertesten Kfz-Schieber, ein gewisser Herr Skotarczek aus Polen, sei aus der Berliner Justizvollzugsanstalt entwichen, indem er sich während einer Besuchsstunde mit seinem Bruder habe austauschen lassen. Das spreche eigentlich Bände über den Sicherheitsstandard dieser Anstalt – und was man meine, dort zur Absicherung hochkarätiger OK-Täter tun zu sollen.[2]

Der Oberstaatsanwalt versucht sich zu vergegenwärtigen, was Menschen, die unter Hitler hätten flüchten müssen, angesichts der Asyldebatten in Deutschland denken müßten. Er, so Fätkinhäuer, wüßte nicht, daß einer von den Emigranten damals im Aufnahmeland mit Rauschgift gehandelt, Banken überfallen oder Frauen vergewaltigt hätte. Die seien froh gewesen, daß sie eine Bleibe gefunden hätten.[3]

Er berichtete von einem der vielen Beispiele: Wer sich ein Kilo harter Drogen wie Heroin liefern lasse und das auch noch vorfinanzieren könne und einen Absatzmarkt in Deutschland für diese Menge habe, der müsse Einbindungen in die Organisierte Kriminalität haben.

Der Oberstaatsanwalt hat sich die Frage gestellt, wie er reagieren werde, wenn jemand von der Mafia ihm zu erkennen gäbe, daß man ihn im Fadenkreuz habe. Da habe er sich gesagt, er werde sich ganz schnell zurückziehen und Verkehrssachen bearbeiten. Und zwar deshalb, weil er sich als Staatsanwalt vom Staat allein gelassen fühle. »Ja, der Staat läßt uns im Stich«, meint Fätkinhäuer.

Die Staatsanwälte wüßten, wie sie die OK bekämpfen könnten. Die Politiker müßten ihnen das Instrumentarium dazu geben. Die Ermittler brauchten die elektronische Überwachung – und zwar sofort. Er nennt die Namen von Politikern, die das Instrumentarium verweigern: »Ich sehe, wie hochrangig Justizpolitiker einschließlich der Bundesjustizministerin Sabine Leutheusser-Schnarrenberger von der FDP dieses Problem kleinreden. Die beiden Herren Gerhart Baum und Burkhard Hirsch von der FDP erzürnen mich, wenn sie in der Diskussion immer wieder Verfassungsbedenken äußern. Die Verfassung wird eines Tages von ganz anderen Leuten unterwandert.«[4]

Fätkinhäuer ist der erste Staatsanwalt, der so offen und so deutlich Politiker beim Namen nennt. Bis vor einigen Jahren hätte es ein Staatsanwalt nicht gewagt, mit solchen Äußerungen an die Öffentlichkeit zu treten. Ein Disziplinarverfahren wäre das Geringste gewesen, was ihm gedroht hätte. Um sich des Maulkorbs zu entledigen, gründeten Berliner Staatsanwälte im Jahr 1986 eine »Vereinigung Berliner Staatsanwälte e. V.«, der ersten ihrer Art in Deutschland. 130 Staatsanwälte haben sich darin zusammengeschlossen. Fätkinhäuer ist seit Anfang 1992 ihr Vorsitzender. »Als Vorsitzender der Vereinigung kann ich jetzt öffentlich und offen reden, weil ich nicht als Beamter auftrete«, sagt er.

Die FDP-Bundesjustizministerin Sabine Leutheusser-Schnarrenberger legte sich auch im Sommer 1993 wieder quer, gegen die wie Pilze aus dem Boden schießenden ausländischen OK-Verbrecher den Einsatz von elektronischen Abhörgeräten auch in Wohnungen zu ermöglichen. »Was das Abhören in Wohnungen, den sogenannten Lauschangriff, betrifft, wird von Befürwortern der Eindruck erweckt, dies sei das einzige probate Mittel zur effektiven Bekämpfung der Organisierten Kriminalität. Dies trifft nicht zu«, sagte sie im Juli 1993.[5]

Sie läßt sich auch nicht von dem nordrhein-westfälischen SPD-Innenminister Schnoor belehren, der vor einem Forum der SPD-Landtagsfraktion zum Thema »Organisierte Kriminalität – Gefahr für Staat und Gesellschaft« einräumte: »Nach derzeitiger Rechtslage müssen die Ermittlungsbehörden an den Türen der Drahtzieher der Organisierten Kriminalität haltmachen . . . Das Landeskriminalamt hat mir 32 Fälle nennen können, in denen Ermittlungen deshalb scheiterten.«[6]

Der bayerische CSU-Ministerpräsident Edmund Stoiber, der viele Jahre Staatsminister des Inneren Bayerns gewesen ist, wurde noch deutlicher. Wenn schwerstkriminelle Bandenbosse sich in Deutschland verabreden und in Hotelzimmern, Hotelräumen oder getarnten Wohnungen zusammenkämen, blieben Polizei und Justiz draußen. Anders als in den meisten EG-Staaten, in Österreich, in der Schweiz und in den USA seien international operierende Mafiosi in Deutschland vor dem Einsatz von Abhörgeräten zur Strafverfolgung sicher. Die Bundesrepublik werde so zu einem Refugium für die Drahtzieher internationaler Syndikate und zu einem bevorzugten Aktionskreis. Der Einsatz von Abhöreinrichtungen sei die einzige Möglichkeit der Polizei, in den Kern fest abgeschotteter und häufig fremdsprachiger Verbrecherbanden einzudringen. Verdeckte Ermittler, die nicht selbst einen bestimmten sizilianischen, türkischen oder russischen Dialekt sprechen, hätten hier keine Chance, schrieb er im Juli 1993.[7]

Der Berliner OK-Staatsanwalt Fätkinhäuer erklärte, er fände es geradezu beschämend, wenn man die Entwicklung der Mafia in Italien sehe, daß das Organisierte Verbrechen international agiert, und wir in Deutschland meinten, uns zur Ruhe legen zu sollen. Warnende Stimmen würden von Politikern ignoriert oder als Panikmache dargestellt. Die Einwände, wir seien nicht in Italien, seien naiv. Wenn er dies sage, dann aus höchst persönlichen Erfahrungen mit der Art und Weise, wie sich Kriminalität in den letzten Jahren entwickelt habe. »Liberale Politiker wie Hirsch und Baum, beides Juristen und sicher ehrenwerte Herren, blockieren eine wirkungsvolle Entgegnung auf die OK«, meinte der Oberstaatsanwalt. Die Ergebnisse ihrer Politik würden die beiden Herren, die wohl um die 60 seien, vielleicht nicht mehr erleben, aber unsere Kinder.[8]

1989, vor dem Fall der Mauer und Grenzen, existierte in (West-)Berlin eine OK-Abteilung mit sieben Staatsanwälten. Innerhalb von drei Jahren wurden drei OK-Abteilungen mit drei Oberstaatsanwälten und 17 Staatsanwälten für Verfahren aufgebaut, die der Organisierten Kriminalität zugerechnet werden. Fätkinhäuer sagt: »Allein daran können Sie sehen, wie die Situation eskaliert.«

Das Bundeskriminalamt in Wiesbaden dagegen hinkt in seiner Personalausstattung weit hinter der Entwicklung der Organisierten Kriminalität her. Um diese Tatsache zu kaschieren und die OK-Täter nicht in Sicherheit zu wiegen oder gar zu Operationen in Deutschland einzuladen, wurde die Zahl der im Bundeskriminalamt unter dem Leitenden Kriminaldirektor Volker Gehm mit der OK Beschäftigten als vertraulich eingestuft. Aber sie ist nicht geheimzuhalten:

Sie beträgt 50 (Stand: Frühjahr 1993). Dies ist ein weiterer Beleg dafür, daß die deutschen Politiker die Gefahren der Organisierten Kriminalität für die Demokratie in Deutschland ignorieren oder unterschätzen.

Entsprechend spärlich sind die BKA-Einblicke in die OK auf deutschem Boden und die Chancen auf eine erfolgreiche Bekämpfung. »Eigentlich müßten alle Signale auf Sturm stehen«, sagt der höchste OK-Beamte Gehm vom BKA. Die lapidare Schlußbemerkung in der Kriminalstatistik liest sich wie eine Kapitulationsurkunde: »Die Polizeiliche Kriminalstatistik kann Umfang und Entwicklung der Organisierten Kriminalität nicht darstellen. Nach den vorliegenden Erkenntnissen ist jedoch ein Anstieg der organisierten Kriminalität, unter anderem im Bereich der Rauschgiftkriminalität, der Kfz-Verschiebung, der Schutzgelderpressung und des Diebstahls festzustellen. Diese Entwicklung dürfte sich fortsetzen.« Nur mündlich ist eine vage Schätzung beispielsweise der »eindeutigen OK-Morde im letzten Jahr« zu erfahren: Sie werden auf »20 bis 40« taxiert. Aber das Wuchern der Organisierten Kriminalität bringt das BKA in Zugzwang. Im Jahr 1993 wird zum ersten Mal ein OK-Lagebild für die Bundesrepublik Deutschland erstellt. Die einzelnen Landeskriminalämter haben für ihre Bereiche nach einem inhaltlich festgelegten Erhebungsraster die Daten des Jahres 1992 zuzuliefern.

Intern werden im BKA Erkenntnisse verwendet, die als sogenanntes »Lagebild 01 Organisierte Kriminalität« folgenden Überblick geben:[9]

»Ausländische Straftätergruppierungen:

Das Auftreten ausländischer Straftäter, deren Zusammenhalt insbesondere auf ihren ethnischen Gemeinsamkeiten beruhen, wird in Deutschland in vier unterschiedlichen Formen festgestellt:

● Ausländer, in großstädtischen Ballungsgebieten ansässig, dominieren Teile der regionalen Organisierten Kriminalität;

● Angehörige von im Ausland tätigen kriminellen Organisationen werden in Deutschland tätig;

● Angehörige von im Ausland tätigen kriminellen Organisationen verlegen wegen des Strafverfolgungsdruckes ihren Wohnsitz nach Deutschland und reisen zu Straftaten in ihre Heimat zurück;

● Angehörige traditioneller OK-Gruppen des Auslands verlegen ihren Aufenthalt für eine begrenzte Zeit nach Deutschland und steuern von hier aus ihre Straftaten in ihren Herkunfts- oder Drittländern.

Jugoslawen: Jugoslawische Straftätergruppen haben sich schwerpunktmäßig gegenüber deutschen kriminellen Gruppen in den großstädtischen Ballungsgebieten des Rhein/Main-Raumes, in der Rhein/Ruhr-Region, in Hamburg, Berlin und München durchgesetzt. In Teilbereichen kann bereits jetzt von einer Monopolisierung durch jugoslawische Täter gesprochen werden.

Zu den Schwerpunkten der deliktischen Tätigkeiten:

Überregional wird von den Tätern im Rahmen von ›Diebestouren‹ gezielt in Wohnungen und Häuser der gehobenen Mittelklasse eingebrochen. Dabei werden zum Transport von Tätern und Diebesgut häufig Kraftfahrzeuge benutzt, die bei Autoverleihfirmen angemietet wurden.

Als logistische Zentralen der Täter dienen zumeist Gaststätten oder Hotels. Daneben werden im In- und Ausland Raubüberfälle auf Banken und Juweliergeschäfte begangen.

Ein weiterer Schwerpunkt ist im Bereich der Schutzgelderpressung zu sehen: Baufirmen, Leiharbeitsfirmen, Gaststätten und Restaurants, Spielcasinos oder Bordelle werden dabei bevorzugt abkassiert.

Weiterhin treten jugoslawische Straftäter als Organisatoren unerlaubter Glücksspiele sowie als Betreiber von illegalen Spielsalons in Erscheinung. Verstärkt steigen diese Gruppen in den Handel mit Rauschgift ein.

Italiener: ›Wo Sizilianer sind, ist auch die Mafia‹ (Aussage italienischer Sicherheitsbeamter). Die bisherige Einschätzung, wonach Mafia-Mitglieder Verbindungen zu in Deutschland lebenden Landsleuten unterhalten, hat sich bestätigt. Deutschland wird weiterhin als Ruhe- und Rückzugsraum von Mitgliedern der Mafia genutzt.

Auch seitens italienischer Dienststellen wurde die Vermutung geäußert, daß Angehörige sog. ›Killerkommandos‹ Deutschland als ›Ruheraum‹ benutzen und nur zur Durchführung von Mordaufträgen nach Italien reisen.

Ein Beispiel: Am 21.09.90 wurde in der Nähe von Agrigento der Richter Dr. Livatino von vier Personen ermordet. Die Täter hatten das ungepanzerte Fahrzeug des Richters gestoppt und mehrere Schüsse auf Dr. Livatino abgegeben. Der Mordanschlag war von einem Zeugen beobachtet worden.

Aufgrund weiterer Ermittlungen ergaben sich Hinweise auf den Aufenthalt der Tatverdächtigen im Raum Köln. Observationsmaßnahmen führten am 05.10.90 zu den Festnahmen zweier Italiener, die angeblich als Aushilfskräfte in Pizzerien beschäftigt waren.

Einer der Festgenommenen wird von italienischen Dienststellen als Angehöriger eines ›Killerkommandos‹ der Mafia bezeichnet. Er steht im Verdacht, in Italien an verschiedenen Tötungsdelikten beteiligt gewesen zu sein.

(Ehemals) Sowjetische OK-Strukturen: Neben der Kraftfahrzeugverschiebung bildet sich Aussagen (ehemals) sowjetischer Sicherheitsbeamter zufolge in den Tätigkeiten (ehemals) sowjetischer Täterstrukturen bereits ein ganzes Spektrum OK-typischer Delikte ab: Korruptionsdelikte, Schattenwirtschaft/Scheinfirmen, Waffenhandel, Geldwäsche, illegale Ausfuhr von Gold/Edelsteinen/Antiquitäten, Verflechtungen Wirtschaftskriminalität/OK.

In diesen Deliktbereichen tätige Gruppen zeigen starke Ähnlichkeiten mit mafiosen Gruppierungen in Italien. Nach Einschätzung (ehemals) sowjetischer Behörden existieren dort ca. 4000 organisierte Gruppen. Die namentlich bekannten Führungspersonen entfalten eine rege Reisetätigkeit u. a. auch nach

Deutschland. Erkenntnisse bezüglich des Handels mit gestohlenen Gütern liegt vor.

Polnische OK-Strukturen: Nach gesicherten Erkenntnissen ist Polen inzwischen das Hauptabnahmeland für eine Vielzahl teilweise hoch- und neuwertiger PKW, die in der Bundesrepublik Deutschland gestohlen werden.

Polnische Verschieberbanden haben bereits Kontakte zu (ehemals) sowjetischen Gruppierungen geknüpft.

Die Kfz-Diebstähle sowie die gewinnträchtigen Verwertungspraktiken werden von Tätergruppierungen überwiegend polnischer Nationalität gesteuert, deren Strukturen und Arbeitsweisen signifikante Merkmale der Organisierten Kriminalität aufweisen. Im Zuge der Ermittlungen wurde deutlich, daß die Straftäter deliktsübergreifend agieren und auch in anderen Bereichen der Eigentumskriminalität sowie in der Falschgeld- und Rauschgiftkriminalität aktiv sind.«

Fachmann beim BKA für Organisierte Kriminalität in Wiesbaden ist Kriminaloberrat Jürgen Maurer. Nach seiner Einschätzung sind Wanderbewegungen, die ein bestimmtes Ausmaß überschreiten, eine der wesentlichen Ursachen für die Organisierte Kriminalität. Der für Kriminelle interessante Raum erstreckt sich über das wohlhabende Deutschland hinaus auf das gleichfalls wohlhabende Zentraleuropa von Mailand bis Kopenhagen und von Amsterdam bis Berlin. Die Verbrecher suchen und finden immer neue Einfallschneisen. Mit dem vereinigten Europa wird Spanien nach Ansicht der BKA-Experten das Einfallsland für Südamerika; das Kokain findet schon heute seinen Weg auf dieser Route. Deutschland ist die Einfallschneise für den Osten. »Die Einreise nach Deutschland ist nicht kontrollierbar«, sagt Maurer. »Das ist der Preis der Freiheit, die wir jetzt haben.«

Maurers OK-Chef gliedert die tatverdächtigen Ausländer des OK-Bereiches in die vier wichtigsten Nationalitäten auf:

- 16,6 Prozent Türken,
- 8,7 Prozent Jugoslawen,
- 7,5 Prozent Italiener,
- 4,1 Prozent Polen.

Beamte des Bundeskriminalamtes fragen sich beispielsweise, wie es Jugoslawen schafften, im sogenannten Rotlichtmilieu zu dominieren. Sie fragen sich, ob die deutschen Zuhälter von vor 20 oder 30 Jahren zu bequem geworden oder ob sie auf einer »höheren Ebene« tätig sind: bei der Bereitstellung von Räumlichkeiten für die Prostitution und beim Abschließen von Pachtverträgen. Möglicherweise ist der Grund noch simpler. Vielleicht sind die deutschen Zuhälter den ausländischen nicht gewachsen. In Frankfurt bringen im Gangsterkrieg Serben, Kroaten und Albaner einander um. »In solcher Brutalität, in solch einer konzentrierten Form und in solcher Häufung haben wir das noch nie erlebt«, sagt der Leitende BKA-Kriminaldirektor Gehm.

Man kann sich in Deutschland zunehmend weniger sicher sein, daß hinter einer seriös erscheinenden Fassade seriöse Geschäfte abgewickelt werden. So gründeten Mitglieder des italienischen Camorra-Gangsterclans bundesweit Lederwarengeschäfte, um über diese Läden Rauschgift zu vertreiben und illegale Gewinne zu waschen. Acht solcher Geschäfte der Camorra in Deutschland wurden enttarnt. In Norddeutschland gründete man Pizzerien, um vom Straßenhandel mit Drogen wegzukommen und die Geschäftsabwicklung zu verlagern.

Die kurioseste Blüte trieb die Ideenvielfalt der Drogenhändler in München. Es war ein höchst exquisiter Heim-Service, der unter der Münchner Telefonnummer 77 21 42 angeboten wurde.[10] Eingweihte erkundigten sich unter dieser Nummer bei der Pizzeria »Ciao Italia« in der Oberländerstraße 31 zunächst: »Wie geht's heute?« War die Antwort »Gut!«, so war Rauschgift vorrätig. Wer dann nach Nennung eines Code-Wortes etwa »eine kleine Pizza 9« oder »Spaghetti 5« telefonisch orderte, konnte in zwei Stunden mit der gewünschten Lieferung rechnen: mit acht Schuß Heroin oder mit fünf Portionen Kokain.[11]

Dem kriminellen »Frei Haus«-Kundendienst, einem Geheimtip unter Münchens Drogensüchtigen, war die Polizei im September 1992 auf die Spur gekommen. Ihr war in München der Italiener Antonio Riezza, Mitglied des apulischen Verbrechersyndikats Sacra Corona Unita, in die Hände gefallen. Fahnder des bayerischen Landeskriminalamtes (LKA) überprüften seine Kontaktpersonen. So stießen sie auf den Pizzabäcker Sebastiano M., einem in München geborenen Ausländer, der aber zwischendurch 17 Jahre lang im sizilianischen Syrakus »erzogen« worden war. Einer nach dem anderen der Drogenkuriere und Dealer wurde festgenommen. Zuerst wurden in Erding, Darmstadt und Düsseldorf zehn von M.'s Kurieren (drei Deutsche, zwei Türken, zwei Italiener, drei Ghanaer) gefaßt, als sie Nachschub aus Holland und der Türkei schmuggelten.

Den Kern der Bande, der noch nichts davon wußte, hoben 80 Beamte vom LKA, Unterstützungskommando und Staatsanwaltschaft am Morgen des 5. Mai 1993 auf einen Schlag aus: Sebastiano M., seine Freundin, drei italienische Kellner anderer Pizzerien (Guiseppe G., 29; Ennio C., 38; Angelo M., 26), der Kroate Ante D., 22, sowie der ägyptische Autohändler Samir T., 54, wurden verhaftet, die Pizzeria und ihre Wohnungen in München, Olching, Dachau und Bad Tölz durchsucht. Es wurden ein Pfund und 100 Gramm Heroin und Kokain beschlagnahmt. Sebastiano M. entzog das Kreisverwaltungsreferat mit sofortiger Wirkung die Konzession.[12]

Es gibt in Deutschland viele tausend seriöse Pizzerien – aber auch die Pizzeria des 41jährigen Sizilianers Sebastiano B. in Hamburg-Schnelsen, die in Verruf geraten ist. Für seine Gäste war Sebastiano seit drei Jahren nichts anderes als der nette Pizzabäcker. Aber er backte vermutlich nicht nur Pizzas. In der Frühe des 27. Februar 1993 rückten Beamte der Dienststelle für Organisierte Kriminalität und des Mobilen Einsatzkommandos (MEK) an und führten ihn unter dem Verdacht der »Mitgliedschaft in einer kriminellen Vereinigung« aus seiner Hamburger Wohnung ab, die er mit seiner deutschen Freundin Karin teilte. Die deutschen Polizisten waren in Amtshilfe der italienischen Polizei tätig. Zur gleichen Zeit stürmten Beamte in einer strenggeheimen Operation »Pegaso« um 4.20 Uhr auf Sizilien Wohnungen und Geschäftshäuser und nahmen 35 mutmaßliche Mafiosi fest.

Der Pizzabäcker Sebastiano B. aus Hamburg-Schnelsen wird verdächtigt, als »Soldat« des sizilianischen Mafia-Clans Cursoti aktiv gewesen zu sein, der auf Kokain-Handel spezialisiert sei. Ende 1991, so der Ermittlungsstand, habe er den mutmaßlichen Chef des Cursoti-Clans, Guiseppe Garozzo aus Cantania, unter falschem Namen bei sich aufgenommen und in der Pizzeria beschäftigt. Nach Garozzo fahndete die Staatsanwaltschaft Köln 14 Tage später wegen versuchten Mordes, Erpressung und Geiselnahme. Ende 1991 wurde Garozzo am bayerisch-österreichischen Grenzübergang Kiefersfelden gestellt.[13]

Manchmal kommen dem OK-Leiter des BKA, Volker Gehm, Skrupel: »Stimmt es denn überhaupt, daß man OK-Kriminalität mit Ausländerkriminalität gleichsetzen kann?

Ist es nicht so, daß die Polizei bestimmte Personen in bestimmten Situationen abgreift?«

Seine Skrupel sind ehrenwert, aber grundlos. Die Fakten sprechen eine zu eindeutige Sprache.

Das BKA hat die Erkenntnis gewonnen, daß 1992 von »nachfrage- und profitorientierten« OK-Tätergruppen gut 60 000 Autos in Deutschland »auf Dauer entwendet« worden sind; insgesamt waren 130 000 Autos als gestohlen gemeldet worden. Die jüngste Feststellung des BKA zeigt an, wie marktwirtschaftlich flexibel sich die OK-Verbrecher anzupassen in der Lage sind. »Polen ist zum Teil gesättigt; jetzt entwickeln sich Weißrußland und Rumänien zum Absatzmarkt«, sagt Gehm.

Ob Polen, Weißrußland oder Rumänien – es sollte niemand glauben, die geschäftstüchtigen Machenschaften der ausländischen Drahtzieher tangieren nicht auch den sogenannten kleinen Mann in Deutschland. Die Versicherer registrierten seit 1989 – seit Öffnung der Grenzen im Osten – »explosionsartig gestiegene Zahlen der Autodiebstähle« (HUK-Verband): 1989 kamen knapp 67 000 Fahrzeuge abhanden, 1991 waren es bereits 87 200. Der Schadensaufwand der Autoversicherungen für gestohlene Autos hat sich zwischen 1990 und Ende 1992 auf 1,2 Milliarden Mark verdoppelt. Dieses war eine der Begründungen, warum Versicherungen im Oktober 1992 die Prämien um 10 bis 20 Prozent in den (freiwilligen) Sparten Teil- und Vollkasko anhoben. Und Autoverleihfirmen lehnten es sogar ab, ihre Wagen für Reisen nach Polen, Rußland und andere ehemalige Ostblockstaaten zu verleihen. Insbesondere der VW-Golf galt als äußerst gefährdetes Diebstahlsobjekt.

Das Innenministerium Baden-Württemberg wartete im Juni 1993 mit detaillierten Angaben über Organisierte Kriminalität in seinem Bereich auf. SPD-Innenminister Frieder Birzele legte einen speziellen »Jahresbericht zur Bekämpfung der Organisierten Kriminalität in Baden-Württemberg 1992« vor, der aufhorchen ließ:[14]

Gegen 322 Tatverdächtige wurden Haftbefehle erlassen. Außerdem wurden 130 Kilo harte Drogen (Heroin, Kokain), Falschgeld, Waffen und Diebesgut im Gesamtwert von vier Millionen Mark und entwendete Kraftfahrzeuge im Wert von über sechs Millionen Mark sichergestellt. Der festgestellte Schaden lag bei über 28 Millionen Mark. Dazu kommen »kriminelle Gewinne« (z. B. aus Drogengeschäften/illegalem Glücksspiel) in Höhe von 53 Millionen Mark.[15]

Drei von vier Tatverdächtigen sind nach Birzeles Angaben Ausländer, rund 70 Prozent der OK-Verfahren weisen internationale Bezüge auf. Jedes dritte Ermittlungsverfahren in der Organisierten Kriminalität erbrachte Verbindungen zur »italienischen Mafia«. Der Minister legte im Auszug eine Liste der OK-Tatverdächtigen nach Staatsangehörigkeit vor:[16]

- Italiener: 166 (26,5 %);
- Deutsche: 145 (17,6 %);
- Türken: 110 (17,6 %);
- Ex-Jugoslawen: 88 (14,0 %).

Der SPD-Politiker nennt die Ursachen für die Deliktentwicklung. Zum Autodiebstahl durch international organisierte Straftäter sagt er: Diese Entwicklung werde durch die »politischen Umwälzungen in Osteuropa und durch die Liberalisierung der dortigen Grenzkontrollen begünstigt«.[17]

Zu der Zunahme des Menschenhandels meinte er: »Die veränderte politische Lage in Europa hat dazu geführt.«

Zum umfangreichen illegalen Waffenhandel sagt er: »Auch dabei profitieren OK-Täter von den politischen und gesellschaftlichen Veränderungen in Europa und vom Bürgerkrieg im ehemaligen Jugoslawien.«[18]

Birzele gelangt zu dem Schluß: »Die Organisierte Kriminalität ist eine der größten Herausforderungen für unseren Staat und unsere demokratische Gesellschaft.«[19]

Der Innenminister zieht daraus die Konsequenz und spricht sich im Kampf gegen die Organisierte Kriminalität für eine elektronische Überwachung aus, die von liberalen Bedenkenträgern wie Baum und Hirsch irreführend als »Lauschangriff« verketzert wird.[20] Birzeles Ministerium zog erste Konsequenzen: Die Dezernate OK und die Mobilen Einsatzkommandos (MEK) wurden verstärkt, neue OK-Dezernate eingerichtet. Das Programm zum Schutz von Zeugen in Ermittlungsverfahren wurde ausgebaut. Zur gezielten Bekämpfung von Geldwäsche wurde das Dezernat »Finanzermittlungen« eingerichtet. Spezielle Trupps bei der Autobahnpolizei werden zur Bekämpfung der Kfz-Verschiebung geschult. Auf Birzeles Vorschlag beschloß die deutsche Innenministerkonferenz im Mai 1993 in Potsdam, einen »Sicherheitsrat Ost-West« gegen grenzüberschreitende Kriminalität einzurichten.

Birzele aber scheut den Terminus Ausländerkriminalität. Er gebraucht den Begriff »importierte Kriminalität«. Als er im Frühjahr 1993 die in seinem Bundesland um 12 Prozent gestiegene Kriminalität erklärte, sagte er: »Der Zuwachs der polizeilich registrierten Kriminalität in Baden-Württemberg ist ... zu einem großen Teil auf ›importierte Kriminalität‹ zurückzuführen.«[21]

Birzeles Vorgänger Dietmar Schlee (CDU) zog schon Ende 1991 das Fazit, das aus der Entwicklung zu ziehen ist:

»Um ein Klima der Toleranz gegenüber Ausländern zu erhalten, muß gegen Mißbrauch eingeschritten werden. Der Rechtsstaat muß deutlich machen, daß straffällig gewordene Ausländer ihr Gastrecht verwirkt haben.«[22]

Das Hamburger Amüsierviertel St. Pauli rund um die Reeperbahn ist heute fest in der Hand von Kriminellen. Verbrecher aus dem ehemaligen Jugoslawien wie die Kosovo-Albaner und Kurden, Afrikaner unterschiedlicher Nationalität und der Rest der deutschen Kriminellen teilen sich den illegalen Markt auf: den Markt des Drogengeschäfts und der Prostitution, des Glücksspiels und des Menschenhandels. Beim Glücksspiel mischen auf dem Hamburger Kiez auch griechische und chinesische Gruppen mit.

2029 Menschen sind 1992 in Deutschland an ihrer Drogensucht und dem Nachschub durch den maßgeblichen Anteil von Ausländern umgekommen. 150 000 Menschen in Deutschland sind drogensüchtig und werden drogensüchtig gehalten. Der Nachschub wird nach Erkenntnissen des Bundeskriminalamtes durch Organisierte Kriminelle besorgt: Türken und Kurden sind Hauptlieferanten für Heroin, Südamerikaner für Heroin, Marokkaner und Libanesen für Hasch. Der organisierte Rauschgift-Kleinhandel in Deutschland, so das BKA, wird von ausländischen Tätergruppen mit hohem Asylbewerberanteil dominiert. Asylantenwohnheime würden immer mehr zu Absatzzentralen für den Drogenmarkt. Und wo sind die deutschen Drogenhändler? Polizeihauptmeister Horst Bruch vom 1. Revier in der Frankfurter City, Deutschlands Eldorado für Drogenhändler und Drogenkonsumenten, meint dazu: »Die Ausländer haben in einem unwahrscheinlichen Ausmaß das Rauschgiftgeschäft übernommen. Die Deutschen sammeln

nur noch die gebrauchten Spritzen ein, reinigen sie und verkaufen sie wieder, um sich einen Schuß zu verdienen.«

Ähnlich wie die Roma und Sinti mit ihren kleinen Kindern
im Hamburger Karolinenviertel nutzen die Türken und
Kurden zunehmend im Verteilerbereich das deutsche Jugendstrafrecht aus. Im Jugendstrafrecht steht der erzieheri-
sche Gesichtspunkt im Vordergrund, nicht die Haftstrafe.
Drogenbosse in der Türkei haben sich deshalb etwas offenbar Hilfreiches für die Anwerbung von türkischen und
kurdischen Jugendlichen, in der Regel türkische Staatsangehörige kurdischer Abstammung, einfallen lassen: Sie zeigen
ihnen in der Heimat Filme über die Hamburger Justizvollzugsanstalt Vierlande als Beispiel für einen in der Türkei un-
denkbaren Strafvollzug, der in Deutschland 14- bis 21jähri-
gen gewährt wird.[23]

Die rekrutierten Dealer werden nach Deutschland ge-
schleust. Sollten sie in Deutschland gefaßt werden, rechnen
die Hintermänner mit milden Urteilen nach dem Jugendstrafrecht. Manfred Matho von der Hamburger Ermittlungsgruppe Straßendeal sagt dazu: »Es ist auch keine Strafe
für die Jugendlichen, hier in ein Gefängnis zu gehen; es geht
ihnen hier gut.«

Deutsche müssen oft miterleben, wie sich kriminelle Ausländer verhalten. Kunden warteten in einer Schlange vor
einem Schalter des kleinsten Postamtes in Hamburg. Ein
junger Türke kurdischer Volkszugehörigkeit legte eine Pla-
stiktüte voller Geldscheine auf den Tresen. »Das ist Drogen-
geld!« riefen einige Kunden aus der Schlange hinter ihm.
Der junge Türke geriet in Panik und rannte davon. Später
holte er mit Komplizen das Geld wieder ab. Der Postbeamte
mußte nach deutschem Recht das Geld herausgeben.

Nun endlich schaltete die Post die Polizei ein. Die wiederum nahm mit der Gemeinsamen Ermittlungsgruppe Rauschgift (GER) von Zoll und Polizei die Ermittlungen auf. Die GER konnte erstmals einen Richter für die Finanzermittlungen gewinnen. Die Fahnder konzentrierten sich ausschließlich auf Bareinzahlungen von mehr als 5000 Mark – und gerieten bald in Staunen. »15jährige Bengels kamen täglich in das kleine Postamt und zahlten tütenweise Bargeld ein«, sagte ein GER-Beamter im Februar 1993. Die Summen schwankten pro Einzahlung zwischen 10 000 und 200 000 Mark. Die Fahnder ließen das Geld – überwiegend kleine Scheine in Zeitungspapier verpackt – im Labor untersuchen: An den Banknoten befanden sich stets Anhaftungen von Heroin.

Doch die Fahnder mußten zusehen, wie die Millionen in die Türkei flossen. Das deutsche Recht ließ trotz der Indizien eine Beschlagnahme nicht zu.

Ein Großteil des Geldes ging an eine Handvoll Männer kurdischer Volkszugehörigkeit in Bingöl, Elazig und Palü im Osten der Türkei. Aus diesen Regionen stammten nach Erkenntnissen der Polizei die meisten Dealer, die auf Hamburgs Straßen festgenommen werden.

Innerhalb eines halben Jahres haben die türkisch-kurdischen Dealer 80 Millionen Mark in Hamburgs kleinstem Postamt eingezahlt. 187 Einzahlungen konnten durch die GER identifiziert werden. Im Februar 1993 waren die Finanzermittlungen abgeschlossen: Zwei kurdische Dealerorganisationen konnte der Transfer von 750 000 Mark und 900 000 Mark nachgewiesen werden. Sechs mutmaßliche Täter wurden verhaftet. Die Empfänger in der Ost-Türkei werden wegen Drogenhandels in Deutschland per Haftbefehl gesucht.

In einer Parallelstraße der Lindenstraße, in der das von

Drogenhändlern für Einzahlungen bevorzugte Postamt liegt, befindet sich eine Moschee. Dort blühte seit Ende 1992 das Drogengeschäft derart, daß sich Moschee-Besucher mehrfach bei der Polizei beschwerten. Zivilfahnder und Bereitschaftspolizisten observierten sechs Wochen lang die offene Szene. Eine Gaststätte nahe der Moschee erwies sich als Treffpunkt der Dealer. Sie nutzten das ständige Menschengewirr um die Moschee zur Tarnung ihrer illegalen Geschäfte aus. Sie handelten geschickt im Schutz ahnungsloser Landsleute. Mitte Februar 1993 griff die Polizei zu. 70 kurdische Drogendealer wurden festgenommen. Gegen 41 von ihnen erging Haftbefehl. Mehr als die Hälfte der Festgenommenen waren jünger als 21 Jahre: 26 Verdächtige von ihnen waren zwischen 14 und 16 Jahre alt, 17 Verdächtige zwischen 17 und 21 Jahren. Drei Kinder im Alter von 12 und 13 Jahren wurden offensichtlich als Drogenkuriere benutzt. Die Anwerbung mit Filmvorführung in der Heimat scheint flott zu funktionieren.

Aber die Wege des Geldtransfers scheinen unerschöpflich zu sein. Polizistinnen fanden in BH und Slips kurdischer Frauen 45 000 Mark, als diese auf dem Hamburger Flughafen Fuhlsbüttel gezielt kontrolliert wurden. Das Pikante an dem Fall war, daß die Frauen zu einer Familie gehörten, die auf deutsche Staatskosten aus dem türkischen Palü eingeflogen worden waren, um vor Gericht einen Drogenhändler zu identifizieren.

Die Russenmafia

In der vormals vornehmen Kantstraße im Berliner Westen, parallel zum Kurfürstendamm, haben sich seit Fall der Mauer und Öffnung der Grenzen im Osten rund siebzig osteuropäische »Import-Export«-Läden mit phantasievollen Namen angesiedelt. Russen eröffneten »Elitex« oder »Beromex«, »Contec« oder »Hbatec«. Ihr Sortiment besteht aus drahtlosen Telefonen und Videorecordern, Kameras und Fernsehgeräten, sowjetischen Armbanduhren und Ikonen.[24]

Transaktionen solcher Läden sind für die Polizei undurchsichtig. Dahinter werden russische Syndikate vermutet, die vor Mord nicht zurückschrecken.

Wie kommen die Russen zu den Läden auf deutschem Boden?

Es wird von osteuropäischen Trupps berichtet: Fünf, sechs Mann betreten forsch einen Laden in der Kantstraße und fordern einen Untermietvertrag. Sie bieten fünf- und sechsstellige Summen an, wenn der alte Inhaber sich zurückzieht. Es wird bar gezahlt – aus prall gefüllten Plastiktüten. Wenn Bargeld nicht lockt, wird nachgeholfen und mit Konsequenzen gedroht.

Die Berliner Polizei kennt nur einen Bruchteil von dem, was sich in der Stadt abspielt. Ihre Bilanz '92:[25]

»Im Hinblick auf ehemalige sowjetische Staatsangehörige stellte die Polizei eine zunehmende Zahl von Gewalttaten (Mord, schwere und gefährliche Körperverletzung) fest, die ihre Ursachen offensichtlich in der Durchsetzung finanzieller Forderungen aus legalen oder illegalen Geschäften haben. Diese Taten sollen anderen ›Landsleuten‹ offenbar auch als warnendes Beispiel dienen. Nach Erkenntnissen der Fachdienststelle werden derartige Taten von gedungenen

207

Tätern verübt, die nur zur Tatbegehung in die Bundesrepublik einreisen.«

Berlin ist die Hauptoperationsbasis der Russen-Mafia für Westeuropa. »Das Ministerium für Sicherheit geht von über 300 Gruppen aus«, sagt der russische Sicherheitsbeamte Anatolij Olejnikow, 53, der die Deutschland-Dependance des Ministeriums für Sicherheit der Russischen Föderation in Berlin-Karlshorst leitet. Er ist Experte für Verbrechensbekämpfung und koordiniert Aktionen mit deutschen Behörden.[26]

Mehr als 300 organisierte Banden aus den früheren Sowjetrepubliken ziehen eine Blutspur diesseits des früheren Eisernen Vorhangs in Deutschland. Wie ist es zu erklären, daß sich in kürzester Zeit ein solcher Herd der kriminellen Szene in Deutschland etablieren konnte? Auf diese Frage antwortet der Sicherheitsoffizier: In Deutschland gebe es eben eine gute personelle Basis durch die vielen Emigranten und Asylanten.

In der deutschen Hauptstadt leben mehr reiche Emigranten aus der früheren Sowjetunion als irgendwo sonst in Europa. In dieser Zielgruppe überwiegen Rußlanddeutsche und vor allem russische Juden, die ein unbefristetes Arbeits- und Aufenthaltsrecht in Deutschland genießen.

Beim Bundeskriminalamt in Wiesbaden wird eine vertrauliche Studie über die Bedrohung aus dem Osten unter Verschluß gehalten, deren einzelne Exemplare numeriert und handschriftlich markiert sind. In absehbarer Zeit, so heißt es in dem 90 Seiten starken Dossier »Osteuropäische organisierte Kriminalität – russische Straftätergruppen«, werde man mit einem Strom von Kriminellen aus dem Osten rechnen müssen. »Aufgrund der Brutalität und Gewaltbereitschaft dieser Täter muß die deutsche Polizei mit erheblichen Problemen rechnen.«[27]

Russische Geschäftsleute in Berlin haben je nach Betriebsgröße zwischen 1000 und 20000 Mark Monat für Monat an Schutzgeld abzuführen. Selbst Asylbewerber und kleine reisende Schieber, die auf Flohmärkten nachgemachte Ikonen und gestohlene Radios verkaufen, müssen zahlen – 200 bis 300 Mark pro Monat.

Wer sich sperrt, dem wird eine deutliche Warnung an die Wand gesprüht, wie es einem Spielhallenbesitzer im Berliner Stadtteil Wilmersdorf erging. »Schisn tebje dajotsja tolko odin ras«, stand eines Tages auf seiner Schaufensterscheibe. Das war die Drohung der Berliner »Boizy« (Frontkämpfer), einer Schutzgeldbande.

Eine auffällig gewaltbereite Tätergruppe ist nach der Öffnung der östlichen Grenzen nach Deutschland eingesickert: Tschetschenen vom Kaspischen Meer kamen nach Berlin und faßten Fuß in der Verbrecherszene. Der Leitende Kriminaldirektor Volker Gehm vom BKA erklärt ihre Gewaltbereitschaft damit, daß sie im »harschen System des Heimatlandes den Überlebenskampf gewohnt sind«. Die Kriminalpolizei in Berlin und Brandenburg schätzt die Tschetschenen als »Vollstrecker« ein, die zur Regelung interner Auseinandersetzungen engagiert werden.

Nicht einmal das hochgerüstete Militär der GUS-Staaten in Deutschland kann sich gegen die brutalen Kriminellen aus der Heimat wirksam verteidigen. Sicherheitsoffizier Olejnikow berichtet:[28] Der von der Polizei in Brandenburg festgesetzte Tschetschene Mamudow habe sich mit einer Reihe von Verwandten auf Raubüberfälle gegen Militärangehörige und deren Wohnungen, auf Bedrohung und Erpressung spezialisiert gehabt. Die Banditen des Ukrainers Koschewoi hätten in Mecklenburg-Vorpommern vorzugsweise frisch verkaufte Gebrauchtwagen und das Geld von den Verkäufern geraubt.

Häufig sind nach seiner Darstellung GUS-Bürger die Opfer dieser Banden, die mit BMW, Funktelefon und Maschinenpistolen mobil und effizient ausgerüstet sind. Sie haben Vertrauensleute beim Militär, die Fahrtermine und Abzugsrouten auskundschaften.

Ein GUS-Mannschaftsbus wurde bei Leipzig ausgeraubt und ein Armee-Geldtransport auf der Strecke von Wünsdorf nach Eberswalde gestoppt. Es gehört inzwischen zum alltäglichen Risiko von GUS-Offizieren, daß sie zwischen zwei Täterautos eingeklemmt, angehalten und ausgeraubt werden. Ein Teil der geplanten Überfälle wird länderübergreifend ausgetüftelt. Der Angriff erfolge dann erst in Polen und Belorußland. In der ersten Aprilhälfte (1993) immerhin schon zehnmal, räumt Olejnikow ein.[29]

Der russische Offizier gibt seinen Landsleuten gute Chancen im Kampf der Gangster um den deutschen und internationalen Markt. »Unsere Leute sind aggressiver als die Deutschen und auch besser bewaffnet. Die werden um die Märkte kämpfen«, meint er.

Der erbarmungslose Kampf ist seit 1990 voll entbrannt. Das Netz der Hintergründe bleibt größtenteils im dunkeln. Ein Merkmal ist allgemein die Brutalität der Tatausführung.

Am 17. August 1990 erschossen Unbekannte vor einem Munitionsdepot der damaligen Sowjetarmee in Perleberg den Soldaten Oleg Kobsar. Seine Maschinenpistole verschwand zunächst, wurde aber im März 1991 zusammen mit 400 russischen Granaten bei zwei polizeibekannten Unterweltsgrößen in Bremerhaven gefunden.

Auf dem Berliner Ring an der Ausfahrt Phöben entdeckte die Feuerwehr am 5. Januar 1991 die Leiche des erstochenen Eduard Beck, Sohn russischer Emigranten, in einem ausgebrannten Ford. Der zuletzt in München lebende Beck soll in

Autoschieber-Geschäfte mit Brandenburger Russen verwickkelt gewesen sein.

Die beiden GUS-Soldaten Jurij Bulgakow und Ruslan Beretschetow wurden am 7. Juli 1991 im Obersee bei Töpchin an einen Betonpfahl gebunden aufgefunden, fürchterlich zugerichtet mit Messerstichen am ganzen Körper und eingeschlagenem Schädel. Sie hatten, so die Kripo, bei Schiebereien mit gestohlenen Autos der russischen Marke »Lada« ihre Hand im Spiel.

Am 22. Juli 1991 feuerte Jegor B., aus Moskau eingereist, in einer Berliner Pizzeria auf drei Exil-Russen. Diese erwiderten das Feuer. Bilanz des Bandenkrieges: vier Verletzte. Jegor B. wurde verhaftet und zu sieben Jahren Haft verurteilt. Tengis M., der zurückgeschossen hatte, wurde im April 1992 in Amsterdam von Unbekannten erschossen – ein Indiz, daß die Russen über Deutschlands Grenzen hinaus in Westeuropa agieren.

Der Berliner Michael Miosga, 38, und seine Freundin Anja Krause, 20, starben am 24. Juni 1992 in ihrem Mercedes an der Autobahn Hamburg-Bremen – an Kopfschüssen. Miosga war mit einer Brandenburger Firma in millionenschwere Transferrubel-Geschäfte mit ukrainischen Firmen verstrickt.

Am 17. Juli 1992 verließ die in Berlin lebende Anna Poldiaeva aus Weißrußland ihre Wohnung. Bei Grieben nahe Oranienburg wurde sie am Morgen mit eingeschlagenem Schädel und durchtrennter Kehle gefunden. Tage vor dem Mord hatte sie für Unbekannte mehrere tausend Mark auf ihr Konto eingezahlt.

Der Ukrainer Garri Djibu wurde am 1. Dezember 1992 in seiner Berliner Wohnung von Unbekannten durch mehrere Schüsse in den Oberkörper hingerichtet.

Die Kosten der Ausländerkriminalität

Die Ausländerkriminalität ist nicht zuletzt auch ein Kostenfaktor. Der CDU-Bundestagsabgeordnete Heinrich Lummer macht folgende Rechnung auf (Stand: Februar 1993):

Im Bundesdurchschnitt entfielen nach Auskunft des Bundesinnenministeriums mittlerweile etwa 40 Prozent der Organisierten Kriminalität auf Ausländer. Dabei schwankte die Ausländerbeteiligung stark sowohl nach Deliktart als auch regional: Bei der Rauschgifteinfuhr betrage der Ausländeranteil etwa 50 bis 60 Prozent, beim Rauschgifthandel 40 Prozent, bei Wohnungseinbrüchen etwa 30 Prozent. Der geschätzte Schaden durch die Organisierte Kriminalität summierte sich in Deutschland pro Jahr auf rund zehn Milliarden Mark; international belaufe er sich auf etwa 500 Milliarden. Bei der Bezifferung der Kosten der Ausländerkriminalität sei ihr Anteil an der Organisierten Kriminalität in Deutschland zu berücksichtigen: Das entspreche etwa vier Milliarden Mark.

Auch die Aufwendungen, die dem Staat zur Bekämpfung der Organisierten Kriminalität entstehen, müßten berücksichtigt werden. Das Budget des Bundeskriminalamtes betrage 1993 rund 485 Millionen Mark. Das entspreche einem »Ausländeranteil« – hier sei der Zwischenwert von 30 Prozent genommen – von 150 Millionen Mark.

Hinzukomme die Länderpolizei. Die Aufwendungen allein für das Personal der Polizei betrügen in Deutschland etwa 20 Milliarden Mark. Diese Summe ergebe sich aus Hochrechnungen von Angaben des Bayerischen Innenministeriums (1993 in Bayern 2,1 Milliarden Personalkosten, Sachausstattung 286 Millionen Mark sowie Bauzuschüsse). Natürlich sei nicht das gesamte Polizeipersonal gleichermaßen mit Verbrechen befaßt. Rechne man also einen ausländerrelevanten Anteil von 20 Prozent, ergebe das vier Milliarden Mark. Die Kosten der Rechtsprechung dürften sich nach Lummers Schätzung auf etwa 50 Millionen Mark belaufen.

Aus den Zahlen errechnen sich vier Milliarden Mark volkswirtschaftliche Schäden und 4,15 Milliarden Mark staatlicher Aufwand für Bekämpfung der Ausländerkriminalität.

Die Gefängnisbelegung müßte gleichfalls berücksichtigt werden (Gefängnis-Belegungswerte zum jeweils 31. März eines Jahres):

- 1980: 23 035 Gefangene, davon 2887 Ausländer (12,5 %);
- 1986: 45 342 Gefangene, davon 4412 Ausländer (9,7 %);
- 1990: 39 178 Gefangene, davon 5151 Ausländer (13,1 %);
- 1991: 37 468 Gefangene, davon 5573 Ausländer (14,8 %);
- Neuere komplette Angaben seien noch nicht erhältlich. Angesichts der steigenden Tendenz seit 1986 dürften es 1992 vorsichtig geschätzt 15,5 Prozent gewesen sein.

In Abschiebehaft hätten gesessen:

- zum 31. Juli 1991 (vorbehaltlich beschränkter Angaben aus den neuen Bundesländern): 504 Ausländer;
- 31. Januar 1992: 628 Ausländer;
- 31. Mai 1992: 696 Ausländer.

Bei den Untersuchungshäftlingen werde die Nationalität von den Behörden nicht erfaßt. Zum 31. Mai 1992 hätten sich insgesamt 18 007 Personen in U-Haft befunden. Nähmen wir das Mittel zwischen der uns vorliegenden Zahl von 40

Prozent ausländischer U-Häftlinge in Berlin und 15,5 Prozent normaler Gefängnisinsassen, ergebe sich 27,7 Prozent, das entspreche 4987 ausländischen U-Häftlingen.

Die Kosten eines Haftplatzes seien nur schwer zu ermitteln. Das Bundesinnenministerium gebe folgende Anhaltspunkte (exklusive Bau- und Investitionsmittelkosten und staatliche Einnahmen durch Gefangenenarbeit):

Berlin: 142,69 Mark pro Tag (1991); Bayern 89,45 Mark; Rheinland-Pfalz: 94,38 Mark. Die durchschnittlichen Jahreskosten eines Haftplatzes dürften also demnach bei 365 mal 110 Mark = 40 150 Mark liegen. Summe: 5573 Gefängnisplätze plus 696 Abschiebehaftplätze plus 4987 U-Haftplätze ergeben 11 256 Plätze mal 40 150 Mark = rund 450 Millionen Mark.

Das Ergebnis der Berechnungen nach Lummer: Die Ausländerkriminalität koste den Staat Aufwendungen in Höhe von 4,6 Milliarden Mark und bedeute zusätzlich einen volkswirtschaftlichen Schaden von vier Milliarden Mark.

1 Jochen Kummer, Der Staat läßt uns im Stich, in: *Welt am Sonntag* vom 23. August 1992, S. 6.
2 Jochen Kummer, Lieber korrupt als tot, werden viele Kollegen sagen, in: *Welt am Sonntag* vom 6. September 1992, S. 7.
3 Jochen Kummer, Marsch in die multikriminelle Gesellschaft, in: *Welt am Sonntag* vom 30. August 1992, S. 6.
4 Kummer (Anm. 1).
5 Bundesjustizministerin Sabine Leutheusser-Schnarrenberger, Die Wohnung ist unverletzlich, in: *Stern* Nr. 30 vom 22. Juli 1993, S. 19.
6 Thomas Osterkorn, Wunderwaffe Lauschangriff, in: *Stern* Nr. 30 vom 22. Juli 1993, S. 19.
7 Edmund Stoiber, Ministerpräsident Bayerns, Einzige Chance gegen die Mafia, in: *Stern* Nr. 30 vom 22. Juli 1993, S. 18.
8 Kummer (Anm. 2).
9 Bundeskriminalamt, Wiesbaden, Lagebild 01 Organisierte Kriminalität.
10 *Münchner Merkur* vom 8./9. Mai 1993.
11 *Süddeutsche Zeitung* vom 8./9. Mai 1993.
12 Mit Pizza und Spaghetti Heroin und Kokain frei Haus geliefert, in: *Münchner Merkur* vom 8./9. Mai 1993, S. 13.
13 Kripo verhaftete Pizzabäcker, in: *Hamburger Abendblatt* vom 1. März 1993, S. 11.
14 Pressemitteilung des Innenministeriums Baden-Württemberg, Zunehmende internationale Verflechtung der Organisierten Kriminalität, Jahresbericht 1992 des Innenministers Frieder Birzele vom 22. Juni 1993.
15 Birzele (Anm. 14), S. 2.
16 Birzele (Anm. 14), S. 2.
17 Birzele (Anm. 14), S. 3.
18 Birzele (Anm. 14), S. 3.
19 Birzele (Anm. 14), S. 5.

20 Innenminister Birzele für »Lauschangriff«, in: *Frankfurter Allgemeine Zeitung* vom 23. Juni 1993, S. 6.

21 Pressemitteilung Innenministerium vom 15. Februar 1993, S. 1.

22 Jochen Kummer, Ausländische Straftäter haben ihr Gastrecht verwirkt, in: *Welt am Sonntag* vom 12. Januar 1992, S. 35.

23 Mit Knast-Film nach Hamburg gelockt, in: *Hamburger Abendblatt* vom 19. Februar 1993, S. 1.

24 Johannes Groschupf, Die zweite Eroberung – Russische Syndikate, in: *Frankfurter Allgemeine Zeitung* vom 8. Mai 1993, Bilder und Zeiten.

25 Pressemitteilung, Senatsverwaltung für Inneres Berlin vom 22. Februar 1993, S. 26.

26 Der russische Sicherheitsoffizier Anatolij Olejnikow im Interview, Unsere Leute sind aggressiver, in: *Der Spiegel* Nr. 25 vom 21. Juni 1993, S. 104 f.

27 Alarm, jetzt kommen die Russen, in: *Der Spiegel* Nr. 25 vom 21. Juni 1993, S. 100-109, hier: 101.

28 Olejnikow (Anm. 26), S. 104.

29 Olejnikow (Anm. 26), S. 104.

7

Politischer Extremismus

Der 24. Juni 1993 markierte ein neues Datum in der Entwicklung der Ausländerkriminalität. In mindestens fünfzehn deutschen Städten und in fünf europäischen Ländern gleichzeitig haben Kurden türkische Einrichtungen mit Gewalt besetzt, demoliert und zum Teil, wie im türkischen Generalkonsulat in München, auch Geiseln genommen. Die neue Stufe der politisch motivierten Kriminalität wurde zwei Wochen nach der Verkündung eines kurdischen Rebellenführers Abdullah Öcalan erreicht: Die Kurden erklärten hiermit den Türken den »totalen Krieg«. Extremisten tragen diesen Krieg nach Deutschland und machen es zum Schauplatz bürgerkriegsähnlicher Auseinandersetzungen.

Dieser importierte Krieg drohte das Bild Deutschlands in aller Welt zusätzlich zu verdunkeln, als am 5. Juni 1993 nach dem Feuerattentat in Solingen durch mutmaßliche rechtsradikale deutsche Täterschaft Deutsche und Ausländer gemeinsam gegen »Fremdenhaß« demonstrieren wollten. Was am Ort des tödlichen Brandanschlags in Solingen als zentrale Kundgebung für ein friedliches Miteinander von Deutschen und Ausländern gedacht war, endete in Chaos und Gewalt.

Nach einem Sternmarsch hatten sich etwa 12 000 Demonstranten in der Solinger Innenstadt versammelt, als zwei verfeindete türkische Gruppen aufeinander losgingen. In Panik flüchteten viele Menschen, als die Randalierer – darunter die rechtsextremen »Grauen Wölfe« – sich mit Messern und Stangen bekämpften. Am selben Tag zogen nach einer Antirassismus-Demonstration etwa 150 zumeist türkische Jugendliche randalierend durch Berlin-Kreuzberg und schleuderten Molotowcocktails, Steine und Flaschen auf Polizisten.

In Deutschland begann es in diesem Sommer 1993 bedrohlich zu brodeln. Aufgebrachte Türken rasten – Fußgänger und Autofahrer nötigend und gefährdend – in Wagenkolonnen, hupend und die roten Nationalflaggen mit dem Halbmond schwenkend, durch die Städte. Sie blockierten stundenlang die Lebensadern des Autobahnnetzes mit seinen Autobahnkreuzen an Rhein und Ruhr. In dieser kritischen Lage entschlossen sich CDU-Bundeskanzler Helmut Kohl und der SPD-Ministerpräsident von Nordrhein-Westfalen, Johannes Rau, zu einem in der deutschen Politik ungewöhnlichen Schritt. Sie wandten sich am 1. Juni 1993 mit einer gemeinsamen Erklärung an die Öffentlichkeit, um diesmal nicht nur – wie im gewohnten Ritual die Fremdenfreundlichkeit Deutschlands beteuernd – die Türken zu besänftigen, sondern diesmal auch die Deutschen. Die Erklärung hatte unter anderem folgenden Wortlaut:[1]

>>Es ist verständlich, daß das entsetzliche Verbrechen von Solingen bei unseren türkischen Mitbürgern nicht nur Fassungslosigkeit, Trauer und Angst, sondern auch Zorn ausgelöst hat. Friedliche Demonstrationen unserer türkischen Mitbürger haben dabei unsere Sympathie.
Wir müssen allerdings verhindern, daß aus Unrecht neues Unrecht entsteht. Es gibt keinerlei Rechtfertigung für gewaltsame Ausschreitungen. Ebensowenig darf geduldet werden, daß kleine Gruppen türkischer Fanatiker die Gelegenheiten nutzen, innenpolitische Gegensätze in ihrem eigenen Land in Gestalt von Straßenschlachten bei uns in Deutschland auszufechten. Auch solche Taten müssen unnachsichtig geahndet werden; gegebenenfalls sind die Täter aus Deutschland auszuweisen.

Wenn jetzt deutsche und türkische Randalierer durch Städte ziehen, dann ist das kein Beitrag zu friedlichem und freundschaftlichem Zusammenleben zwischen Deutschen und Ausländern, auch wenn sich diese Aktionen zu Unrecht den Kampf gegen Ausländerfeindlichkeit auf ihre Fahnen schreiben. Diese Gewalt erzeugt neue Fremdenfeindlichkeit und neuen Haß. Wir appellieren an alle ausländischen Mitbürgerinnen und Mitbürger: Lassen Sie sich jetzt nicht von extremistischen Gruppen und Grüppchen für deren Zwecke mißbrauchen, die keine gute Nachbarschaft und kein friedliches Zusammenleben wollen.«

Der Präsident des Bundesamtes für Verfassungsschutz (BfV) in Köln, Eckart Werthebach, prognostizierte angesichts der Gewaltausbrüche eine »dreifache Gewaltspirale«. Die Wechselwirkung zwischen deutschen Rechts- und Linksextremisten sei überdeutlich. Und ausländische Gewalttäter begännen »daran mitzudrehen«. Die Bedrohung der inneren Sicherheit durch politisch motivierte Gewalttäter ist nach seinen Worten derzeit größer und unberechenbarer als »zur gefährlichsten RAF-Zeit in den 70er Jahren«. Im Jahr 1992 hätten sich die Gewalttaten extremistischer Ausländerorganisationen fast verdreifacht.[2]

42 980 Ausländer im Alter von über 16 Jahren gehörten nach Schätzungen der Verfassungsschutzbehörden Ende 1991 extremistischen oder extremistisch beeinflußten Vereinigungen an. Sie wurden als sicherheitsgefährdend eingestuft. Die Zahl ihrer Organisationen betrug 79.[3]

Das BfV analysierte die Zahlen von 1991: 14 870 der etwa 42 980 Mitglieder und Anhänger extremistischer und entsprechend beeinflußter Ausländerorganisationen gehörten linksextremistischen Gruppen an. Der Mitgliederbestand der extem-nationalistischen Gruppierungen stieg gegenüber dem Vorjahr von 8610 auf 8960. Auch die islamisch-extremistischen Vereinigungen hatten einen leichten Zuwachs zu verzeichnen; sie umfaßten 19 150 Mitglieder. Allein die beiden türkischen islamisch-extremistischen Gruppen AMGT und ICCB erreichten zusammen etwa 17 000 Mitglieder. Diese beiden Organisationen bilden damit heute zahlenmäßig den größten Einzelbereich des ausländischen Extremismus.[4]

Die Zahlen sind inzwischen überholt. Mitte 1993 standen schon rund 60 000 extremistische Ausländer in 90 Organisationen unter Beobachtung des deutschen Verfassungsschutzes. Aus der Konstellation der Feindbilder ergibt sich, daß die Opfer des Ausländerextremismus größtenteils Landsleute oder Mitglieder verhaßter ethnischer Gruppen sind.

Geheimdienste haben auch ihre Hand im Spiel wie beim verheerenden Terroristenanschlag am 17. September 1992 in Berlin, einem der blutigsten Massaker, das ausländische Fundamentalisten auf deutschem Boden anrichteten. Ein Mann mit einer schwarz-grünen Sporttasche von Woolworth, Aufschrift »Sportino«, rief auf persisch: »Ihr Hurensöhne!« Die ersten drei von 21 Schüssen aus einer Maschinenpistole Modell Uzi gab er durch das Taschenfutter ab. Der zweite Killer schoß viermal aus einer halbautomatischen Selbstlade-Pistole Llama Especiale. Einen Verletzten, der am Boden lag, exekutierte er mit einem Nahschuß.[5]

Dem Mordanschlag in einem Hinterzimmer des Berliner Lokals »Mykonos« fielen drei Führer der Kurdischen Demokratischen Partei Iran (KDPI) zum Opfer, die gegen das Teheraner Mullah-Regime und für ein autonomes Kurdistan kämpft. Auch ein in Berlin lebender Dolmetscher wurde getötet. Die Politiker hielten sich als Gäste einer Tagung der Sozialistischen Internationale in Berlin auf. Die Bundesanwaltschaft erhob Anklage gegen drei Beschuldigte, deren Hintermänner im Iran zu suchen seien.

Ein iranischer Gemüsehändler in Berlin, der 34jährige Kazem Darabi, ist laut Anklage der Drahtzieher des Anschlages gewesen. Scheinbar bieder lebte der einstige Ingenieurstudent in Berlin, so die Ermittlungen: als Gemüsehöker, Ex- und Importkaufmann sowie Moschee-Betreiber. Doch hinter der bürgerlichen Fassade verbarg sich, wie die Beschuldigung lautet, ein strammer Agent für das iranische Ministerium für Nachrichtendienste und Sicherheitsangelegenheiten. Er kämpfte auf seiten der islamischen revolutionären Garden »Pasdaran«. Diese Gardisten predigen Haß gegen Andersdenkende und machen mit Oppositionellen kurzen Prozeß. Und Darabi ist in den Augen deutscher Sicherheitsbehörden auch Führungskraft und Geldgeber der Deutschlandfiliale von »Hisb Allah«. Diese mächtige vom Iran finanzierte Gottespartei radikaler schiitischer Freischärler ist für zahlreiche Terrorakte sowie die meisten Entführungen westlicher Geiseln im Libanon verantwortlich.

Der Gemüsehändler, der selbst abgetaucht ist, schickte laut Anklage ein Kommando zu der Exekution, die im Stil eines kriminellen Militäreinsatzes ausgeführt wurde. Die Deutschen müssen sich darauf einstellen, daß hier keine Gelegenheitskriminellen am Werk sind, sondern exzellent geschulte, vor keiner Brutalität zurückschreckende Ausländer. Die drei inhaftierten mutmaßlichen Mörder waren als Untergrundsoldaten gedrillt und vollbrachten die Tat in Arbeitsteilung: Der Libanese Youssef Amin soll im »Mykonos« Schmiere gestanden haben. Laut Ermittlungen hatte er vor seiner Einreise nach Deutschland etwa 1983/84 der »Hisb Allah«-Untergruppe »Islamischer Widerstand« als Spezialist für den Transport von Sprengstoffen angehört. Der Libanese Abbas Rhayel wurde als mutmaßlicher Pistolenschütze in Haft genommen. Nach Erkenntnissen der Fahnder hat er als »Hisb-Allah«-Mitglied im Iran eine Kampfschwimmerausbildung erhalten und war in einem Trainingslager für Terroreinsätze geschult worden. Der Libanese Atallah Ayad soll ursprünglich den später modifizierten Tatplan entworfen haben. Die Ankläger beschrieben ihn als ehemaligen Amal-Milizionär, der sich im libanesischen Bürgerkrieg einen Ruf außergewöhnlicher Brutalität erworben habe.

Das BfV wertete in dem im August 1992 veröffentlichten »Verfassungsschutzbericht 1991«:[6]

Die Gewaltaktivitäten extremistischer Ausländervereinigungen stellten weiterhin eine erhebliche Bedrohung der inneren Sicherheit dar. Ausländische Extremisten hätten zur Durchsetzung ihrer politischen Ziele erneut schwerste Straftaten bis hin zum Mord verübt. Die Zahl der Terrorakte und anderen Gewalttaten habe im Vergleich zum Vorjahr von 16 auf 29 deutlich zugenommen. Ein Funktionär einer extremistischen Sikh-Organisation sei in Frankfurt am Main an den Folgen eines Schußwaffenanschlages gestorben. Die Täter seien vermutlich aus den Reihen einer konkurrierenden Gruppierung extremistischer Sikhs gekommen.

Die Lagebeurteilung des BfV, wie sie in dem Bericht zusammengefaßt ist: Die Sprengstoffanschläge zeigten eine Zunahme der Aktivitäten von Extremisten aus dem Ausland. Drei Taten seien von spanisch-baskischen Seperatisten oder deren Sympathisanten verübt worden; damit sei die Bundesrepublik Deutschland erstmalig von deren Anschlägen betroffen gewesen. Der vierte Sprengstoffanschlag habe seine Ursache sehr wahrscheinlich im jugoslawischen Nationalitätenkonflikt gehabt. Für die meisten Brandanschläge seien nach Erkenntnissen des BfV erneut kurdische und türkische Linksextremisten verantwortlich gewesen.

Der BfV-Bericht stellt dar, wodurch solche Stellvertreterkriege auf deutschem Boden ausgelöst werden:[7] Ursache der in zwei Wellen verlaufenden Gewaltakte sei zum einen die Stationierung von NATO-Verbänden in der Türkei im Verlauf des Golfkrieges gewesen; zum anderen das Vorgehen türkischer Sicherheitskräfte und des türkischen Militärs gegen kurdische und türkische Linksextremisten im Heimatland. Anschlagsziele in der Bundesrepublik Deutschland waren, so die BfV-Erkenntnisse, vornehmlich staatliche Einrichtungen der Türkei, aber auch Niederlassungen türkischer Banken und die türkische Fluggesellschaft. Urheber der sonstigen Gesetzesverletzungen seien vornehmlich kurdische, türkische, iranische und jugoslawische Extremisten gewesen.

Wie Türken und Kurden, tragen unter anderem auch Serben und Kroaten kriegerische Auseinandersetzungen in Deutschland aus. »So verübten mutmaßliche serbische Extremisten am 17. April 1991, einem Mittwoch, einen Sprengstoffanschlag auf eine von Kroaten sonntags genutzte Kirche in München«, registrierte das BfV.[8] Die BfV-Liste der serbisch-kroatischen Konflikte: Im Verlauf einer tätlichen Auseinandersetzung zwischen etwa 30 Jugoslawen unterschiedlicher Volkszugehörigkeit hätten am 8. September 1991 in Göppingen mehrere Personen Hieb- und Stichverletzungen erlitten. Ein unbekannter Täter habe in der Nacht zum 3. Oktober 1991 eine Fensterscheibe des jugoslawischen Konsulats in Nürnberg durchschossen. Auf die Wand des Gebäudes habe er ein großes »U« gesprüht. Das Symbol stehe offenbar für die »Ustascha« (»Aufständische«), die tragende politische Kraft im »Unabhängigen Staat Kroatien« (1941-1945). Die »Ustascha« habe in ihrem Aufbau einer faschistischen Partei entsprochen. Daneben hätten sich Hinweise gemehrt, wonach kroatische Extremisten und deren

Sympathisanten sich auch in Deutschland verstärkt um Waffen für den Kampf im Heimatland bemühten.

Das BfV traf für 1991 die Feststellung: »Zahl der Gewaltaktionen ausländischer Extremisten erheblich gestiegen.«[9] Waren es 80 im Jahr 1990 gewesen, so wurden im Jahr darauf 142 registriert.

Im Bericht listet der Verfassungsschutz die Extremisten nach Nationalitäten bzw. Volksgruppenzugehörigkeit auf:[10]

- Türken: 29 550 Mitglieder extremistischer Organisationen in Deutschland,
- Kurden: 4750,
- Araber: 2950,
- Iraner: 2650,
- Sonstige: 3080.

Diese Übersicht macht klar, daß Türken und Kurden mit insgesamt rund 34 000 Extremisten die weitaus größte sicherheitsgefährdende Gruppe in Deutschland bilden.

Die Gruppen der türkischen und kurdischen Extremisten umfassen ein breit gefächertes politisches Spektrum. Obgleich ihre Zielsetzungen zum Teil erheblich voneinander abweichen, ist ihnen aber ein Bestreben gemein: das derzeitige politische System in der Türkei zu ändern. Die rechten türkischen »Grauen Wölfe«, auf etwa 7000 Mitglieder in Deutschland geschätzt, wollen beispielsweise ein großtürkisches Reich. Die verbotene revolutionär marxistische Extremistengruppe »Devrimci Sol« (»Revolutionäre Linke«) mit etwa 4000 Mitgliedern in Deutschland strebt einen Staat nach einstigem Moskauer Modell an. Terrorkommandos der »Devrimci Sol« ermordeten fünf aktive bzw. ehemalige türkische Generäle.[11] Zwei islamische türkische Extremistengruppen wiederum, mit 17 000 der mitgliederstärkste Bereich des Ausländerextremismus in Deutschland, kämpfen für ein islamisches System.

Den Deutschen fallen diese muslimischen Extremisten meist durch rührend harmlos erscheinende Bezeichnungen mit angeblich karitativer oder gewerkschaftlicher Zielsetzung in deutscher Sprache auf. Die beiden größten Gruppen türkischer islamischer Radikaler nennen sich »Verband der islamischen Vereine und Gemeinden e. V. Köln« (ICCB) und »Vereinigung der neuen Weltsicht in Europa e. V.« (AMGT). Linksextremisten weisen sich gern als »Arbeitervereine« aus. Die »Türkische Kommunistische Partei/Marxisten-Leninisten« (TKP/M-L) hat ihre Basisorganisation in Deutschland nach Einschätzung des Verfassungsschutzes in der »Konföderation der Arbeiter aus der Türkei in Europa« (ATIK) und in der »Föderation der Arbeiter aus der Türkei in Deutschland e. V.« (ATIF). Ihre kriminellen Aktivitäten sind aktenkundig: Zwei Angehörige der TKP/M-L wurden 1991 wegen Erpressung zu Freiheitsstrafen verurteilt. Sie waren für schuldig befunden worden, von türkischen Geschäftsleuten Geld erpreßt zu haben. Das Bundesamt für Verfassungsschutz sagt in seinem Bericht 1991: [12] Die deutschen Sicherheitsbehörden gehen von einer erheblichen Dunkelziffer vergleichbarer Straftaten aus, da mit hoher Wahrscheinlichkeit viele Geschädigte aus Angst vor Repressalien von Strafanzeigen absähen. Auch daraus ergibt sich, daß die Ausländerkriminalität höher ist als erfaßt.

Abdullah Öcalan leitet die »Arbeiterpartei Kurdistans« PKK (»Partiya Kârkêren Kurdistan«). Sie ist die auch in Deutschland aktivste Kurdenorganisation, eine straff organisierte, trotz der politischen Ereignisse in Osteuropa an den Prinzipien des Marxismus-Leninismus festhaltende Kaderpartei und Terrororganisation. Die PKK beansprucht die uneingeschränkte Führungsrolle im Kampf der Kurden um einen eigenen Staat. Zur Durchsetzung dieses Anspruchs hat die Kaderpartei bereits eine Anzahl von »Abweichlern« aus den eigenen Reihen sowie Repräsentanten konkurrierender kurdischer Organisationen ermordet. Das deutsche Innenministerium stuft die PKK als eine international gesteuerte, konspirativ arbeitende Organisation ein. Sie finanziert sich weitgehend durch Drogenhandel. Eine weitere Geldquelle ist die Schutzgelderpressung. Nach einer Schätzung des Berliner Staatsschutzes vom Juli 1993 wird jeder zweite türkische Geschäftsmann kurdischer Herkunft in Berlin von der PKK erpreßt. Wer nicht zahle, habe mit Anschlägen auf Autos und Läden zu rechnen.[13]

Die PKK-Parole lautet, es gelte, den Feind (die Türken) in seinem eigenen Blut zu ertränken.[14] Die insgesamt 20 Millionen Kurden – ein Volk ohne eigenen Staat – verteilen sich auf die Türkei, Syrien, den Irak, den Iran und die ehemalige Sowjetunion. Etwa 10 Millionen von ihnen sind im Südosten der Türkei konzentriert. In der Bundesrepublik leben etwa 400 000 der rund 500 000 über Europa verstreuten Kurden. 90 Prozent von ihnen stammen aus der Türkei. Der Verfassungsschutzbericht 1991 hielt in einer Fußnote fest: »1992 verschärfte die PKK ihre Drohgebärden gegen die Bundesrepublik Deutschland.«[15]

Das Bundesamt für Verfassungsschutz hat 1991 insgesamt 4750 Mitglieder extremistischer kurdischer Organisationen registriert gegenüber 3450 im Jahr zuvor. Inzwischen wird die Zahl der Mitglieder der PKK auf etwa 3800 und ihre Gesamtstärke in Deutschland einschließlich der unmittelbaren Anhänger auf 5000 bis 6000 geschätzt, die Zahl der Sympathisanten dürfte erheblich höher liegen.

Militante deutsche Rechtsextremisten und fanatisierte oder gar psychisch geschädigte Einzeltäter bringen, häufig nach starkem Alkoholkonsum, mit Brandanschlägen ein ganzes Land in den Ruf der Ausländerfeindlichkeit. Medien im In- und Ausland vermitteln über Fernsehbilder von den Skinheads weltweit den Eindruck, als stehe die Bundesrepublik vor einer neuerlichen Machtergreifung durch braunen Sumpf.

Hält der Eindruck einer nüchternen Betrachtung stand? Laut Verfassungsschutzpräsident Werthebach stehen 6400 deutsche militante Rechtsextremisten, nach seiner Beurteilung »ganz überwiegend äußerst gewalttätige Skinheads«, rund 34 000 türkischen und kurdischen Radikalen gegenüber.[16] Die Skinheads seien weder überregional organisiert noch zentral gelenkt.[17]

Die *Frankfurter Allgemeine Zeitung* kam in ihrer Ausgabe am 3. Juni 1993 unter der Überschrift »Auch so schlimm genug« zu der Einschätzung: Unter den 1,8 Millionen in Deutschland lebenden Türken gebe es eine vergleichsweise bescheidene Zahl von etwa 30 000 Extremisten.[18]

Hier gilt es, die Relationen zurechtzurücken. Man müsse sich die Situation einmal deutlich machen. Da seien 6000 von 80 Millionen Deutschen Skinheads, das heiße 0,0075 oder drei Viertel von einem Zehntel Promille, und die gesamte deutsche veröffentlichte Meinung errege sich, als ob wir kurz vor dem Zusammenbruch des Rechtsstaates stünden. Und da gebe es 35 000 Extremisten von 1,8 Millionen Türken in Deutschland, also immerhin 1,9444 Prozent, das sei der zweihundertfünfzigfache Prozentsatz wie bei den Deutschen, das aber sei »vergleichsweise bescheiden«. Zur besseren Illustration seien die Prozentsätze einmal vertauscht. Den Prozentsatz türkischer Extremisten auf die Deutschen angewandt, ergäbe 1,55 Millionen Skinheads. Den Prozentsatz der Skinheads auf Türken übertragen, ergäbe 135 türkische Extremisten. Das würde er dann allerdings auch als vergleichsweise bescheidene Zahl bezeichnen. Dieses Rechenexempel machte Dr. Götz Baum aus Koblenz in einem Brief an die *Frankfurter Allgemeine Zeitung* vom 15. Juni 1993 auf.[19]

Gerechterweise muß diese polemische Rechnung korrigiert werden. Auf seiten der Deutschen ist zu den gewaltbereiten 6400 Rechtsextremisten annähernd die gleich hohe Zahl gewaltbereiter Linksextremisten zu addieren: insgesamt also rund 12000 gewaltbereite deutsche Radikale gegenüber 34000 türkischen und kurdischen Radikalen. Laut Bundesverfassungsschutz sind insgesamt 42700 Deutsche dem Rechtsextremismus und über 28000 dem Linksextremismus zuzuordnen.

Türken und Kurden – ein Schlaglicht auf die Utopie einer multikulturellen Gesellschaft?

»Die multikulturelle Gesellschaft, möglichst als Staatsziel«, kommentierte nach dem Brandanschlag von Solingen zynisch die *Frankfurter Allgemeine Zeitung*. Noch immer gelte als unverbesserlicher Chauvinist und Kleingeist, wer vor den möglichen Gefahren dieser neuen Utopie warne. Es scheine schon schwer genug zu sein, mit den gegenwärtig herrschenden Verhältnissen zurechtzukommen. Wer die »völkerverbindende Utopie« wolle, werde, so sei zu befürchten, mit dem alltäglichen Völkerhaß leben müssen.[20]

Extremismus und Terrorismus der Türken und Kurden haben einen anderen Gefährdungsgrad für Deutschland als beispielsweise Bombenanschläge der irischen Terrororganisation IRA oder der baskischen ETA. Türken und Kurden verfügen über ein Anhängerpotential in Deutschland von fast zwei Millionen Menschen. Der hessische SPD-Innenminister Herbert Günther warnte vor bürgerkriegsähnlichen Zuständen und sprach sich nach der Spirale der Gewalt, die Solingen folgte, sofort gegen die »ungehinderte Einwanderung, die so nicht weitergehen kann«, aus.[21]

Auch die Serben auf dem Kriegsschauplatz des zerbrochenen Jugoslawiens haben mit Terroranschlägen auf deutschem Boden gedroht. Die rivalisierenden jugoslawischen Volksgruppen bilden in Deutschland ein Potential von über einer Million hier ansässigen Menschen.

Der Journalist Peter Meier-Bergfeld machte am 2. Juli 1993 im *Rheinischen Merkur* auf einen weiteren Aspekt aufmerksam. Im alten Ausländerrecht sei jede politisch abträgliche Betätigung eines Ausländers verboten und habe – je nach dem Interesse Deutschlands – die Ausweisung nach sich ziehen können. Im jetzt geltenden Recht sei jede politische Tätigkeit erlaubt; sie könne – umständlich – beschränkt oder untersagt werden. Überwacht werde das nicht.[22]

Und auf einen weiteren bemerkenswerten Gesichtspunkt verweist Meier-Bergfeld: Im Versammlungsrecht beispielsweise müsse man sich darauf besinnen, daß die politischen Grundrechte der Versammlungs- und Vereinigungsfreiheit (Artikel 8 und 9 Grundgesetz) Deutschen vorbehalten seien. Doch habe sich der Gesetzgeber über den klaren Wortlaut der Verfassung hinweggesetzt und die Ausländer den Deutschen gleichgestellt. Wenn man mit Händen greifen könne, daß das dauernd mißbraucht werde, müsse man dieses Entgegenkommen zurücknehmen.

Anmerkungen

1 Bundeskanzler Helmut Kohl und Ministerpräsident Johannes Rau, Wir müssen verhindern, daß aus Unrecht neues Unrecht entsteht, in: *Frankfurter Allgemeine Zeitung* vom 2. Juni 1993.

2 Der Präsident des Bundesamtes für Verfassungsschutz (BfV), Eckart Werthebach, Uns droht eine dreifache Gewaltspirale, in: *Focus* Nr. 23 vom 7. Juni 1993, S. 22-23.

3 Verfassungsschutzbericht 1991, S. 136.

4 Verfassungsschutzbericht 1991, S. 137.

5 Brutaler Ruf, in: *Der Spiegel* Nr. 24 vom 14. Juni 1993, S. 88.

6 Verfassungsschutzbericht 1991, S. 137.

7 Verfassungsschutzbericht 1991, S. 138.

8 Verfassungsschutzbericht 1991, S. 156.

9 Verfassungsschutzbericht 1991, S. 138.

10 Verfassungsschutzbericht 1991, S. 136.

11 Verfassungsschutzbericht 1991, S. 147.

12 Verfassungsschutzbericht 1991, S. 149.

13 *Die Welt* vom 17. Juli 1993.

14 Verfassungsschutzbericht 1991, S. 145.

15 Verfassungsschutzbericht 1991, S. 144.

16 Werthebach (Anm. 2), S. 23.

17 Werthebach am 2. Juni 1993 im Deutschlandfunk.

18 Auch so schlimm genug, in: *Frankfurter Allgemeine Zeitung* vom 3. Juni 1993, S. 1.

19 Dr. Götz Baum, Leserbrief in: *Frankfurter Allgemeine Zeitung* vom 15. Juni 1993.

20 Türken und Kurden, in: *Frankfurter Allgemeine Zeitung* vom 25. Juni 1993, S. 1.

21 *Frankfurter Allgemeine Zeitung* vom 7. Juni 1993, S. 4.

22 Peter Meier-Bergfeld, Wer kriminell wird, muß gehen, in: *Rheinischer Merkur* vom 2. Juli 1993, S. 1.

8

Medien als Brandstifter

Fernsehmoderator Fritz Pleitgen richtete am 31. Mai 1993, zwei Tage nach dem Brandanschlag von Solingen, bei dem fünf Türkinnen umkamen, in der ARD-Sendung »Im Brennpunkt« folgende Frage an Heiner Geißler:[1] »Wir müssen aber doch bei dieser Gelegenheit auch sagen, wer da Stimmung gemacht hat. Waren es die Medien, waren es die Politiker? Können Sie das offen sagen oder wollen Sie das offen sagen?«

Geißler antwortete: »Das sind natürlich auch die Politiker gewesen. Daß die CDU/CSU und die SPD sich zwei Jahre lang nicht haben einigen können über das Asylrecht, hat ganz sicher zur Verschärfung der Lage beigetragen. Wir haben Leitartikel in den Medien, in der *Frankfurter Allgemeinen Zeitung*, oder seitenlange Berichte von *Welt am Sonntag* jedes Wochenende, subtil bei den großen Blättern und weniger subtil in den anderen Blättern, wo gesagt wird, man kann mit Menschen, die eine andere Kultur haben, nicht zusammenleben, zumindest wird dies in Frage gestellt.«

Das SPD-Mitglied Pleitgen konnte mit der Antwort zufrieden sein.

Am 1. Juni 1993 sprach Jürgen Busche in der *Süddeutschen Zeitung* sein Schuldurteil über die Kollegen: »Hier waren Schreibtischtäter am Werk.«[2]

Und am Abend des 1. Juni erweiterte Pleitgens Gesinnungsfreund Klaus Bednarz in der Fernsehsendung ARD-Tagesthemen den Kreis der vermeintlichen Hintermänner:[3]

»Nicht nur nach jenen gilt es zu suchen, die in Solingen die

Brandsätze warfen, sondern auch nach jenen politischen und publizistischen Biedermännern, die seit Monaten und Jahren die sogenannte Ausländerdebatte angeheizt haben. Im publizistischen Bereich sind es vor allem Hetzblätter der Springer-Presse, aber auch die *FAZ* und der *Spiegel*, die zur Panikmache gegen Ausländer beigetragen haben. Und auf seiten der Politiker seien nur drei Namen stellvertretend für viele genannt: Edmund Stoiber von der CSU, der einst im schönsten Nazideutsch von einer Gefahr der Durchrassung und Durchmischung der deutschen Gesellschaft sprach, sowie Volker Rühe von der CDU und Klaus Wedemeier von der SPD, die als eine der ersten das Ausländerthema zum Wahlkampfthema machten – in der Hoffnung, rechte Wählerstimmen zu gewinnen.«

Einer der Mitherausgeber der beschuldigten *Frankfurter Allgemeinen Zeitung*, Fritz Ullrich Fack, entgegnete am 3. Juni 1993 in einem Kommentar:[4]

»Einer der linken Hofsänger im Ersten Fernsehen beginnt sein Konto nachhaltig zu überziehen: Klaus Bednarz macht neuerdings als ›publizistische Biedermänner‹, die seit Jahren die ›sogenannte Ausländerdebatte‹ anheizen, die ›Hetzblätter der Springer-Presse‹, die *FAZ* und den *Spiegel* aus. Das Wort Schreibtischtäter wird gerade noch vermieden, aber – wie der Jargon zeigt – nur um Haaresbreite. Wer nicht für Bednarz' (und Geißlers) multikulturelle Gesellschaft eintritt, wer vor den Folgen eines Ansturms von Pseudo-Asylanten warnt, wer sich gar erkühnt, die daraus folgenden Gefahren sozialer Konflikte zu überdenken: der bereitet nach dieser Logik den Brandstiftern von Mölln und Solingen geistig den Weg. Einer dieser ›Wegbereiter‹ war übrigens Helmut Schmidt, der 1982 hellsichtig voraussagte, daß man in zehn Jahren vor ›bürgerkriegsähnlichen Zuständen‹ stehen werde, wenn in der Asylfrage nichts unternommen werde. Heute, da die Brandstifter unter uns sind und der soziale Zunder in einer wirtschaftlich bedrängten Lage überall bereitliegt, droht diese fürchterliche Vision Wirklichkeit zu werden. Aber noch immer gibt es Leute, die davor die Augen schließen und lieber nach Hintermännern suchen.«

Der *Spiegel* ging am 7. Juni 1993 in seiner Rubrik »Hausmitteilung« mit Bednarz ins Gericht:[5]

»Eine scheußliche Kumpanei hat er da entdeckt, der Klaus Bednarz vom WDR, am 1. Juni in den ›Tagesthemen‹: ›Hetzblätter der Springer-Presse, aber auch die *FAZ* und der *SPIEGEL*‹ hätten ›zur Panikmache gegen Ausländer beigetragen‹. So sind sie denn allesamt ›publizistische Biedermänner‹ – Leute also, die so tun, als bedrücke sie der grassierende Fremdenhaß, während sie ihn in Wahrheit anheizen. Mithin, man hat es mit den Hintermännern der Brandstifter von Mölln und Solingen zu tun, den ideellen Feuerwerkern, den Schreibtischtätern.

Schlimm wär's, wenn's denn so wäre. Leider hält sich unser TV-Savonarola mit Beleg- und Fundstellen für seine Beschimpfung nicht auf. Und er will jene Wirklichkeit nicht wahrnehmen, die der *Spiegel*, aber nicht nur der *Spiegel*, immer wieder beschrieben hat: daß die Bundesrepublik mehr Fremde aufgenommen hat als jeder der 24 OECD-Staaten, zu denen auch die USA und Kanada gehören; daß die deutschen Kommunen den Andrang nicht mehr bewältigen, daß nicht die Ausländer, sondern erst die vielen Ausländer Angst- und Abwehrgefühle wecken. Ist links, wer das alles nicht sieht?

Angesichts solcher Blindheit wundert es kaum noch, daß Bednarz mögliche Nuancen zwischen der georteten Mischpoke angeblich fremdenfeindlicher Medien gleichfalls nicht wahrnimmt. Oder etwa doch? Ach ja, die einen heißt er ›Hetzblätter‹, den anderen erspart er dieses Prädikat. Da sind die Bieder- und Hintermänner von *FAZ* und *Spiegel* noch einmal davongekommen.«

Es hat also wenig geholfen, daß die *Süddeutsche Zeitung* in München, die Springer-Zeitungen in Hamburg und Berlin mit anderen Medien Hunderttausende zu Lichterketten animierten? Es hat ebensowenig geholfen, daß die Verleger mit Aufklebern ihr »Nein« zum Ausländerhaß verbreiteten?

Aber was sagen die Berichte in den Zeitungen, Magazinen und im Fernsehen aus über Ausländerfeindlichkeit? Wann wird aus Berichterstattung Hetze? Hetzt, wer die Asylproblematik oder Ausländerkriminalität thematisiert? Summiert sich eine Reihe von Tatsachenberichten zu einer Hetzkampagne?

Wer von den Medien will sich gerade nach dem Anschlag von Solingen dem Vorwurf der Ausländerfeindlichkeit aussetzen? Führte schlechtes Gewissen die Feder, als nach Solingen verantwortungsbewußte Medien sich dem Stimmungssog und dem umgehenden Zeitgeist nicht zu entziehen vermochten?

Eine Woche nach Solingen, am 5. Juni 1993 um 14.49 Uhr, verbreitete die Deutsche Presseagentur folgende Meldung:[6]

»Einem Brandanschlag ist in der Nacht zum Samstag eine 32-jährige türkische Frau mit ihren Kindern in Hattingen/Ruhr entkommen. Sie flüchteten aus dem Schlafzimmerfenster im Erdgeschoß. Man könne wohl von einem Mordversuch sprechen, sagte der Leiter der Brandkommission, Helmut Neufeld, der dpa. Staatsanwalt Bernd Schmalhausen berichtete, es gebe noch viele ungeklärte Fragen: So sei die Vorgehensweise des Täters völlig untypisch gewesen . . . In Hattingen . . . verdankt die Familie ihr Leben einem Dreijährigen, der wie seine vier zwei- bis 14jährigen Geschwister geschlafen hatte. Als er auf-

wachte und Rauch roch, weckte er seine Mutter. Sie habe, so die
Polizei, noch ›schemenhaft‹ einen jungen Mann gesehen, den sie
als hellblond mit einem kurzen, modernen Haarschnitt beschrieben habe . . . Der nordrhein-westfälische Ministerpräsident Johannes Rau (SPD) fuhr wie schon beim Solinger Anschlag am
Vormittag zum Tatort, um sich ein Bild zu machen. ›Ich sehe mit
Sorge in die Zukunft angesichts dieses neuen Anschlags‹, sagte
Rau anschließend und warnte vor der Nachahmung solcher Anschläge. Die Bürger müßten sich gegen die Gewalt wehren und
damit schon bei den ›Türkenwitzen‹ beginnen.«

Bundesweit übernahmen die Zeitungen die Meldung und
veröffentlichten sie auf der Seite 1. *Welt am Sonntag* erschien am 6. Juni 1993 mit der vierspaltigen Schlagzeile:
»Rau nach neuen Anschlägen: ›Sehe mit Sorge in die Zukunft‹«.[7] Die *Frankfurter Allgemeine Zeitung* folgte am
7. Juni auf Seite 1 mit dem Hauptartikel »Wieder Anschläge,
schwere Kravalle, friedliche Demonstrationen«. Der *FAZ*-
Bericht hatte drei Spalten.[8]

Am 17. Juni 1993 meldete die *Frankfurter Allgemeine Zeitung* unter der Überschrift »Sechs Brände offenbar von Bewohnern gelegt«:

»Sechs Brände in von Ausländern bewohnten Häusern in
Frankfurt am Main, Soest, Siegburg und Hattingen sind offenbar von Bewohnern selbst gelegt worden. Unter dem Verdacht,
in einem von etwa 30 Ausländern bewohnten Haus im Frankfurter Gallusviertel innerhalb von einer Woche drei Brände vor-
getäuscht zu haben, nahm die Frankfurter Polizei eine 36 Jahre
alte Jordanierin fest. Wie die Polizei mitteilte, bestehe wegen
der ›Gleichartigkeiten in der Tatbegehung‹ sowie der ›örtlichen
und zeitlichen Nähe der Ereignisse‹ der begründete Verdacht,
daß die Frau nicht nur in der Nacht zum Dienstag in ihrer eigenen Wohnung Feuer, sondern auch die Brände vom 7. und
8. Juni im Keller und Treppenhaus gelegt habe. Wegen sechsfa-
chen Totschlags, Körperverletzung und besonders schwerer

Brandstiftung wurde gegen einen 53 Jahre alten Bewohner des Obdachlosenheims in Siegburg Haftbefehl erlassen. Bei dem Feuer in dem Heim waren in der Nacht zum Dienstag sechs Menschen verbrannt, sieben weitere waren verletzt worden. Ein verhafteter 29 Jahre alter Asylbewerber aus Syrien gestand, in dem auch von ihm bewohnten Haus in Soest am 7. Juni Feuer gelegt zu haben. Auch im Fall des Hausbrandes in Hattingen am 5. Juni ist nach Ansicht der Staatsanwaltschaft Essen das Feuer vermutlich von einer im Haus befindlichen Person gelegt worden. Die Brandsätze seien so gelegt worden, daß Fluchtwege offen geblieben seien. Eine Türkin, die im Haus war, als der Brand entdeckt wurde, habe falsche Angaben gemacht.«[9]

Die *Frankfurter Allgemeine Zeitung* plazierte die zweifellos interessante Nachricht auf Seite 2 – einspaltig. Die Tageszeitung *Die Welt* erschien mit derselben Nachricht unter der Überschrift »Brände offenbar von Hausbewohnern gelegt« zweispaltig – auf Seite 3.[10] *Die Welt* wußte aus Hattingen sogar noch zusätzlich zu berichten: »Die Polizei verdächtigt eine Türkin (32), die mit ihrem Mann und fünf Kindern in dem Haus lebte, der Brandstiftung.« Den beiden Blättern war – nach Solingen – die Neuigkeit keinen Platz auf Seite 1 wert.

Als eine der wenigen überregionalen Zeitungen berichtete die linke *tageszeitung* ausführlich dreispaltig. Sei zitierte am 18. Juni 1993 unter der Überschrift »Echte und vorgetäuschte Brandanschläge« die zuständige Essener Staatsanwaltschaft mit Auskünften über den Hattinger Hausbrand:

»Wörtlich heißt es in der Erklärung der Staatsanwaltschaft . . .: ›Die passenden Schlüssel fanden sich an ihren ordnungsgemäßen Plätzen. Die entsprechenden Schlösser wiesen keine Spuren von Fremdeinwirkung auf. Fensterläden, die nach Angaben der Frau Ü. geschlossen gewesen sein sollen, haben tatsächlich offengestanden und sind auch nicht gewaltsam geöffnet worden.‹ Auch die Schilderung der Frau über den vermeintlichen Täter, den sie aus dem Haus fliehend bemerkt haben will, seien ›durch objektive Feststellungen widerlegt‹. So sei das Fenster, durch das der Mann geflüchtet sein soll, beim Eintreffen der Feuerwehr geschlossen gewesen. Die Brandherde seien so angelegt worden, daß eine Behinderung des Fluchtweges ›nahezu ausgeschlossen war‹. Über die möglichen Motive gibt es bisher nur Spekulationen. Einen geplanten Versicherungsbetrug ›sehen wir gar nicht‹, erklärte die Staatsanwaltschaft. Nach dem jetzigen Stand müsse die Türkin mit einer Anklage wegen schwerer Brandstiftung rechnen.«[11]

Am 30. Juni 1993 ließ die *tageszeitung* die türkische Familie und deren Rechtsanwalt zu Wort kommen – nunmehr in einem vierspaltigen Artikel. Eine journalistische Wiedergutmachung? Die Familie bestritt in dem Bericht, das Feuer selbst gelegt zu haben. Ihr Anwalt glaubte, die Staatsanwaltschaft widerlegen zu können.[12]

Offenbar erliegen einzelne Ausländer in der Spekulation auf das Medienecho und die Gewissensängste der Deutschen der angesichts der gespannten Atmosphäre unkalkulierbar gefährlichen Versuchung, Brandanschläge zu verüben und sie dann deutschen Rechtsextremisten in die Schuhe zu schieben.

Ein weiteres Beispiel vom 4. August 1993 aus der Nähe von Köln: Gegen 3.35 Uhr wurde ein Brandanschlag auf das türkische Restaurant »Arafat« in Pulheim verübt. An die Wand des Restaurants waren mit roter Farbe zwei Hakenkreuze gesprüht. Deshalb vermutete die Polizei zunächst Rechtsextremisten hinter dem Attentat. Später wurde jedoch der 20jährige Sohn des türkischen Restaurantbesitzers festgenommen. Er legte nach Angaben der Polizei ein Geständnis ab, in der Gaststätte Benzin ausgeschüttet und mit einer

Lunte angezündet zu haben. Er habe die Hakenkreuze an die Wand geschmiert, um die Ermittler auf die falsche Fährte zu führen. So war der Vorgang den meisten Zeitungen kein Platz auf der Titelseite, sondern nur im Innern wert. Das *Hamburger Abendblatt* begnügte sich mit einer einspaltigen Meldung von 14 Zeilen auf Seite 4,[13] die *Frankfurter Allgemeine Zeitung* mit einer einspaltigen Meldung von 25 Zeilen auf Seite 2,[14] *Die Welt* brachte immerhin 36 Zeilen zweispaltig auf Seite 2.[15]

Für ihre publizistische Arbeit hat sich die deutsche Presse durch den Deutschen Presserat in Zusammenarbeit mit den Presseverbänden Grundsätze gegeben, die als »Pressekodex« bezeichnet werden. Die Ziffer 12 des Pressekodex regelt: »Niemand darf wegen seines Geschlechts, seiner Zugehörigkeit zu einer rassischen, ethnischen, religiösen, sozialen oder nationalen Gruppe diskriminiert werden.« Als Richtlinie 12.1 (Berichterstattung über Straftaten) ist festgelegt: »In der Berichterstattung über Straftaten wird die Zugehörigkeit der Verdächtigen oder Täter zu religiösen, ethnischen oder anderen Minderheiten nur dann erwähnt, wenn diese Information für das Verständnis der berichteten Vorgänge von Bedeutung ist.« Die Grundsätze dienen der Wahrung der Berufsethik; sie sind aber nicht rechtlich zwingend. Diese Art freiwilliger Selbstkontrolle läßt natürlich Spielraum für das Ermessen jeder Zeitungsredaktion. Jedermann ist berechtigt, sich beim Deutschen Presserat über Veröffentlichungen oder Vorgänge in der deutschen Presse zu beschweren. Der Rat kann drei unterschiedlich strenge Maßregelungen aussprechen: eine Rüge, eine Mißbilligung oder einen Hinweis.

Der Sinti-Präsident Romani Rose übergab 1990 dem Presserat 400 Zeitungsberichte, in denen die Begriffe Sinti und Roma, Zigeuner und Landfahrer in diskriminierender Weise verwendet worden seien. »Gerade mal 26« Beschwerden seien begründet gewesen, erwiderte Presseratssprecher Heinrich Werner. Rose widersprach dem: 104 Artikel seien gerügt, mißbilligt oder beanstandet worden. 1991 habe er erneut 160 Texte vorgelegt. Eine Stellungnahme des Presserates sei bis Anfang August 1993 nicht erfolgt.[16]

Ein Beispiel für einen Fall, wie sie dem Presserat vorgelegt werden, ist dieser Zeitungsbericht aus dem Jahre 1990: »Eine Boulevardzeitung berichtet über die Festnahme eines ›Zigeuners‹, der unter dringendem Mordverdacht steht. Die Zeitung stellt fest: ›Der Mord . . . ist aufgeklärt!‹ Die Überschrift teilt mit: ›Mord an Rentnerin: Zigeuner verhaftet‹.« Die Entscheidung des Presserates lautete: »Die Überschrift hätte nach Ansicht des Deutschen Presserates neutraler formuliert werden müssen. In dieser Form schürte sie Vorurteile gegen eine Bevölkerungsgruppe und verstößt gegen Ziffer 12 des Pressekodex. Die Zeitung erhält einen entsprechenden Hinweis.«[17]

Aber wie schwer wiegt andererseits die Schuld mancher Medien, das Problem Ausländerkriminalität so lange verharmlost und ignoriert zu haben, bis es zu einer Krise im Land beigetragen hat?

Wenn es um ein gesellschaftspolitisches und strafrechtliches Problem wie die Ausländerkriminalität geht, hüllt sich ein bemerkenswerter Teil der Medien in Schweigen oder sieht seine Aufgabe darin, das Problem zu verharmlosen. Als Beispiele seien genannt: Die *Frankfurter Rundschau* amüsierte sich am 21. Oktober 1988 über die Kriminalstatistik und den Anteil der Ausländer unter der Schlagzeile »Jährliches Zahlenlotto von eingeschränktem Wert«.[18] Der *Stern* gab am 31. Oktober 1991 voreilig Entwarnung mit der

Überschrift »Ende eines Vorurteils – Die Stuttgarter Krimi-
nologin Monika Traulsen dokumentiert, daß Asylbewerber
durchaus nicht, wie viele Bundesbürger vermuten, krimineller-
ler sind als Deutsche.«[19] Die *Berliner Zeitung* schürte am
16. September 1992 den Argwohn: »Kriminalität: Zahlen
lassen sich manipulieren – Ausländer werden anders als
Deutsche behandelt.«[20] Und die Wochenzeitung *Die Zeit*
beschuldigte am 19. Juni 1992 die deutschen Behörden:
»Der Ausländer als Verbrecher – Bund und Länder verstärken mit der Polizeilichen Kriminalstatistik die Fremdenfeindlichkeit.«[21]

Anmerkungen

1 Heiner Geißler, Stellvertretender Vorsitzender der CDU/ CSU-Bundestagsfraktion, laut Niederschrift des Fernseh-/ Hörfunkspiegels I der Nachrichtenabteilung des Bundespresseamtes (BPA), Ref. II A 5, vom 1. Juni 1993.

2 Patrick Bahners, Solingen – Und das Ende der Symbole, in: *Frankfurter Allgemeine Zeitung* vom 4. Juni 1993, S. 33.

3 Aus: Wer eigentlich schuld ist, in: *Frankfurter Allgemeine Zeitung* vom 3. Juni 1993, S. 2.

4 Fritz Ullrich Fack, Bednarz' Logik, in: *Frankfurter Allgemeine Zeitung* vom 3. Juni 1993, S. 12.

5 *Der Spiegel* vom 7. Juni 1993, S. 3.

6 dpa-Meldung vom 5. Juni 1993.

7 Rau nach neuen Anschlägen: Sehe mit Sorge in die Zukunft, in: *Welt am Sonntag* vom 6. Juni 1993, S. 1.

8 Wieder Anschläge, schwere Krawalle, friedliche Demonstrationen, in: *Frankfurter Allgemeine Zeitung* vom 7. Juni 1993, S. 1.

9 Sechs Brände offenbar von Bewohnern gelegt, in: *Frankfurter Allgemeine Zeitung* vom 17. Juni 1993, S. 2.

10 Brände offenbar von Hausbewohnern gelegt, in: *Die Welt* vom 17. Juni 1993, S. 3.

11 Walter Jakobs, Echte und vorgetäuschte Brandanschläge, in: *tageszeitung* vom 18. Juni 1993.

12 Walter Jakobs, Ganz eklatante Widersprüche, in: *tageszeitung* vom 30. Juni 1993.

13 Bruder legte Feuer, in: *Hamburger Abendblatt* vom 5. August 1993, S. 4.

14 Türke gesteht Brandanschlag auf Restaurant seines Vaters, in: *Frankfurter Allgemeine Zeitung* vom 6. August 1993, S. 2.

15 Hakenkreuze als Täuschung: Türke gesteht Brandanschlag, in: *Die Welt* vom 5. August 1993, S. 2.

16 Spiegel-Streitgespräch, Greifen Sie endlich ein, in: *Der Spiegel* Nr. 32 vom 9. August 1993, S. 59 f.

17 Spruchpraxis zu Ziffer 12 Pressekodex (Diskriminierung wegen Zugehörigkeit zu einer rassischen, ethnischen oder sozialen Gruppe) 1988-1991, Deutscher Presserat, Bonn.
18 Jährliches Zahlenlotto von eingeschränktem Wert, in: *Frankfurter Rundschau* vom 21. Oktober 1988.
19 Ende eines Vorurteils, in: *Stern* vom 31. Oktober 1991.
20 Kriminalität: Zahlen lassen sich manipulieren – Ausländer werden anders als Deutsche behandelt, in: *Berliner Zeitung* vom
16. September 1992.
21 Der Ausländer als Verbrecher – Bund und Länder verstärken
mit der Polizeilichen Kriminalstatistik die Fremdenfeindlichkeit, in: *Die Zeit* vom 19. Juni 1992.

9

Was ist zu tun?

Ist ein Ende der hohen Ausländerkriminalität abzusehen? Eine Voraussetzung für das wäre, daß der Zustrom nach Deutschland nachließe. Aber der Druck durch weltweite Völkerwanderungen wird sich zunächst noch verschärfen. In einem Weltbevölkerungsbericht des UNO-Bevölkerungsfonds UNFPA, der im Juli 1993 in Bonn vorgestellt wurde, wird die Zahl der Migranten weltweit auf rund 100 Millionen geschätzt. 17 Millionen Kriegsflüchtlinge, Asylbewerber und politisch Verfolgte befänden sich im Ausland.[1]

Der zähe, für den Bürger undurchschaubare und deshalb viele ängstigende europäische Einigungsprozeß gibt auf diese Probleme keine Antwort. Deutschland nimmt mehr als 70 Prozent aller Asylsuchenden in der Europäischen Gemeinschaft (EG) auf. In der Bundesrepublik leben etwa 1,5 Millionen Flüchtlinge, darunter 100 000 Asylberechtigte und 130 000 Angehörige. Hinzukommen 640 000 ehemalige Asylbewerber, deren Anträge abgelehnt, die aber nicht abgeschoben werden, und 600 000, deren Anträge noch nicht rechtskräftig entschieden wurden (Stand: Juni 1993).[2]

Asylbewerber und Flüchtlinge treffen auf in Deutschland gemeldete Ausländer, die sich zu Hunderttausenden in den deutschen Metropolen, den Zentren der Kriminalität, konzentrieren. Von den Mitarbeitern der Beauftragten der Bundesregierung für die Belange der Ausländer wurden im Juli 1993 die Zahlen für die Städte mit den meisten gemeldeten Ausländern verbreitet: in Berlin (West) 312 200, in München 259 000, in Hamburg 194 500, in Köln 159 400, in Frankfurt

150 900, in Stuttgart 115 600. Das war allerdings der Stand vom 30. September 1990.[3] Seitdem ist die Zahl der in den Städten gemeldeten Ausländer weiter gestiegen. In Hamburg sind es bis Ende 1992 bereits rund 60 000 Ausländer mehr geworden: laut Statistischem Landesamt 256 368. Das bedeute einen Anteil von 15 Prozent der Gesamtbevölkerung; in der Hamburger City erreiche er 27 Prozent.[4] In München liegt der Anteil der gemeldeten Ausländer bei 19 Prozent.[5] Gewaltig ist das Dunkelfeld. In Frankfurt beispielsweise dürften sich zu den legal dort lebenden Ausländern zusätzlich noch mindestens 50 000 Ausländer unangemeldet aufhalten.

Die Ausländerbeauftragte der Bundesregierung gab auch eine Rangliste der Städte mit der größten Ausländerdichte (Ausländer auf 1000 Einwohner) heraus. Die Tabelle zeigt, daß mittlere Großstädte ebenfalls stark belastet sind: 1.) Offenbach 235 (Ausländer auf 1000 Einwohner), 2.) Frankfurt 234, 3.) München 210, 4.) Stuttgart 200, 5.) Mannheim 174, 6.) Köln 167, 7.) Düsseldorf 158, 8.) Ludwigshafen 153, 9.) Remscheid 151, 10.) Duisburg 147, 11.) Berlin (West) 145, 12.) Heilbronn 142, 13.) Ulm 137.[6]

»Deutschland hat seit langem den einzigen sicheren staats- und völkerrechtlichen Grundatz der uneingeschränkten Territorialhoheit verlassen, nach dem allein der Staat bestimmt, wer sich wann und wie lange in seinen Grenzen aufhalten darf«, stellte Peter Meier-Bergfeld am 2. Juli 1993 im *Rheinischen Merkur* fest.[7]

Niemand hat den Verfechtern der multikulturellen Gesellschaft wie dem CDU-Politiker Heiner Geißler bisher unerbittlicher widersprochen als Helmut Schmidt. »Ich bin dagegen, das Ruder um 180 Grad herumzureißen«, sagte der

Ex-Kanzler am 12. September 1992 in einem Interview mit der *Frankfurter Rundschau*.[8] »Aber die Vorstellung, wie sie etwa Heiner Geißler jahrelang verbreitet hat, daß wir mehrere Kulturen nebeneinander haben könnten, habe ich immer für absurd gehalten. Sie ist idealistisch, aber völlig jenseits dessen, was die Gesellschaft bereit ist zu akzeptieren. Da wir in einer Demokratie leben, müssen wir uns auch ein bißchen, bitte sehr, nach dem richten, was die Gesellschaft will, und nicht nur nach dem, was sich Professoren ausgedacht haben.«

Helmut Schmidt gibt eine Begründung mit Rückblick auf die europäische und deutsche Geschichte: Die Vorstellung, daß eine moderne Gesellschaft in der Lage sein müßte, sich als multikulturelle Gesellschaft zu etablieren, mit möglichst vielen kulturellen Gruppen, halte er für abwegig. Man könne aus Deutschland mit immerhin einer tausendjährigen Geschichte nicht nachträglich einen Schmelztiegel machen. Dieser Teil Europas sei in der Historie ein Schmelztiegel gewesen, Frankreich ebenso wie Italien. Aber das sei vorbei. Weder aus Frankreich, noch aus England, noch aus Deutschland dürfte man Einwanderungsländer machen. Das ertrüge diese Gesellschaft nicht. Wenn es irgendwo Ärger gebe zum Beispiel über de facto 40 Prozent Arbeitslosigkeit in den östlichen Bundesländern, breche sich die Frustration Bahn und ende in Gewalt.

Durch den Zustrom nach Deutschland gibt die Entwicklung der Ausländerkriminalität auch in Zukunft Anlaß zur Besorgnis. Im Zuge des europäischen Einigungsprozesses und als Folge der Wiedervereinigung sowie des politischen Umbruchs in Osteuropa ist Deutschland aus einer Randlage in den Mittelpunkt Europas gerückt. »Prognosen aus berufenem Munde bestätigen die Befürchtung: Deutschland hat

angesichts dieser Entwicklung alle Chancen, zu einer Hoch-
burg des Verbrechens in Europa zu werden«, sagte der damalige bayerische Innenminister und heutige bayerische Ministerpräsident Edmund Stoiber am 14. Dezember 1992 auf
einem Empfang für die Bayerische Polizei in München.[9]

Was bieten Politiker als Lösung des Kriminalitätspro-
blems an?

Die Innenminister einiger Bundesländer wie Baden-Württemberg und Bremen, Schleswig-Holstein und Bayern sehen
einen Ansatzpunkt, gegen die Ausländerkriminalität anzu-
kommen – mit Hilfe von Ausländern. Sie haben sich entschlossen, Ausländer – auch ohne deutschen Paß – als Polizisten einzustellen. Der erste Einstellungstermin ist der
Herbst 1993.[10] Ausländische Polizisten kennen, so das Kal-
kül der Politiker, die Sprache und Mentalität, die Gewohn-
heiten und die Tricks ihrer Landsleute. Dieses Wissen
könnte Aufklärungsarbeit und Konfliktlösung erleichtern.
Die Berliner SPD-Justizsenatorin Jutta Limbach fordert:
»Türken sollten auch Richter und Staatsanwälte werden
können« – in Deutschland.[11]

Der Autor Peter Scherer plädiert in seinem Buch »Das
Netz – Organisiertes Verbrechen in Deutschland«[12] für das
Abhören von mutmaßlichen Schwerkriminellen auch in
Wohnungen und für den Einsatz verdeckter Ermittler mit
erweiterten Kompetenzen. »Die notwendige Grundgesetz-
änderung, durch die das Abhören und Aufzeichnen des nicht
öffentlich gesprochenen Wortes in Wohnungen zur Verfolgung von Straftaten mit erheblicher Bedeutung zugelassen
werden müßte, steht nach Meinung von BKA-Chef Zachert
durchaus im Einklang mit dem allgemeinen Persönlichkeitsrecht«, schreibt Scherer. Trotz des Drängens von Fachleuten
der Praxis wie Zachert lehnte Bundesjustizministerin Sabine

Leutheusser-Schnarrenberger im August 1993 im Wahlkampf zur Hamburger Bürgerschaft nachdrücklich jegliche Regelung ab, die das Abhören in und aus Wohnungen zum Zweck der Strafverfolgung sanktioniert.[13] Die Parteifreundin der FDP-Ministerin, Gisela Wild, FDP-Spitzenkandidatin bei der Hamburger Wahl 1993, gab in derselben Woche den Bürgern ernsthaft einen Ratschlag zur Selbsthilfe beispielsweise gegen Straßenräuber: »Wir müssen den Täter verfolgen und ihm die Tasche wieder abnehmen.«[14]

Deutschland befindet sich bereits mitten im Strudel der importierten Kriminalität, der Anschläge auf Ausländer und der kriegerischen Auseinandersetzungen extremistischer rivalisierender Ausländergruppen. 1992 kamen nach Angaben des Bundesamtes für Verfassungsschutz bei Übergriffen auf Ausländer in Deutschland 15 Menschen ums Leben; in den ersten sechs Monaten des Jahres 1993 waren es bereits neun Menschen. Die ausländerfeindlichen Straftaten vermehrten sich von 2400 im Jahr 1991 auf 6300 im Jahr 1992.[15]

»Wann immer in der Ausländerfrage schwer oder gar nicht zu lösende Probleme auf dem Tisch liegen, wird man nach einem Wundermittel suchen. Die Parole heißt: ›Doppelte Staatsbürgerschaft‹.« So schrieb *Spiegel*-Herausgeber Rudolf Augstein am 7. Juni 1993 in einem Kommentar unter dem Titel »Heilmittel ›Doppelbürger‹?«[16]

Die SPD-Bundestagsabgeordnete Herta Däubler-Gmelin und die FDP-Bundesjustizministerin Sabine Leutheusser-Schnarrenberger sind bereits an Gesetzesentwürfen mit der Möglichkeit einer doppelten Staatsbürgerschaft beteiligt. Die FDP-Bundestagsabgeordnete und Beauftragte der Bundesregierung für die Belange der Ausländer, Cornelia Schmalz-Jacobsen, gleichfalls Verfechterin einer Doppelstaatsbürgerschaft, sagte, die SPD und FDP seien in dieser Frage sehr nahe.[17]

Der Präsident des Bundesverfassungsgerichts, Roman Herzog, einst CDU-Innenminister in Baden-Württemberg, machte im Zusammenhang mit der doppelten Staatsbürgerschaft auf die Auswirkungen für die Statistik aufmerksam. Jugendliche Ausländer seien ja nur noch formal Ausländer. Sie seien hier geboren, aufgewachsen, vollständig integriert und sprächen fließend deutsch wie wir auch. Es sei ein Unding, daß sie als Ausländer in den Ausländerstatistiken auftauchten.[18]

Wäre auch nur einer der türkischen Frauen in Mölln und Solingen die Brandanschläge erspart geblieben, wenn sie einen deutschen Paß in der Tasche gehabt hätten? Es stellt sich die Frage, ob so wirklich eine Integration erreicht – oder lediglich einer Manipulation der Bevölkerungs- und der Kriminalitätsstatistiken Vorschub geleistet wird.

Das bisher geltende deutsche Verbot doppelter Staatsbürgerschaften wird bereits großzügig gehandhabt: Seit 1991 sind nach Angaben des damaligen Bundesinnenministers Rudolf Seiters bei 27 295 sogenannten Ermessenseinbürgerungen 6700 unter der Hinnahme einer Mehrstaatigkeit ausgesprochen worden.[19] »Derweil erleichtern wir den Rechtsanspruch auf Einbürgerung. Rudimentäre Deutschkenntnisse werden noch erwartet, ›Unbescholtenheit‹ wird nicht mehr verlangt«, stellt Peter Meier-Bergfeld fest. »Wenn erst alle türkischen Kurden und alle kurdischen Türken Deutsche geworden sind, haben wir wieder ein Problem gelöst.«[20]

Das Bundesland Bayern hat sich mit Erfolg dafür stark gemacht, daß die Kontrollen an den Binnengrenzen der EG-Vertragsstaaten nicht wie nach dem Schengener Abkommen geplant zum 1. Januar 1993 weggefallen sind. Erst müsse noch ein grenzüberschreitendes Informations- und Fahndungssystem sowie die Möglichkeit der Verfolgung von Schwerstverbrechern über Grenzen hinweg geschaffen werden. Der Wegfall der Grenzkontrollen werde ohne Zweifel das Entdeckungs- und Festnahmerisiko für Straftäter vermindern, Mobilität und Aktionsfeld internationaler Krimineller würden sich erweitern, gerade die professionellen Schwerkriminellen und das organisierte Verbrechen würden dies planvoll zu nutzen versuchen, sagte 1992 der damalige bayerische Innenminister Edmund Stoiber.[21]

Im Innern will Bayern gegen die Kriminalität eine sogenannte Sicherheitswacht einführen. Eine solche 25 Mann starke Sicherheitswacht soll zunächst in Nürnberg, Ingolstadt und Deggendorf voraussichtlich ab Frühjahr 1994 für sechs Monate erprobt werden. Das bayerische Kabinett verabschiedete am 6. Juli 1993 den Entwurf eines entsprechenden Erprobungsgesetzes. Damit werde, so Stoibers Nachfolger als bayerischer Innenminister, Günther Beckstein, in der Bundesrepublik Neuland betreten.[22] Örtliche Polizeidienststellen sollen Bürger auswählen, die in Wohnsiedlungen und öffentlichen Anlagen, in Parkhäusern und vor Ausländerunterkünften ehrenamtlich Streife gehen und der Polizei bei der Vorbeugung von Straftaten helfen sollen.

Kriminalität, auch die Ausländerkriminalität, läßt sich mit polizeilichen Mitteln allein nicht abbauen. Kriminalität hat ihre Ursachen in komplexen Wirkzusammenhängen. Sie verwirklicht sich in Interaktionsprozessen und ist deshalb immer auch ein Symptom für dahinterliegende individuell-psychosoziale, aber auch soziale und sozialstrukturelle Besonderheiten, Störungen und Probleme. Wesentliche Erfolge im Kampf gegen diese Symptome können daher nur durch gesamtgesellschaftliche Anstrengungen erreicht wer-

den, die soziale Strukturen, Erziehungsarbeit und Moral-
ordnung umfassen. Dazu gehören auch polizeiliche und
strafrechtliche Mittel.[23]

Bürger und Sicherheitsorgane in Deutschland müssen in
einer sich wandelnden Welt gerüstet sein gegen Massenkri-
minalität und Organisierte Kriminalität. In einer wuchern-
den multikriminellen Gesellschaft kann ein Volk nicht friedlich leben und auf Dauer auch nicht bestehen.

Also – was tun? Ein »Patentrezept«, um das Problem der
steigenden Kriminalität in den Griff zu bekommen, gibt es
sicher nicht. Aber die erste Voraussetzung für eine Problem-
lösung ist immer die Erkenntnis. An die Stelle von Verdrängung und Verharmlosung müssen Aufklärung und Information treten, das Problembewußtsein muß geschärft werden.

Bei allen Überlegungen ist es wichtig, daß ein Problem wie
das der Ausländerkriminalität nicht zur politischen Agitation
benutzt werden darf. Gerade diejenigen, die sich gegen die
Verdrängung und Verharmlosung wenden, müssen sich umgekehrt entschieden gegen die Instrumentalisierung dieses
Fragekomplexes durch rechte Extremisten wenden. Ihnen
geht es nicht um eine Lösung des Problems, sondern darum,
Emotionen zu schüren.

Diejenigen, die die Ausländerkriminalität verharmlosen
und ignorieren, arbeiten – ohne es zu wollen – den rechten
Extremisten in die Hände, die für jedes Thema dankbar sind,
das von Demokraten nicht erkannt wird. Wer meint, mit statistischen Manipulationen oder durch Totschweigen einer
der größten Herausforderungen für unseren Rechtsstaat begegnen zu können, handelt verantwortungslos. Wer sich
mehr Gedanken darüber macht, wie die Bürger vor dem
Rechtsstaat zu schützen sind, als darüber, wie die Bürger vor
der Organisierten Kriminalität geschützt werden können,

handelt ebenfalls verantwortungslos. Der Schutz der Schwachen und Wehrlosen war immer eine zentrale Aufgabe des demokratischen Rechtsstaates. Bedenkt man, daß die Opfer der Ausländerkriminalität in vielen Fällen Ausländer sind, dann wird einmal mehr deutlich, wie fahrlässig jene handeln, die die Diskussion darüber tabuisieren wollen.

1 Meldung der Nachrichtenagentur Associated Press (AP) vom 5. Juli 1993.

2 *Die Welt* vom 21. Juni 1993.

3 Ausländer-Daten – Kurzübersicht vom 10. März 1993, herausgegeben von der Beauftragten der Bundesregierung für die Belange der Ausländer, Bonn 1993.

4 *Hamburger Abendblatt* vom 8. Juni 1993, S. 16.

5 Georg Kronawitter, Strukturen zerfallen, in: *Der Spiegel* Nr. 15 vom 12. April 1993, S. 50.

6 Ausländerbeauftragte (Anm. 3).

7 Peter Meier-Bergfeld, Wer kriminell wird, muß gehen, in: *Rheinischer Merkur* vom 2. Juli 1993, S. 1.

8 Interview mit dem ehemaligen Bundeskanzler Helmut Schmidt (SPD), Immer nur von Geld zu reden, ist oberflächlich, in: *Frankfurter Rundschau* vom 12. September 1992, S. 8.

9 Rede laut Manuskript des damaligen bayerischen Staatsministers des Innern, Dr. Edmund Stoiber, bei einem Weihnachtsempfang für die Bayerische Polizei am 14. Dezember 1992 in München.

10 Festnahme, Durchsuchung – Ausländer werden jetzt Polizisten in Deutschland, in: *Welt am Sonntag* vom 4. Juli 1993, S. 24.

11 Jutta Limbach, SPD-Justizsenatorin von Berlin, Türken sollen Richter werden, Interview in: *Der Spiegel* Nr. 29 vom 19. Juli 1993, S. 31.

12 Peter Scherer, Das Netz – Organisiertes Verbrechen in Deutschland, Verlag Ullstein, Frankfurt am Main/Berlin, 1993, S. 187.

13 Justizministerin lehnt Lauschangriff erneut ab, in: *Die Welt* vom 19. August 1993, Hamburg-Ausgabe, S. H1.

14 Gisela Wild: Verbrecher auch mal selbst verfolgen, in: *Hamburger Abendblatt* vom 20. August 1993, S. 10.

15 Beatrice von Weizsäcker, Die Fremden sind nicht die Ursache der Gewalt, in: *Tagesspiegel* Berlin vom 20. Juni 1993, S. 4.

16 Rudolf Augstein, Heilmittel »Doppelbürger«?, in: *Der Spiegel* Nr. 23 vom 7. Juni 1993, S. 18.

17 *Frankfurter Allgemeine Zeitung* vom 30. April 1993, S. 5.

18 Roman Herzog, Es gibt einen großen Nachholbedarf, Interview in: *Süddeutsche Zeitung* vom 30. März 1993, S. 6.

19 *Frankfurter Allgemeine Zeitung* (Anm. 17).

20 Meier-Bergfeld (Anm. 7).

21 Verlautbarung des Bayerischen Staatsministeriums des Innern Nr. 502/92 vom 15. Oktober 1992 zu einer Rede des damaligen bayerischen Innenministers Dr. Edmund Stoiber auf einer Fachtagung des Presse- und Informationsamtes der Bundesregierung »Bekämpfung der Organisierten Kriminalität« in Bonn.

22 Nachrichtenagentur *AP vom 6. Juli 1993.*

23 Öffentliche Sicherheit und Lage der Polizei in Bayern, Drucksache 12/6197 der bayerischen Staatsregierung.

Anhang

Bezeichnung von Sinti und Roma durch die Polizei

RdErl. d. Innenministers v. 10. 3. 1986 –
IV A 4 – 6590

Das Grundgesetz und die Konvention zum Schutze der Menschenrechte und Grundfreiheiten verbieten es, Personen aufgrund ihrer Rasse oder Abstammung zu benachteiligen. Auch besondere Lebensweisen bestimmter Personengruppen dürfen nicht zu Benachteiligungen führen. So hat sich das Ministerkomitee des Europarates wiederholt dafür ausgesprochen, jeder Form der Diskriminierung von Landfahrern Einhalt zu gebieten und Vorurteilen entgegenzutreten, die die Grundlage diskriminierender Einstellungen und Verhaltensweisen gegenüber Landfahrern, insbesondere gegenüber Sinti und Roma, bilden. Der Zentralrat der deutschen Sinti und Roma, der eine Bevölkerungsgruppe vertritt, die während der NS-Diktatur schwerstes Unrecht erleiden mußte, hat außerdem darauf hingewiesen, daß die Mehrheit der deutschen Sinti einen festen Wohnsitz habe und erwerbstätig sei.

Da Angaben über die Volkszugehörigkeit von Personen die einer Straftat verdächtig sind, Diskriminierungen darstellen können, die Vorurteile verstärken oder wecken, bitte ich, die Bezeichnung von tatverdächtigen Sinti oder Roma als Zigeuner, den Hinweis bei solchen Tatverdächtigen auf ihre Zugehörigkeit zu den Sinti oder Roma sowie deren Kennzeichnung als Landfahrer zu unterlassen. Das gilt auch bei Mitteilungen gegenüber Dritten einschließlich der Presse.

Die Pflicht, Anzeigen und Vernehmungen authentisch zu protokollieren, bleibt hiervon unberührt.

DER INNENMINISTER DES LANDES NORDRHEIN-WESTFALEN

OFFENER BRIEF

Haroldstrasse 3
Telefon (0211) 8711
4000 DÜSSELDORF, den 21. 6. 1993

An den
Stellvertretenden Vorsitzenden
der CDU/CSU-Fraktion im
Deutschen Bundestag
Herrn Dr. Heiner Geißler MdB
Bundeshaus

5300 Bonn

Sehr geehrter Herr Dr. Geißler,

vor einigen Tagen entnahm ich einer deutschen Sonntagszeitung Ihre an mich gerichtete Aufforderung, mit der Unterscheidung in den polizeilichen Kriminalitätsstatistiken nach deutschen und ausländischen Tatverdächtigen nun endlich aufzuhören. Damit diese Aufforderung und die damit verbundene Aussage, ich sei – eine Woche nach dem Brandanschlag von Solingen – die Antwort schuldig geblieben, nicht im Raum stehen bleibt, erlaube ich mir, Ihnen öffentlich zu antworten.

259

Wir sind uns darin einig, daß die Unterscheidung nach deutschen und ausländischen Tatverdächtigen wenig sinnvoll ist. Sie verschweigt die nach Alter und Geschlecht unterschiedliche Zusammensetzung der deutschen und der ausländischen Bevölkerung, differenziert nicht nach den sozialen Lebensumständen und verfälscht zudem die Statistik dadurch, daß sie die von ausländischen Touristen und Angehörigen der Stationierungsstreitkräfte begangenen Straftaten den hier lebenden Ausländern zurechnet. Deshalb bin ich – um es mit Ihren Worten zu sagen – mit Ihnen der Meinung, daß diese »statistischen Lügen (...) nur dazu dienen, den Rechtsextremisten Futter zu geben«.

Wie dieses »Futter« verwertet wird, ist zu meinem großen Bedauern fast täglich nachzulesen:

Da wird zunächst so getan, als behandele die Polizei »diese Zahlen fast wie Staatsgeheimnisse«[1] – dies macht neugierig und erhöht die Spannung! Dann wird behauptet, »der Anstieg der Kriminalität seit 1988 (sei) keinesfalls ›hausgemacht‹ (...), sondern (...) gleichsam mit dem Zustrom von Ausländern ›importiert‹«.[2] Hier lägen »mit die Ursachen für Fremdenhaß«.[3] Nun ist es nur noch ein kleiner Schritt hin zu der Feststellung, daß »ein Grund für die teilweise Zustimmung auch rechtstreuer Bürger zu Gewalttaten (gegen Ausländer) im unverhohlenen Unmut über den massenhaften skandalösen Mißbrauch des Asylrechts liegt«.[4]

Dies ist ein ganz typisches Argumentationsmuster: Ausländer bringen die Kriminalität nach Deutschland und sollten deswegen eigentlich gar nicht erst einreisen. Tun sie dies aber doch und verhindert dies die Politik nicht, ist Gewalt zwar noch nicht gerechtfertigt, aber man darf ihr Beifall zollen, ohne daß man den Claqueuren gleich mangelnde Rechtstreue attestieren muß.

Solchen und ähnlichen Schlußfolgerungen muß man widersprechen, wo immer es geht, und ich freue mich sehr darüber, daß Sie diese Ansicht teilen. Ich werde deshalb gern bei der nächsten Konferenz der Innenminister und -senatoren (IMK) im November die Problematik im Sinne unseres gemeinsamen Anliegens zur Sprache bringen. Dabei vertraue ich darauf, daß es Ihnen mit der Autorität Ihrer Person und Ihres Amtes gelingen wird, meine Innenminister-Kollegen in CDU/CSU-regierten Ländern schon im Vorfeld dieser Konferenz von der Richtigkeit unseres Vorhabens zu überzeugen.

Mit freundlichen Grüßen
(Dr. Herbert Schnoor)

(1) Heinz Paus, innenpolitischer Sprecher der CDU-Landtagsfraktion Nordrhein-Westfalen, in einer Plenardebatte am 16. September 1992

(2) Dr. Helmut Linssen, Vorsitzender der CDU-Landtagsfraktion Nordrhein-Westfalen, ausweislich seines Sprechzettels in einer Pressekonferenz am 23. März 1993.

(3) Dr. Helmut Linssen, Vorsitzender der CDU-Landtagsfraktion Nordrhein-Westfalen, in der anschließenden Plenardebatte am 24. März 1993

(4) Beschlußvorschlag der CDU/CSU-regierten Länder zur Innenministerkonferenz (IMK) am 9. Oktober 1992 in Bonn

LANDTAG NORDRHEIN-WESTFALEN   Drucksache 11/5628
11. Wahlperiode

15. 6.1993

Antrag

der Fraktion DIE GRÜNEN

Merkmal »Ausländer« aus Kriminalstatistik entfernen

Der Landtag fordert die Landesregierung auf, das Landeskriminalamt und das Landesamt für Datenverarbeitung und Statistik anzuweisen, bei der jährlich erstellten »Polizeilichen Kriminalstatistik« und bei der »Verurteiltenstatistik« auf das Merkmal »nichtdeutsche Tatverdächtige« bzw. »Ausländer« zu verzichten.

Begründung
Das statistische Merkmal »Ausländer« ist diskriminierend, sachfremd und fördert die Stimmungsmache gegen unsere ausländischen Mitbürger/innen.

Folgt man der polizeilichen Kriminal- und der Verurteiltenstatistik, so kann der falsche Eindruck entstehen, als begingen Ausländer/innen häufiger Straftaten als Einheimische und stellten so eine besondere Bedrohung für die Bevölkerung dar. Dies nutzen politische interessierte Kreise, um fremdenfeindliche Ressentiments zu schüren und von den zunehmenden sozialen Problemen in Deutschland abzulenken.

Tatsächlich werden Ausländer/innen nicht häufiger straffällig als Deutsche. Will man die beiden Bevölkerungsgruppen überhaupt unter dem kriminalpolitischen Aspekt vergleichen, so sind die demographischen Unterschiede zu berücksichtigen; dies leisten die o. g. Statistiken nicht. So setzt sich die ausländische Wohnbevölkerung zu einem weit größeren Anteil aus jungen Männern zusammen als die deutsche. Junge Männer im Alter zwischen 18 und 25 Jahren stellen aber generell einen überwiegenden Anteil unter den Tatverdächtigen wie auch unter den Verurteilten; sie gelten als doppelt so »kriminalitätsbelastet« wie der Durchschnitt der männlichen Bevölkerung. Schon dieser Umstand verringert den statistischen Aussagewert erheblich.

Wie der Blick auf den weiteren Gang des Strafverfahrens zeigt, werden Ausländer leichter zu Tatverdächtigen als Deutsche, da sie eher angezeigt und von der Polizei verfolgt werden. Am Ende werden nämlich Ausländer/innen seltener verurteilt als Deutsche (1989: 20,3 % der Tatverdächtigen, aber nur 18 % der Verurteilten waren Ausländer/innen), obwohl sie nicht so oft anwaltlich vertreten und in ihrer Verteidigung durch Sprachschwierigkeiten und Untersuchungshaft regelmäßig beeinträchtigt sind.

Auch gibt es zahlreiche Delikte, die Deutsche überhaupt nicht begehen können, wie etwa Verstöße gegen das Ausländer- oder Asylverfahrensgesetz.

Ein Vergleich zwischen dem Anteil Nichtdeutscher an der Wohnbevölkerung und deren Anteil an den ermittelten Tatverdächtigen ist ohnehin nur beschränkt möglich, weil Touristen, illegal Aufhältige, ausländische Soldaten und deren Angehörige statistisch nicht als Wohnbevölkerung erfaßt, wohl aber in der Polizeilichen Kriminalstatistik mitgezählt werden.

Hinzu kommt, daß Ausländer/innen häufiger arbeitslos sind, im Durchschnitt eine schlechtere Ausbildung, ein geringeres Einkommen und schlechtere Wohnverhältnisse haben als Deutsche.

So gelangt der Polizeipräsident in Bielefeld im Rahmen seiner »Jahresbilanz und Kriminalstatistik 1992« denn auch zu dem realistischen Schluß, daß Ausländer/innen regelmäßig weniger stark kriminalitätsbelastet sind als entsprechende deutsche Vergleichsgruppen.

Die Sinnhaftigkeit des Merkmals »Ausländer« oder synonym verwendeter Begriffe wird offensichtlich selbst im Landesamt für Datenverarbeitung und Statistik bezweifelt. Während bisher Ausländer aus den Anwerbeländern Griechenland, Italien, Jugoslawien, Portugal, Spanien und Türkei gesondert genannt wurden, fallen im Bericht des Jahres 1991 die Länder Spanien und Portugal zugunsten der »EG-Staatsangehörigen« weg. Weiterhin gesondert aufgeführt werden jedoch Griechenland, Italien und Jugoslawien, obwohl diese Staaten zur EG gehören bzw. nicht mehr existieren.

Schon der Begriff »Ausländerkriminalität«, zu dem die statistische Erhebung unter dem Merkmal »Ausländer« hinführt, verdeutlicht den demagogischen Hintergrund. Während andere Deliktfelder, wie etwa »Umweltkriminalität«, Eigentumskriminalität« oder »Gewaltkriminalität« mit Begriffen bezeichnet werden, die das verletzte Rechtsgut (»Umwelt«, »Eigentum«) im Namen tragen bzw. die Art der Begehung (»Gewalt«) erläutern, suggeriert der Begriff »Ausländerkriminalität« nicht etwa Straftaten gegen Ausländer, sondern prangert die Ausländereigenschaft selbst als Ursache für begangenes Unrecht an.

Eine Statistik, die auf Tätermerkmalen beruht, ist auch der Systematik des Strafgesetzbuches fremd, denn Strafrecht ist dogmatisch ausdrücklich als Tat-Strafrecht und nicht als Täter-Strafrecht ausformuliert.

Angesichts dieser irreführenden Aussagefähigkeit des Merkmals »Ausländer« in den o. g. Statistiken und seiner leichten Instrumentalisierbarkeit für fremdenfeindliche Ziele muß das Interesse, den Begriff »Ausländer« dort fortzuführen und zu veröffentlichen, gegenüber den zu befürchtenden Nachteilen für unsere ausländischen Mitbürger/innen zurücktreten.

Roland Appel
Bärbel Höhn
Dr. Michael Vesper

und Fraktion

AUSLÄNDERKRIMINALITÄT IN BAYERN

Eine Analyse der von 1983 bis 1990 polizeilich
registrierten Kriminalität ausländischer und
deutscher Tatverdächtiger

Wiebke Steffen

Peter Czogalla
Manfred Gerum
Siegfried Kammhuber
Johannes Luff
Siegfried Polz

München 1992

266

. . .

3. Zusammenfassung – Ausländerkriminalität in Bayern

3.1 Auftrag, Fragestellung und Methode

Im Auftrag des Bayer. Staatsministeriums des Innern wurden Umfang und mögliche Ursachen der in Bayern polizeilich registrierten Kriminalität ausländischer (und deutscher) Tatverdächtiger (TV) untersucht.

Anlaß für die Auftragserteilung (im Jahr 1989) war der hohe und gerade in den letzten Jahren noch höher gewordene Anteil, den ausländische TV an den in Bayern insgesamt registrierten TV haben: 1988 25,7 %, 1989 28,6 %, 1990 31,1 %, 1991 32 %.

Analysiert wird die »Ausländerkriminalität in Bayern« auf der Basis der Daten der Polizeilichen Kriminalstatistik (PKS) für den Freistaat Bayern in den Jahren 1983 bis 1990.

Durch eine Neuauswertung dieser PKS-Daten können die wichtigsten der statistisch-methodischen (Verzerrungs-)Faktoren zum Nachteil der Ausländer – ausländerspezifische Deliktsstrukturen (Verstöße gegen das AuslG/AsylVfG), Zugehörigkeit zur Bevölkerung und Aufenthaltsgrund, Wohnort- bzw. Tatortgröße, Alter und Geschlecht – kontrolliert und dadurch für ausländische und deutsche Tatverdächtige vergleichbare Ausgangssitutationen geschaffen werden.

Bei der Auswertung des statistischen Datenmaterials nach diesen Faktoren wird nicht nur danach gefragt,

– ob und in welchem Ausmaß die höhere Kriminalitätsbelastung

267

der Ausländer erhalten bleibt, wenn diese Faktoren kontrolliert werden, sondern auch danach
– ob und in welchem Ausmaß diese Faktoren auch für die Erklärung der Entwicklung der Ausländerkriminalität herangezogen werden können.

3.2   Ergebnisse

3.2.1   Entwicklung der Ausländerkriminalität in Bayern: Von der »Gastarbeiterkriminalität« zur »Zuwandererkriminalität«

Die Öffnung der osteuropäischen Grenzen hat zu einem grundsätzlichen Wandel der in Bayern registrierten Ausländerkriminalität geführt, der sich auch 1991 fortsetzt und sich als Wende weg von der »Gastarbeiterkriminalität« hin zur »Zuwandererkriminalität« und als deutliches Auseinanderfallen von »Quantität« und »Qualität« der polizeilich registrierten Kriminalität beschreiben läßt:

– 1990 gehören mehr als die Hälfte (56,6 %) der 73 990 ausländischen TV nicht zur ausländischen Bevölkerung Bayerns; die Zunahme der Registrierungshäufigkeit dieser TV gegenüber 1983 – um 101,9 % – macht mehr als zwei Drittel der Gesamtzunahme der ausländischen TV-Zahlen aus.

Fast die Hälfte (47 %) dieser in Bayern melderechtlich nicht erfaßten ausländischen TV sind illegal aufhältlich (Zunahme gegenüber 1983: 96,8 %), ein knappes Viertel (22,7 %) ist als Tourist/Durchreisender nach Bayern eingereist (Zunahme gegenüber 1983: 255 %).

– Auch die Registrierungshäufigkeit der zur Bevölkerung Bayerns zählenden ausländischen TV nimmt im Vergleichszeitraum zu (um 52 %). »Verantwortlich« dafür ist vor allem die Entwicklung bei den tatverdächtigen Asylbewerbern, deren Anteil an allen melderechtlich erfaßten ausländischen TV (nach einer Zunahme ihrer Registrierungshäufigkeit gegenüber 1983 um 465 %) von 6,9 % 1983 auf 25,5 % 1990 steigt. Die größte Gruppe stellen bei den zur Bevölkerung gehörenden TV allerdings – mit auch 1990 noch mehr als einem Drittel (37,2 %) – nach wie vor die tatverdächtigen Arbeitnehmer, deren Registrierungshäufigkeit jedoch im Vergleichszeitraum fast konstant geblieben ist (mit einer Zunahme gegenüber 1983 von nur 2,8 %).

– 1990 kommen 60,6 % der für die »Wende« in der Ausländerkriminalität in erster Linie verantwortlichen TV – illegal Aufhältliche, Touristen/Durchreisende, Asylbewerber – aus Staaten Osteuropas, vor allem aus Rumänien, der CSFR und Polen; 1983 lag ihr Anteil nur bei einem Drittel (34,3 %) der ausländischen TV.

– Diese »neuen« Ausländergruppen werden zwar von ihrer Quantität her zunehmend zum Problem, weniger allerdings wegen der »Qualität« der von ihnen verübten Straftaten: 95,2 % der »illegal aufhältlichen« ausländischen TV werden nur wegen eines Verstoßes gegen das AuslG/AsylVfG registriert, ebenso 35,9 % der tatverdächtigen Asylbewerber; mit einfachen Diebstählen (zumeist Ladendiebstählen) werden 43,4 % der tatverdächtigen Asylbewerber und 64,7 % der tatverdächtigen Touristen/Durchreisenden erfaßt.

– Betroffen wird von der veränderten Situation in der Ausländerkriminalität vor allem die »Fläche« Bayerns (und hier insbeson-

269

dere die Grenzregionen), während München mit seiner traditionell hohen Belastung mit Ausländerkriminalität von den neuen Entwicklungen vergleichsweise wenig berührt wird.

Die Wende von der »Gastarbeiterkriminalität« zur »Zuwandererkriminalität« wird unter dem Aspekt »Quantität«, der Registrierungshäufigkeit, zunehmend zum Problem (insbesondere der Fläche Bayerns), weniger jedoch unter dem Aspekt der »Qualität« der von diesen ausländischen TV verübten Straftaten und damit dem von diesen »neuen« Ausländergruppen ausgehenden Sicherheitsrisiko.

3.2.2 Die polizeilich registrierte Kriminalität ausländischer und deutscher TV im Vergleich

3.2.2.1 Die Kriminalitätsbelastung von Ausländern und Deutschen in Bayern: Ein Unterschied bleibt

Zwar werden die Unterschiede in der Belastung der ausländischen und deutschen Bevölkerung mit TV deutlich geringer, wenn die oben genannten statistisch-methodischen (Verzerrungs-)Faktoren zum Nachteil der Ausländer kontrolliert werden, doch bleibt auch dann eine höhere Kriminalitätsbelastung der Ausländer übrig: Bei nahezu allen in den Vergleich einbezogenen Delikten, bei allen Altersgruppen und Tatortkategorien, bei Männern wie bei Frauen, nimmt die Registrierungshäufigkeit ausländischer TV erheblich stärker zu als die der deutschen Vergleichsgruppen (bei denen die Registrierungshäufigkeit in der Mehrzahl der Fälle sogar zurückgeht).

Da diese Zunahmen bei den TV-Zahlen nicht von entsprechenden Zunahmen bei den Einwohnerzahlen begleitet werden, wird die »Schere« zwischen der Belastung der ausländischen und der deutschen Bevölkerung mit TV im Vergleichszeitraum deutlich größer – und auch das bei allen Altersgruppen und Tatortkategorien, bei Männern und Frauen und (fast) allen Delikten:

– 1990 waren von 237 950 insgesamt polizeilich registrierten TV 73 990 oder 31,1 % Ausländer – eine Zunahme gegenüber 1983 um 76 % – und 163 960 oder 68,9 % Deutsche – ein Rückgang gegenüber 1983 um 6,9 %.

Bezogen auf 100 000 der jeweiligen Bevölkerung ergibt das für Ausländer eine Belastungszahl von 8647, für Deutsche eine von 1548; die ausländische Bevölkerung ist demnach um das 5,6fache mehr mit TV belastet als die deutsche.

– Werden nur die 29 916 ausländischen und 146 288 deutschen TV berücksichtigt, die 1990 zur Bevölkerung gehören und Straftaten der »klassischen« Kriminalität begangen haben (also ohne die Verstöße gegen das AuslG/AsylVfG), dann reduziert sich der Anteil der ausländischen TV an allen TV auf 17 % und die Überhöhung der Belastung der ausländischen Bevölkerung mit TV auf das 2,5fache (3496:1381).

– Besonders hohe und noch über ihrem durchschnittlichen Anteil an allen TV liegende Anteile bzw. über ihrem durchschnittlichen Belastungsunterschied vom 2,5fachen liegende Werte haben die Ausländer bei Delikten der Gewaltkriminalität – beim Raub, bei der Vergewaltigung/sexuellen Nötigung, bei der gefährlichen und schweren Körperverletzung –, aber auch beim Erschleichen von Leistungen und den Diebstahlsdelikten.

271

– Auch wenn die (Verzerrungs-)Faktoren zum Nachteil der Ausländer kontrolliert werden, hat die ausländische Bevölkerung in der Fläche Bayerns (Tatortkategorie »Landkreise«) mit dem 2,8fachen die größte Überhöhung in der Belastung mit TV gegenüber der deutschen Bevölkerung, in der Tatortkategorie »München« dagegen mit dem 1,6fachen die geringste. Die höchste Belastung mit TV hat die ausländische Bevölkerung der »Mittelstädte«.

Ob und in welchem Ausmaß diese Belastungsunterschiede geringer würden oder ganz verschwänden, wenn noch weitere (Verzerrungs-)Faktoren kontrolliert werden könnten – so insbesondere die unterschiedliche soziale und ökonomische Situation der ausländischen und deutschen Bevölkerung –, kann auf der Basis des zur Verfügung stehenden statistischen Materials nicht überprüft werden.

3.2.2.2 Die Kriminalität der zur Bevölkerung Bayerns gehörenden ausländischen TV: In der Tendenz schwerer

Zwar sinkt die Belastung der ausländischen Bevölkerung mit TV, wenn nur die melderechtlich erfaßten ausländischen TV (ohne Verstöße gegen das AuslG/AsylVfG) berücksichtigt werden, doch wird die von diesen ausländischen TV ausgehende Kriminalität im Vergleich zu derjenigen ihrer deutschen Vergleichsgruppe eher schwerer – und deutlich schwerer gegenüber der Kriminalität der nicht zur Bevölkerung gehörenden ausländischen TV.

Denn mit der »Ausblendung« der nicht zur ausländischen Bevölkerung gehörenden TV wird in erster Linie Bagatellkriminalität reduziert: Die Verstöße gegen das AuslG/AsylVfG und einfache (Laden-)Diebstähle.

Schon dadurch wird die polizeilich registrierte Kriminalität der melderechtlich erfaßten ausländischen TV in ihrer Tendenz schwerer. Weitere Kriterien für diese Bewertung ihrer in Bayern registrierten Kriminalität – auch und gerade gegenüber den von ihrer deutschen Vergleichsgruppe verübten Straftaten – sind:

– Die Zunahme der Registrierungshäufigkeit der melderechtlich erfaßten ausländischen TV von 1983 bis 1990 um 50,9 % bei einem gleichzeitigen Rückgang der Registrierungshäufigkeit ihrer deutschen Vergleichsgruppe um 9,5 %.

– Die weitere Erhöhung der Anteile, die die ausländischen TV an den jeweils insgesamt und auch bei allen einzelnen Deliktsbereichen ermittelten TV haben – und das insbesondere bei den Delikten der schwereren (Gewalt-)Kriminalität. Bei allen in den Vergleich einbezogenen Delikten nimmt dadurch auch die Überhöhung der TVBZ-Ausländer gegenüber der TVBZ-Deutsche weiter zu.

Besonders auffallend ist diese Entwicklung bei den jungen Ausländern (nicht unbedingt identisch mit der »zweiten« oder »dritten« Generation von Ausländern!): 1990 beträgt bei der Altersgruppe der 6–17jährigen der Ausländeranteil an der Bevölkerung 9,6 %, an den TV (melderechtlich erfaßt, ohne Verstöße gegen das AuslG/AsylVfG) jedoch 24 %; bei der Altersgruppe der 18–24jährigen beträgt der Ausländeranteil an der Bevölkerung 9,8 %, an den TV 19,4 %. Bei einigen Deliktsbereichen, insbesondere solchen der Gewaltkriminalität, kann der Ausländeranteil noch erheblich höher sein (bis zu dem »Spitzenwert« von 67,5 % bei den wegen eines Raubdeliktes in München ermittelten 6–17jährigen TV).

– Außerdem nimmt bei den zur Bevölkerung gehörenden ausländischen TV der Anteil der mehrfach auffälligen TV im Vergleichszeitraum zu, während er bei der deutschen Vergleichsgruppe zurückgeht.

Insgesamt ist die Kriminalität der zur Bevölkerung gehörenden ausländischen TV nicht nur erheblich schwerer als die der
nicht zur Bevölkerung gehörenden ausländischen TV, sondern in ihrer Tendenz auch schwerer als die der deutschen
Vergleichsgruppe: Das gilt für die Entwicklung der Registrierungshäufigkeit, wie für die Art der begangenen Straftaten,
wie auch für die Zunahme der Mehrfachauffälligkeit bei ausländischen TV.

3.3   Ausblick auf die Entwicklung 1991

Die Daten der PKS des Freistaates Bayern für das Jahr 1991 lassen den Schluß zu, daß sich Art, Umfang und Bedeutung der
»Ausländerkriminalität« so fortsetzen, wie sie in diesem Projekt
beschrieben worden sind:

– Gegenüber dem Vorjahr nimmt die Registrierungshäufigkeit
der ausländischen TV noch einmal um 3,3 % zu (auf 76 405 TV),
während die der deutschen TV um 1 % leicht zurückgeht (auf
162 284 TV). Der Anteil der ausländischen TV an den insgesamt registrierten TV steigt weiter auf nunmehr 32 % (1990
31,1 %).

– Nicht zuletzt auf Grund der gesetzlichen Änderungen geht der
Anteil der ausländischen TV, die mit Verstößen gegen das

AuslG/AsylVfG erfaßt worden sind, auf 29,8 % zurück (von 1990 35,4 %).

– Bei der Differenzierung nach den Aufenthaltsgründen der ausländischen TV ist für die Registrierungshäufigkeit gegenüber 1990 festzustellen:

––deutlicher Rückgang bei den illegal aufhältlichen TV um 17 % (auf 16 686 TV; im wesentlichen eine Folge der geänderten gesetzlichen Bestimmungen), weiterer Rückgang bei den Stationierungsstreitkräften und ihren Angehörigen um 8,4 % (auf 2292 TV);

––Zunahmen bei den TV aller anderen Aufenthaltsgründe:
Asylbewerber um 17,5 % (auf 11 389 TV)
Touristen/Durchreisende um 17,5 % (auf 11 325 TV)
sonstiger Grund/k. A. um 13,1 % (auf 14 818 TV)
Gewerbetreibende um 9,8 % (auf 1622 TV)
Schüler/Studenten um 4,9 % (auf 3440 TV)
Arbeitnehmer um 4,5 % (auf 14 833 TV).

Auch bei der Differenzierung der ausländischen TV nach ihren Herkunftsländern setzt sich die bisherige Entwicklung fort, wieder deutlich beeinflußt durch die aktuellen politischen Ereignisse:

– Bei den TV aus osteuropäischen Staaten nimmt die Registrierungshäufigkeit von 1990 auf 1991 noch einmal zu bei den

––Tschechoslowaken um 19,9 % (auf 8126 TV; wieder sind hieran vor allem die tatverdächtigen Touristen/Durchreisenden beteiligt mit einer Zunahme um 25,6 % oder 975 TV)

‑‑Rumänen um 18,2 % (auf 10 121 TV; an dieser Zunahme sind vor allem die tatverdächtigen Asylbewerber beteiligt, deren Registrierungshäufigkeit um 68,1 % oder 1416 TV steigt)

‑‑Jugoslawen mit 5,4 % (auf 9731 TV; auch hier sind daran vor allen die tatverdächtigen Asylbewerber beteiligt mit einer Zunahme um 26,5 % oder 181 TV).

‑ Zurückgegangen ist die Registrierungshäufigkeit bei den Polen.

. . .

Die polizeilich registrierte Kriminalitätsentwicklung des Jahres 1991 in Niedersachsen
Ergänzende Datenanalysen zur Polizeilichen Kriminalstatistik
Christian Pfeiffer

1. Jedes Jahr informieren die Innenminister der Länder die Öffentlichkeit im Laufe des Februar anhand der neueren Daten zur Polizeilichen Kriminalstatistik des Vorjahres darüber, welche Veränderungen sich zur polizeilich registrierten Kriminalität im Vergleich zu früheren Jahren ergeben haben. Die Vorbereitungen für diese Pressekonferenz stehen regelmäßig unter hohem Zeitdruck. Die zuständigen Beamten der Landeskriminalämter haben deshalb meist nicht die Zeit, differenzierte Datenanalysen vorzulegen. Zwangsläufig beschränken sich so ihre für die Presse vorbereiteten Darstellungen auf die schlichte Beschreibung der Zu- und Abnahme der verschiedenen Kriminalitätsphänomene. Die von den Ermittlungsbeamten zu den Straftaten und den Tatverdächtigen registrierten Merkmale können dadurch nur deskriptiv erfaßt werden. Sonderauswertungen zu verschiedenen Untergruppen der registrierten Kriminalität oder der Tatverdächtigen müssen unterbleiben.

Angesichts der geschilderten Probleme haben sich das Landeskriminalamt Niedersachsen und das Kriminologische Forschungsinstitut Niedersachsen Anfang 1992 dazu entschlossen, bei der Analyse der registrierten Kriminalität des Vorjahres zusammenzuarbeiten. Das LKA hat für das KFN eine Reihe von Sonderauswertungen durchgeführt. Die Mitarbeiter des KFN haben sich bemüht, in der knappen bis zur Pressekonferenz verbleibenden Zeit verschiedene Datenanalysen durchzuführen, die geeignet erscheinen, die vom LKA mitgeteilten Fakten zur Entwicklung der registrierten Kriminalität in sinnvoller Weise zu ergänzen.

2. Zur Entwicklung der insgesamt registrierten Kriminalität

Nach den Feststellungen des LKA sind im Jahr 1991 28 128 Fälle mehr erfaßt worden als im Vorjahr. Dies entspricht einer Steigerung um 5,3 %. Im nachfolgenden Schaubild 1 wird aufgelistet, wie sich dieser Zuwachs registrierter Kriminalität auf die verschiedenen Deliktgruppen verteilt. Danach ergibt sich, daß der stärkste Anstieg mit etwa 10 000 Fällen zum schweren Diebstahl zu verzeichnen ist. Es folgen der einfache Diebstahl mit einem Zuwachs von knapp 6700 Fällen und die Verstöße gegen das Asylgesetz und das Ausländergesetz mit ca. 2800 Fällen. Die polizeilich registrierten Drogendelikte und die Gewaltkriminalität haben um ca. 1400 bzw. 1300 Fälle zugenommen. Innerhalb der Gewaltkriminalität steht einem leichten Sinken der Tötungsdelikte und der Vergewaltigung ein deutlicher Anstieg der registrierten Raubdelikte und der gefährlichen/schweren Körperverletzung gegenüber. Deutlich abgenommen haben überraschenderweise die polizeilich registrierten Wirtschaftsdelikte.

In Schaubild 2 wird dargestellt, in welchem Ausmaß die registrierte Kriminalität in der Landeshauptstadt Hannover, in den anderen Städten Niedersachsens mit einer Einwohnerzahl von mehr als 50 000 und in den ländlichen Gemeinden und Kleinstädten mit einer Einwohnerzahl von weniger als 50 000 zugenommen hat.

Während in den ländlichen Regionen insgesamt gesehen nur ein Anstieg der registrierten Kriminalität von 1,9 % zu verzeichnen ist, beträgt der Zuwachs in Hannover 8,4 % und in

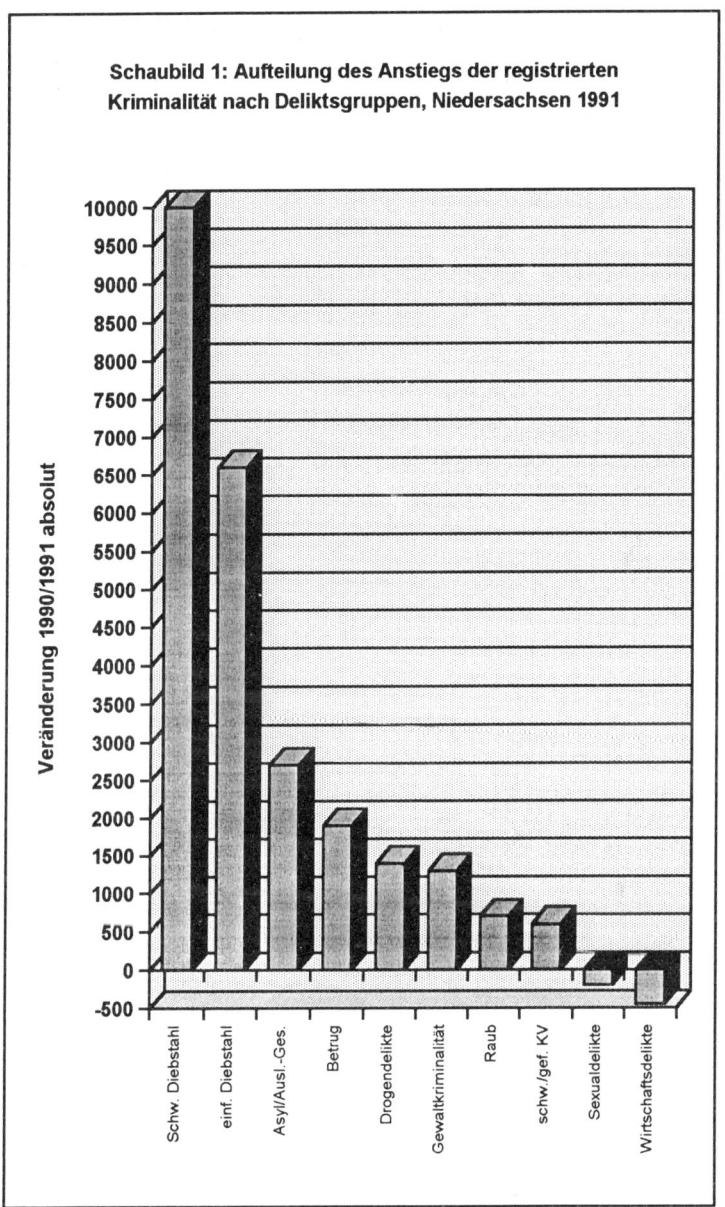

Schaubild 1: Aufteilung des Anstiegs der registrierten Kriminalität nach Deliktsgruppen, Niedersachsen 1991

Veränderung 1990/1991 absolut

10000
9500
9000
8500
8000
7500
7000
6500
6000
5500
5000
4500
4000
3500
3000
2500
2000
1500
1000
500
0
-500

Schw. Diebstahl
einf. Diebstahl
Asyl/Ausl.-Ges.
Betrug
Drogendelikte
Gewaltkriminalität
Raub
schw./gef. KV
Sexualdelikte
Wirtschaftsdelikte

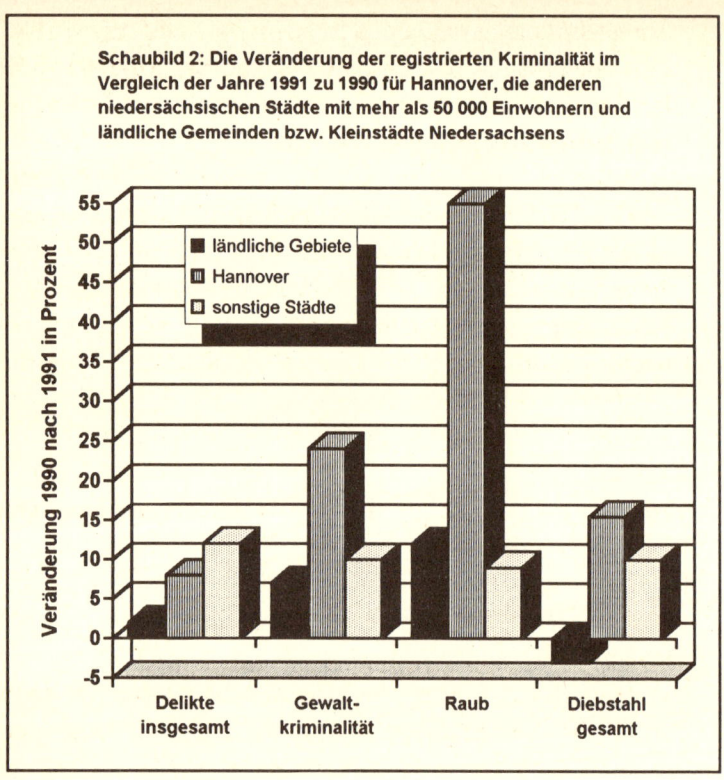

Schaubild 2: Die Veränderung der registrierten Kriminalität im Vergleich der Jahre 1991 zu 1990 für Hannover, die anderen niedersächsischen Städte mit mehr als 50 000 Einwohnern und ländliche Gemeinden bzw. Kleinstädte Niedersachsens

den anderen Städten sogar 12,2 %. Besonders zugenommen hat in Hannover die registrierte Gewaltkriminalität (+ 24,6 %), wobei am stärksten die polizeilich erfaßten Raubdelikte angestiegen sind (+ 55,0 %). Zu den ländlichen Regionen fällt auf, daß dort die Diebstahlskriminalität leicht rückläufig ist. Insgesamt gesehen hat sich durch die jüngste Entwicklung der registrierten Kriminalität das ohnehin schon stark ausgeprägte Stadt-Land-Gefälle weiter vergrößert. Die

Kriminalität steigt offenbar dort besonders stark an, wo sich die Verkehrsströme hinbewegen. Schon die Entwicklung der letzten Jahre hat Anlaß zu der These gegeben, daß bundesweit die registrierte Kriminalität in den Regionen am stärksten zunimmt, die über einen Flughafen, einen Intercity-Bahnhof und einen unmittelbaren Anschluß an das Autobahnnetz verfügen. Die daraus ableitbare Hypothese, daß der in den Ballungszentren feststellbare Zuwachs der registrierten Kriminalität primär von außen importiert wird, soll durch die nachfolgende Analyse der Tatverdächtigenzahlen überprüft werden.

3. Zur Entwicklung der Zahl der registrierten Tatverdächtigen in Niedersachsen

Nach der PKS des Jahres 1991 hat die Zahl der polizeilich erfaßten Tatverdächtigen 1991 im Vergleich zum Vorjahr um 4752 Personen zugenommen. Dies entspricht einem Anstieg um 2,8%. Eine erste Differenzierung der Tatverdächtigen nach Deutschen und Nichtdeutschen läßt erkennen, daß die Zahl der ausländischen Tatverdächtigen im Jahr 1991 sehr stark um 26,3% (+ 8539 Personen) angewachsen ist. Die Zahl der deutschen Tatverdächtigen hat dagegen um 2,8% abgenommen (- 3787). Bei dieser pauschalen Betrachtung der Daten zu Deutschen und Nichtdeutschen wird jedoch außer acht gelassen, daß innerhalb beider Gruppen sehr unterschiedliche Entwicklungen zu registrieren sind. So zeigt eine gesonderte Auswertung zur Zahl der tatverdächtigen Ausländer, die als nichtdeutsche Arbeitnehmer ihren Wohnsitz in Niedersachsen haben, daß deren registrierte Kriminalitätsbelastung in den letzten Jahren deutlich abgenommen hat.

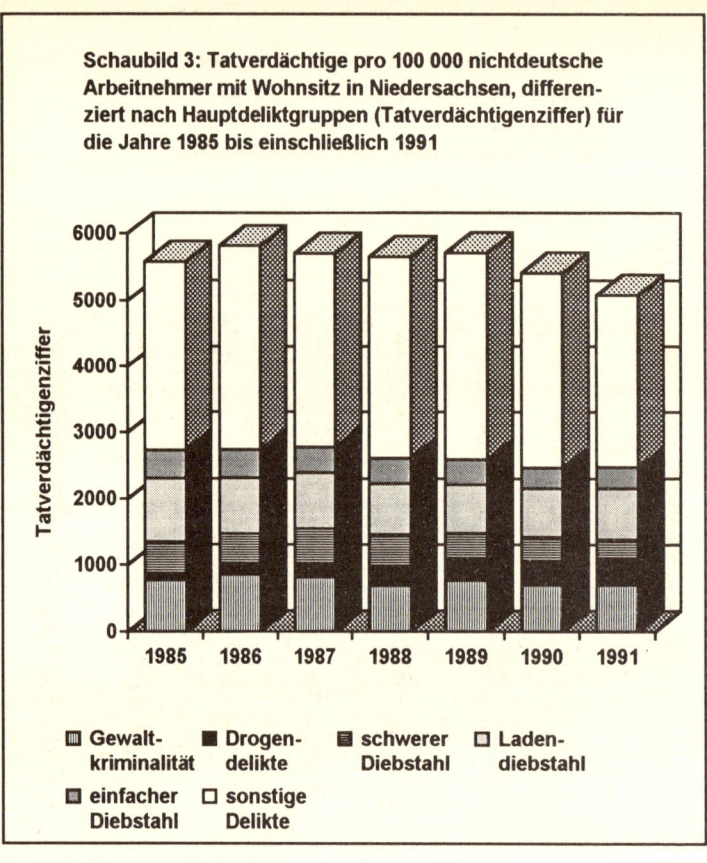

Schaubild 3: Tatverdächtige pro 100 000 nichtdeutsche Arbeitnehmer mit Wohnsitz in Niedersachsen, differenziert nach Hauptdeliktgruppen (Tatverdächtigenziffer) für die Jahre 1985 bis einschließlich 1991

■ Gewalt- kriminalität ■ Drogen- delikte ▤ schwerer Diebstahl □ Laden- diebstahl

▨ einfacher Diebstahl □ sonstige Delikte

Das Schaubild macht deutlich, daß die registrierte Kriminalität der ausländischen Arbeitnehmer in Niedersachsen im Vergleich der letzten sieben Jahre ihren Höchststand im Jahr 1986 hatte. Die Tatverdächtigenziffer von 5191 im Jahr 1991 liegt um 9,6% unter dem Vergleichswert von 1986 (5741). Auffallend ist, daß die Entwicklung in den verschiedenen, im Schaubild erfaßten Deliktsbereichen nicht gleich-

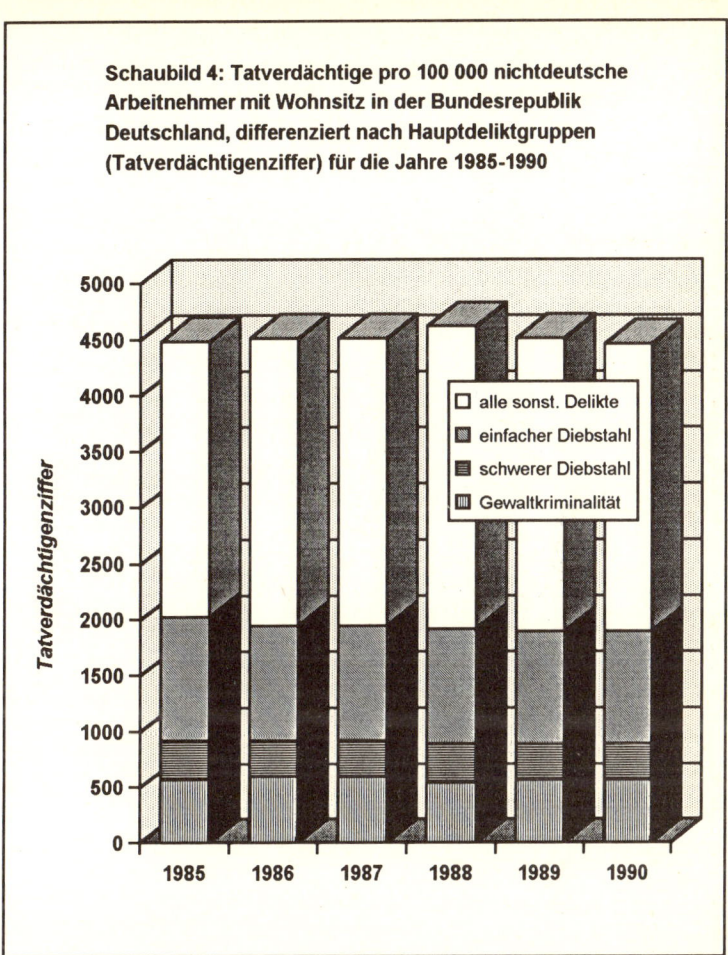

Schaubild 4: Tatverdächtige pro 100 000 nichtdeutsche Arbeitnehmer mit Wohnsitz in der Bundesrepublik Deutschland, differenziert nach Hauptdeliktgruppen (Tatverdächtigenziffer) für die Jahre 1985-1990

mäßig verlaufen ist. Während die Tatverdächtigenziffer der Gewaltkriminalität beispielsweise von 835 im Jahr 1986 auf 712 im Jahr 1991 abnahm (- 14,7 %), hat die Tatverdächtigenziffer der wegen Drogendelikten registrierten ausländischen Arbeitnehmer in dem selben Zeitraum von 164 auf 415 zugenommen (+ 153%). Auffallend ist ferner ein starker Rückgang der Tatverdächtigenziffer des schweren Diebstahls, die zwischen 1987 und 1991 um 39,6% abgenommen hat.

Die in Schaubild 3 für Niedersachsen demonstrierte Entwicklung der Tatverdächtigenziffer nichtdeutscher Arbeitnehmer ist im übrigen für die Jahre 1985 bis 1990, wie das nachfolgende Schaubild 4 zeigt, auch in der gesamten Bundesrepublik zu beobachten.

Der oben registrierte Anstieg der nichtdeutschen Tatverdächtigen betrifft vor allem Gruppen der nichtdeutschen Wohnbevölkerung, die nicht über ein eigenes Einkommen aus geregelter Arbeit verfügen und zum großen Teil vermutlich erst in den letzten Jahren nach Niedersachsen eingewandert sind. So fällt auf, daß die Zahl der rumänischen Tatverdächtigen im Vergleich zum Vorjahr von 1280 auf 6057 angestiegen ist (+ 373,2%). Ferner hat die Zahl der tatverdächtigen Jugoslawen im gleichen Zeitraum von 3156 auf 4579 zugenommen (+ 45,1%). Hohe Zuwachsraten sind ferner in bezug auf die Bevölkerungsgruppen aus Bulgarien (von 179 auf 665; + 271,5%) sowie der früheren Sowjetunion (432 zu 824; + 90,7%) zu verzeichnen. Auf der anderen Seite ist die Zahl der polnischen Tatverdächtigen stark rückläufig (Abnahme um 716; - 14,4%) und dies im übrigen, wie wir von den zuständigen Landeskriminalämtern erfahren haben, nicht nur in Niedersachsen, sondern auch in Nordrhein-Westfalen und Berlin. Ein ähnliches Bild zeigt sich in bezug auf Tatverdächtige aus dem Libanon (- 577; - 18,2%). Auffallend sind ferner die sehr niedrigen Zahlen der aus Ungarn stammenden Tatverdächtigen (1990: 101; 1991: 134).

Die Daten lassen erkennen, daß das Ansteigen und Sinken der Zahl ausländischer Tatverdächtiger in direktem Zusammenhang mit der politischen und wirtschaftlichen Stabilität der Herkunftsländer steht. Die Öffnung der Grenzen nach Osten und der gleichzeitige Zusammenbruch der kommunistischen Staaten sowie die bürgerkriegsähnlichen Verhältnisse in Rumänien und Jugoslawien haben dazu geführt, daß in den letzten beiden Jahren Hunderttausende von Bürgern dieser Staaten auf der Suche nach persönlicher Sicherheit, Arbeit und Wohnung ihre Heimat verlassen haben und nach Westen gegangen sind. Es kann nicht verwundern, daß ein im Verhältnis zur Gesamtzahl der Immigranten nach wie vor kleiner Teil von ihnen hier Straftaten begeht. Ganz überwiegend leben sie hier von Sozialhilfe, sind teilweise in Zelten oder Containern untergebracht, verstehen zum großen Teil unsere Sprache nicht und finden auch bei bereits integrierten Landsleuten nur in begrenztem Umfang Unterstützung. Die meisten dieser Immigranten aus den osteuropäischen Ländern haben den Status von Asylbewerbern. Sie dürfen sich zwar neuerdings auf dem Arbeitsmarkt bewerben. Faktisch werden ihnen allerdings nur höchst selten Stellen angeboten.

Die Tatsache, daß die Zahl der Tatverdächtigen aus Polen und dem Libanon rückläufig sind und daß die aus Ungarn weit hinter den Vergleichsdaten der Nachbarländer zurückbleibt, ist ein Hinweis darauf, welche Faktoren in den nächsten Jahren das Kriminalitätsgeschehen in der Bundesrepublik beeinflussen werden. Insgesamt stabile oder gar sinkende Kriminalitätszahlen können wir wohl nur dann erwarten, wenn es in den osteuropäischen Ländern schrittweise zu einer sozialen und wirtschaftlichen Stabilisierung kommt.

Die Staaten Ungarn und Polen waren in den letzten Jahren Vorläufer bei der Entwicklung demokratischer Strukturen. Ungarn ist dabei in besonders starkem Maße von westeuropäischen Staaten auch wirtschaftlich unterstützt worden. An dem Beispiel wird deutlich, daß die von der Bundesrepublik und anderen EG-Staaten für unsere östlichen Nachbarn geleistete Entwicklungshilfe einen positiven Nebeneffekt für die sich in unserem Land einstellende Kriminalitätsentwicklung haben kann. Die erfolgreichste Kriminalprävention, so scheint es, könnte in den nächsten Jahren darin liegen, den Menschen in den osteuropäischen Staaten durch gezielte Hilfsmaßnahmen Hoffnung dafür zu vermitteln, daß sie auch im eigenen Land sinnvolle Lebensperspektiven haben.

Kürzlich war in der *Bild-Zeitung* die Überschrift zu lesen, »Immer mehr Asylanten, immer mehr Verbrechen!«. Wir haben anhand der Daten der Polizeilichen Kriminalstatistik Niedersachsens überprüft, was von dieser These zu halten ist. Unbestreitbar ist, daß mit ansteigender Zahl von Asylbewerbern auch die Zahl der polizeilich registrierten Tatverdächtigen dieser Bevölkerungsgruppe begangenen Straftaten zunimmt. Bei genauer Betrachtung der Deliktstruktur der zu Asylbewerbern registrierten Straftaten zeigt sich allerdings, daß diese ganz überwiegend nur wegen leichter Delikte erfaßt werden. Das nachfolgende Schaubild 5 vermittelt einen Überblick der Deliktstruktur zu drei Gruppen von Tatverdächtigen – den Asylbewerbern, den sonstigen nichtdeutschen Tatverdächtigen sowie den deutschen Tatverdächtigen.
Das Schaubild zeigt, daß 54,2 % der als Tatverdächtige erfaßten Asylbewerber wegen eines Verstoßes gegen das Asylgesetz bzw. das Ausländergesetz registriert worden sind.

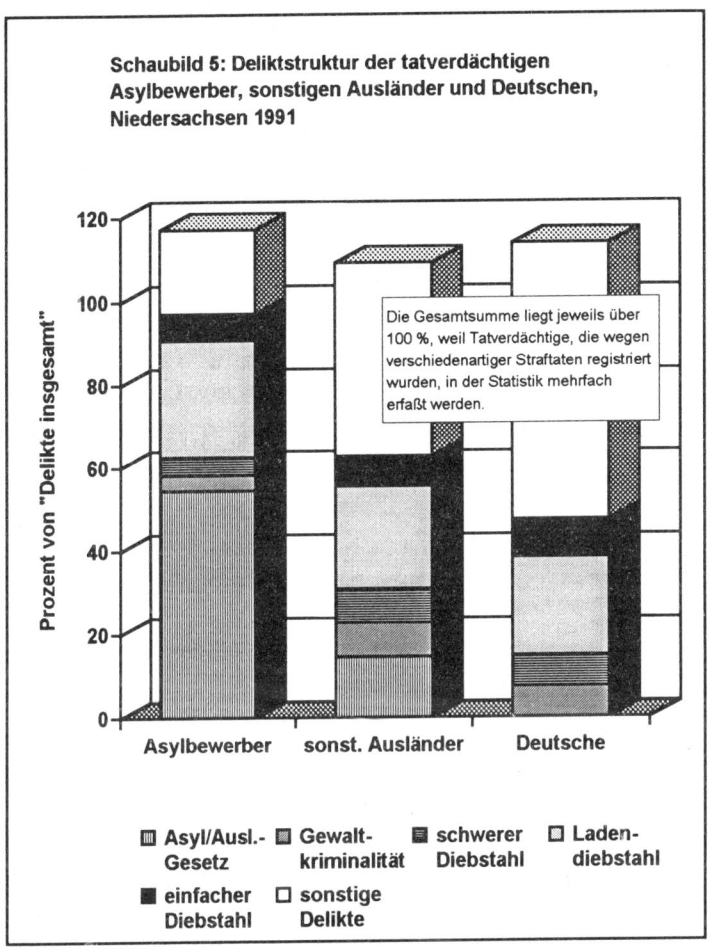

Schaubild 5: Deliktstruktur der tatverdächtigen Asylbewerber, sonstigen Ausländer und Deutschen, Niedersachsen 1991

Die Gesamtsumme liegt jeweils über 100 %, weil Tatverdächtige, die wegen verschiedenartiger Straftaten registriert wurden, in der Statistik mehrfach erfaßt werden.

Weitere 35,3 % haben einen Ladendiebstahl oder einen sonstigen einfachen Diebstahl begangen. Die Quote der registrierten Gewaltkriminalität liegt mit 3,9 % deutlich unter den Vergleichswerten für sonstige Ausländer (9 %) oder Deutsche (7,8 %). Auch im Hinblick auf die im Schaubild nicht ge-

287

sondert ausgewiesene Drogenkriminalität, deren Prozent-
werte in der Restgruppe »sonstige Delikte« enthalten sind,
liegen die Asylbewerber mit 1,7% deutlich unter den Quo-
ten der sonstigen Ausländer (5,9%) oder der Deutschen
(5,6%).

Die Tatsache, daß Asylbewerber ganz überwiegend wegen
vergleichsweise leichter Straftaten angezeigt werden, wird
auch durch das nachfolgende Schaubild 6 bestätigt. Für die
drei Deliktgruppen Diebstahl, Betrug und Raubstraftaten haben wir jeweils ermittelt, welche Schadenssumme (Zeitwert
des entwendeten Gutes bzw. Vermögensschaden beim Betrug) sich pro Tatverdächtigen ergibt und dabei bei den Tatverdächtigen erneut nach Asylbewerbern, sonstigen Ausländern und Deutschen differenziert.
Pro tatverdächtigen Asylbewerber, der wegen eines Dieb-
stahlsdelikts (einschließlich der bei ihnen seltenen schweren Diebstähle wie etwa Wohnungseinbrüche oder PKW-
Diebstähle) registriert wurde, errechnet sich eine durchschnittliche Schadenssumme von 544,– DM. Der Vergleichsbetrag aller anderen ausländischen Tatverdächtigen
liegt bei 1165,– DM, der der Deutschen bei 1132,– DM. Erheblich größer sind Divergenzen bei den Betrugsdelikten.
Einem durchschnittlichen Schaden pro tatverdächtigen
Asylbewerber von 615,– DM stehen 2494,– DM bei den
sonstigen ausländischen Tatverdächtigen und 6708,– DM
bei deutschen Tatverdächtigen gegenüber. Bei den Raubdelikten errechnet sich pro tatverdächtigen Asylbewerber
ein Durchschnittsschaden von 304,– DM. Der der nichtdeutschen Tatverdächtigen liegt um das Vierfache über diesem Betrag (1255,– DM). Der durchschnittliche Schaden,
den ein deutscher Tatverdächtiger nach Angaben der

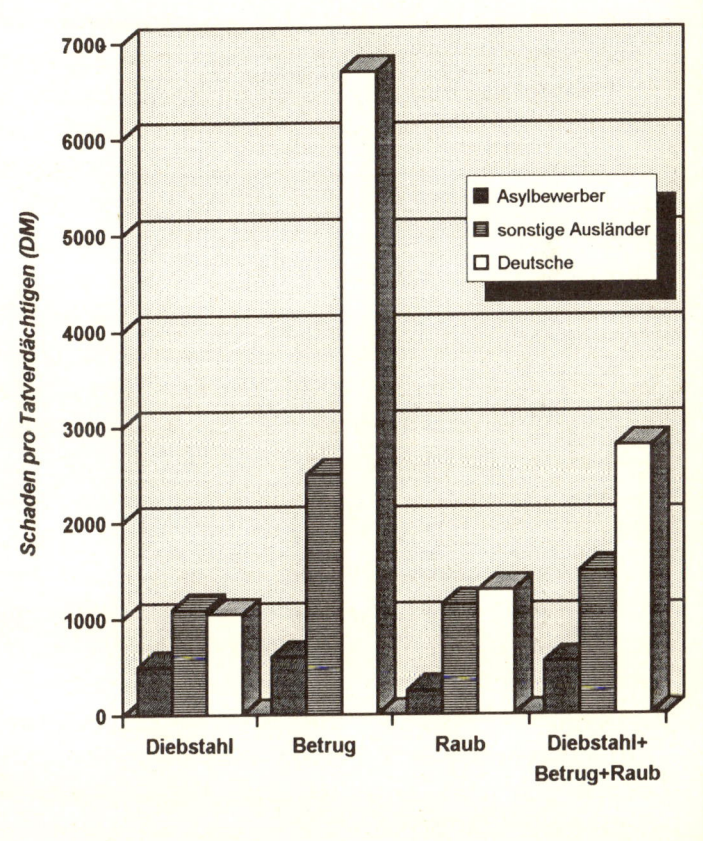

Schaubild 6: Die Schadenssumme pro tatverdächtigen Asylbewerber, sonstigen Ausländer und Deutschen bei Diebstahlsdelikten, Betrugsdelikten und Raubdelikten sowie bei allen drei Deliktgruppen zusammengefaßt, Niedersachsen 1991

Opfer verursacht hat, erreicht sogar fast den fünffachen Wert (1448,– DM). Faßt man alle drei Deliktgruppen zusammen, so stehen 551,– DM bei den tatverdächtigen Asylbewerbern, 1499,– DM bei den sonstigen nichtdeutschen und 2081,– DM bei den deutschen Tatverdächtigen gegenüber. Die Schadenssumme, die zu deutschen Tatverdächtigen der genannten Deliktgruppen registriert wurde, liegt etwa fünfmal so hoch wie der Vergleichswert der tatverdächtigen Asylbewerber.

Angesichts der beträchtlichen Unterschiede zur Anzahl der pro Tatverdächtigen registrierten Delikte und des jeweiligen Gesamtschadens erscheint es nur konsequent, daß ein wesentlich höherer Prozentsatz der deutschen Tatverdächtigen als der ausländischen angeklagt und auch verurteilt wird. Die Strafverfahren gegen ausländische Tatverdächtige werden weit häufiger als die gegen Deutsche wegen Geringfügigkeit oder wegen Zahlung einer Geldbuße eingestellt. Ferner zeigt die in den beiden nachfolgenden Schaubildern demonstrierte Gegenüberstellung von Tatverdächtigen und Verurteiltenzahlen des Fünfjahreszeitraums 1985 bis 1989, daß die Gerichte den von Anzeigeerstatter und Polizei erhobenen Tatvorwurf auch bei anderen Straftatbeständen wie etwa Tötungsdelikten, Vergewaltigung oder Körperverletzungsdelikten weit seltener bestätigen als bei Deutschen. Bei ausländischen Angeklagten sehen die Gerichte offenkundig häufiger Anlaß, die Verurteilung auf ein weniger schweres Delikt zu stützen – also beispielsweise die einem ausländischen Tatverdächtigen vorgeworfene versuchte Tötung nur im Hinblick auf eine Körperverletzung zu bestätigen.

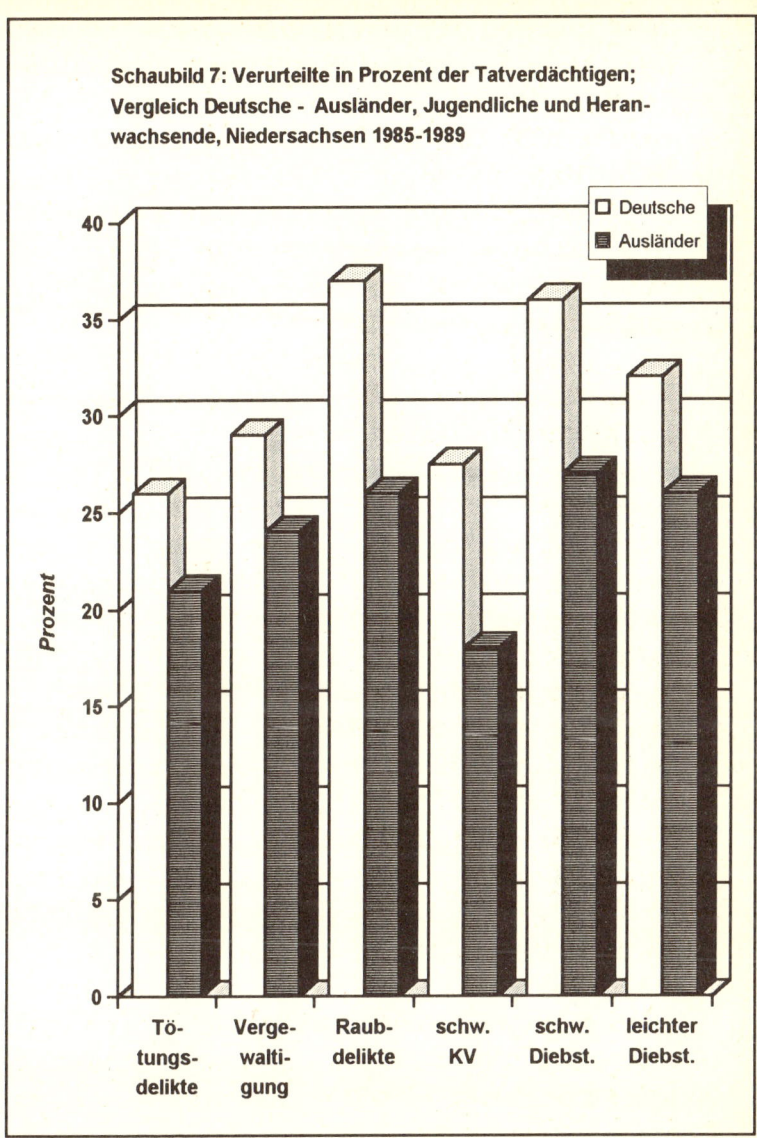

Schaubild 7: Verurteilte in Prozent der Tatverdächtigen; Vergleich Deutsche - Ausländer, Jugendliche und Heranwachsende, Niedersachsen 1985-1989

□ Deutsche
■ Ausländer

Prozent

Tötungsdelikte | Vergewaltigung | Raubdelikte | schw. KV | schw. Diebst. | leichter Diebst.

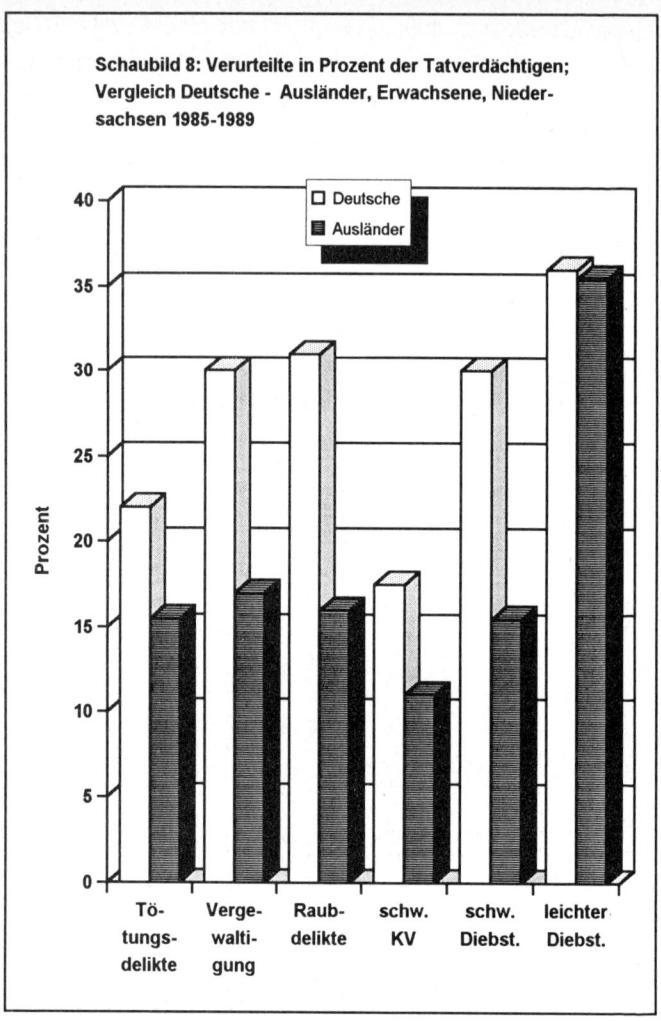

Schaubild 8: Verurteilte in Prozent der Tatverdächtigen; Vergleich Deutsche - Ausländer, Erwachsene, Niedersachsen 1985-1989

Zu der oben vorgenommenen Unterscheidung nach ausländischen Tatverdächtigen, die als Arbeitnehmer in unsere Gesellschaft integriert sind und (noch) nicht integrierten Immigranten bzw. anderen Ausländern, die nur vorübergehend in der Bundesrepublik leben, gibt es eine Parallele bei den Deutschen. Oben ist bereits darauf hingewiesen worden, daß 1991 die Zahl der deutschen Tatverdächtigen im Vergleich zum Vorjahr abgenommen hat. Das nachfolgende Schaubild 9 zeigt zur registrierten Kriminalitätsbelastung der Deutschen, die ihren Wohnsitz in Niedersachsen haben, eine Längsschnittbetrachtung von 1985 bis einschließlich 1991.

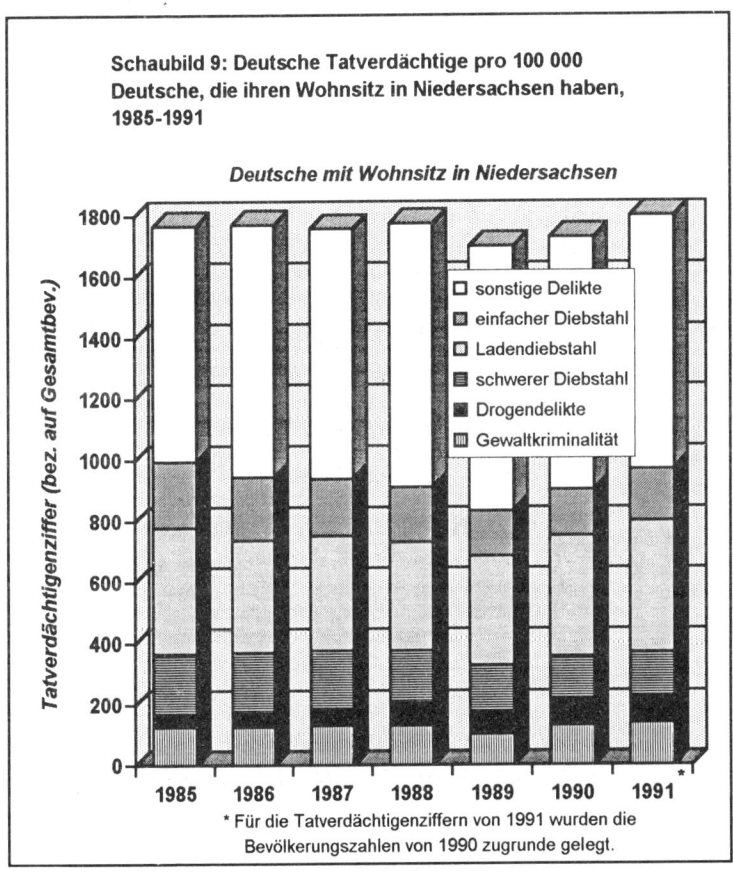

Schaubild 9: Deutsche Tatverdächtige pro 100 000 Deutsche, die ihren Wohnsitz in Niedersachsen haben, 1985-1991

Deutsche mit Wohnsitz in Niedersachsen

□ sonstige Delikte
▨ einfacher Diebstahl
□ Ladendiebstahl
▦ schwerer Diebstahl
■ Drogendelikte
▥ Gewaltkriminalität

Tatverdächtigenziffer (bez. auf Gesamtbev.)

* Für die Tatverdächtigenziffern von 1991 wurden die Bevölkerungszahlen von 1990 zugrunde gelegt.

293

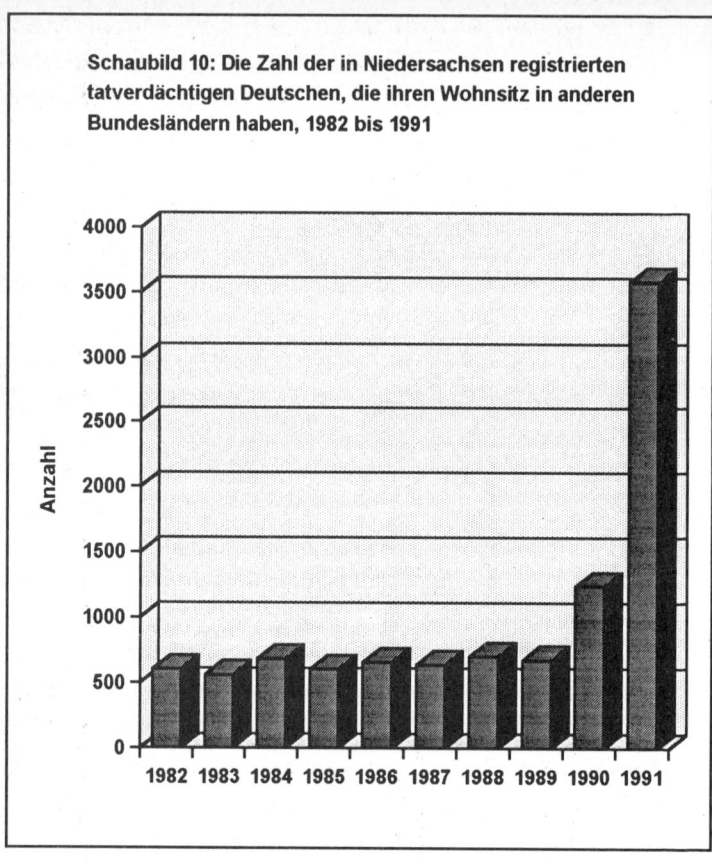

Schaubild 10: Die Zahl der in Niedersachsen registrierten tatverdächtigen Deutschen, die ihren Wohnsitz in anderen Bundesländern haben, 1982 bis 1991

Das Schaubild demonstriert zur registrierten Kriminalität der in Niedersachsen lebenden Deutschen für die letzten sieben Jahre eine leicht sinkende Tendenz. Deutlich abgenommen haben insbesondere die Tatverdächtigenziffern der Diebstahlsdelikte und hier insbesondere die des schweren Diebstahls. Eine starke Zunahme ist dagegen bei den Drogendelikten zu verzeichnen. Die zu den in Niedersachsen lebenden Deutschen registrierte Kriminalitätsentwicklung entspricht damit weitgehend dem Gesamtbild, das sich bereits in Schaubild 3 zu den in Niedersachsen lebenden ausländischen Arbeitnehmern abgezeichnet hat. Der 1991 festgestellte Anstieg der Kriminalität ist offenkundig nicht »hausgemacht«, sondern primär importiert. Es wäre allerdings falsch, bei dem Stichwort »Import« nur an die osteuropäischen Länder zu denken. Die nach der Polizeilichen Kriminalstatistik mögliche Unterscheidung der deutschen Tatverdächtigen nach solchen, die ihren Wohnsitz in Niedersachsen haben, und anderen, die aus dem übrigen Bundesgebiet kommen, läßt erkennen, daß letztere Gruppe in den Jahren 1990 und 1991 extrem zugenommen hat.

Schaubild 10 legt die Annahme nahe, daß die Ende 1989 erfolgte Öffnung der deutsch-deutschen Grenze beträchtliche Auswirkungen auf das Kriminalitätsgeschehen in Niedersachsen gehabt hat. Zur Überprüfung dieser These haben wir ermittelt, in welchem Ausmaß die Zahl der Tatverdächtigen aus anderen Bundesländern in den östlichen Städten Niedersachsens, in Hannover und in den westlichen Städten im Vergleich der Jahre 1991 und 1990 zugenommen hat. Während in den östlichen Städten (Braunschweig, Wolfsburg, Salzgitter, Göttingen, Hildesheim) ein Anstieg um 63,2% zu verzeichnen war, ergibt sich für das bereits ca. 100 km von der Grenze zu Sachsen-Anhalt entfernte Hannover nur noch ein Anstieg um 32,7%. In den westlichen Städten (Cuxhaven, Oldenburg, Osnabrück, Emden, Wilhelmshaven) beträgt die Zunahme sogar nur 9%. Diese Entwicklung kann nicht verwundern, wenn man sich das große Einkommensgefälle zwischen Bürgern Niedersachsens und Bürgern Sachsen-Anhalts und der anderen neuen Bundesländer vor Augen hält. Die Konsumwünsche werden in Ost und West in gleicher Weise geweckt. Den Bürgern in den neuen Bundesländern stehen jedoch weit weniger Möglichkeiten zur Verfügung, diese Wünsche auf legale Weise zu befriedigen. Ganz überwiegend handelt es sich dann auch bei den in den östlichen Städten Niedersachsens registrierten Straftaten der Deutschen aus anderen Bundesländern um Diebstahlsdelikte.

Die Gegenüberstellung der Kriminalitätsentwicklung bei relativ wohlhabenden und in die Gesellschaft ganz überwiegend gut integrierten Deutschen und Ausländern einerseits und Immigranten sowie den weniger wohlhabenden Deutschen aus den neuen Bundesländern andererseits zeigt, daß die übliche Differenzierung nach der Kriminalität der Deutschen und der Ausländer wenig Sinn macht. Statt dessen sollte man unterscheiden nach solchen, die Arbeit, Wohnung und vernünftige Lebensperspektiven haben, und anderen, die aus welchen Gründen auch immer, sozial weniger gut integriert sind.

Presse- und Informationsamt der Bundesregierung

Nr. 40/S. 349   Bonn, den 18. Mai 1993

Bulletin

Die Kriminalität in der Bundesrepublik Deutschland

Polizeiliche Kriminalstatistik für das Jahr 1992

Die Innenminister und Innensenatoren des Bundes und der Länder teilen mit:

Die Innenministerkonferenz hat sich im Mai 1993 mit der Polizeilichen Kriminalstatistik 1992 befaßt und den nachstehenden Bericht einer Arbeitsgruppe zustimmend zur Kenntnis genommen:

Bericht zur Polizeilichen Kriminalstatistik 1992

1. Vorbemerkungen

1.1 Bedeutung

Die Polizeiliche Kriminalstatistik (PKS) dient der

– Beobachtung der Kriminalität und einzelner Deliktsarten, des Umfangs und der Zusammensetzung des Tatverdächtigenkreises sowie der Veränderung von Kriminalitätsquotienten,

– Erlangung von Erkenntnissen für vorbeugende und verfolgende Verbrechensbekämpfung, organisatorische Planungen und Entscheidungen sowie kriminologisch-soziologische Forschungen und kriminalpolitische Maßnahmen.

1.2 Inhalt

Die PKS erfaßt nur die der Polizei bekanntgewordenen Straftaten, einschließlich der mit Strafe bedrohten Versuche und der vom Zoll bearbeiteten Rauschgiftdelikte.
Nicht enthalten sind Staatsschutzdelikte, Verkehrsdelikte (mit Ausnahme der Verstöße gegen §§ 315, 315b, 316c StGB und § 22a StVG), Straftaten, die außerhalb der Bundesrepublik Deutschland begangen wurden, und Verstöße gegen strafrechtliche Landesgesetze der einzelnen Bun-

298

desländer, mit Ausnahme der Landesdatenschutzgesetze. Ein Auszug aus der besonderen Staatsschutzstatistik der Polizei ist im Anhang beigefügt.

Die PKS enthält Angaben über

- Art und Zahl der erfaßten Straftaten
- Tatort und Tatzeit
- Opfer und Schäden
- Aufklärungsergebnisse
- Alter, Geschlecht und Nationalität der Tatverdächtigen.

Auf die Berechnung von Kriminalitätsbelastungszahlen muß verzichtet werden, weil die dazu benötigten Bevölkerungszahlen nicht vorliegen.

...

Alkoholeinfluß

In 194 324 aller in den alten Bundesländern einschließlich Gesamt-Berlin aufgeklärten Fälle, das sind 8,3 Prozent (1991: 9,2 v. H.), wurde bei den Tatverdächtigen Alkoholeinfluß bei der Tatbegehung festgestellt. 27,7 Prozent aller aufgeklärten Gewaltdelikte wurden von Tatverdächtigen unter Alkoholeinfluß begangen.

Im einzelnen wurde in den alten Bundesländern einschließlich Gesamt-Berlin bei folgenden aufgeklärten Straftaten besonders häufig Alkoholeinfluß festgestellt:

Schlüssel	Straftaten(gruppen)	1992	Tatverdächtiger unter Alkoholeinfluß – aufgeklärte Fälle – – in v. H. –	1991 in v. H.
6210	Widerstand gegen die Staatsgewalt	9058	61,0	62,8
8920	Gewaltkriminalität	24549	27,7	30,4
2150	– Zechanschlußraub	260	65,7	66,2
0120	– Sexualmord	18	52,9	29,3
2141	– Beraubung von Taxifahrern	93	47,0	49,3
0210	– Totschlag	739	42,4	46,0
1110	– Vergewaltigung	1325	33,8	34,5
2220	– Gefährliche und schwere Körperverletzung	18763	30,1	32,8
0110	– Raubmord	29	29,9	45,6

4. Tatverdächtige

4.1 Tatverdächtige insgesamt

1992 wurden in der Bundesrepublik Deutschland durch die Aufklärung von 2 660 839 Fällen insgesamt 1 833 069 Tatverdächtige ermittelt. Davon stehen im Verdacht begangen zu haben:

Schlüssel	Straftaten(gruppen) *)	1992 Tatverdächtige	v. H.-Anteil an allen Tatverdächtigen
3***	Diebstahl ohne erschwerende Umstände	646 745	35,3
5100	Betrug	258 241	14,1
4***	Diebstahl unter erschwerenden Umständen	158 557	8,6
2240	(Vorsätzliche leichte) Körperverletzung	146 957	8,0
7250	Straftaten gegen § 92 des Ausländergesetzes und gegen das Asylverfahrensgesetz	138 773	7,6
6740	Sachbeschädigung	121 128	6,6
7300	Rauschgiftdelikte	93 038	5,1
----	Straftaten insgesamt	1 833 069	100,0

*) Die Auflistung ist nicht vollständig.

In den alten Bundesländern einschließlich Gesamt-Berlin wurden 1992 durch die Aufklärung von 2 333 578 Fällen 1 581 734 Tatverdächtige ermittelt.

In den neuen Bundesländern wurden durch die Aufklärung von 327 261 Fällen 251 335 Tatverdächtige ermittelt.

4.2 Altersstruktur

(einschließlich der deutschen und nichtdeutschen Tatverdächtigen)
Für die Veränderung der Tatverdächtigenzahlen bei den
Jungtätern (Kinder, Jugendliche, Heranwachsende und
Jungerwachsene) dürften vor allem demographische Ein-
flüsse ursächlich sein. Auch der zunehmende Anteil der
Nichtdeutschen an der Gesamtzahl insbesondere der Heranwachsenden und Jungerwachsenen dürfte vor allem auf
demographischen Einflüssen beruhen (verstärkte Zuwanderung aus dem Ausland).

Tatverdächtige Kinder (bis unter 14 Jahre)

Im Berichtsjahr 1992 wurden in der Bundesrepublik
Deutschland 80480 Kinder als Tatverdächtige ermittelt.
Die Tatverdächtigenzahlen der Kinder und ihr Anteil an den
Tatverdächtigen insgesamt entwickelten sich wie folgt:

Bereich	Jahr	Tat- verdächtige Kinder	Anteil an allen Tatverdächti- gen in v. H.
Bundesrepublik Deutschland	1984	66309	5,3
(Gebietsstand v o r dem	1985	58811	4,6
3. 10. 90)	1986	55513	4,2
	1987	54790	4,2
	1988	51817	3,9
	1989	56095	4,1
	1990	62500	4,3
alte Bundesländer einschl.	1991	65205	4,4
Gesamt-Berlin	1992	69034	4,4
Bundesrepublik Deutschland (Gebietsstand v o r dem 3. 10. 90)	1992	80480	4,4

Der Ausländeranteil an den tatverdächtigen Kindern lag 1992 in der Bundesrepublik Deutschland bei 26,9 Prozent.

Tatverdächtige Kinder (Deutsche/Nichtdeutsche)

Bereich	Jahr	Deut-sche	Nicht-deut-sche	Anteil in v. H. Deut-sche	Anteil in v. H. Nicht-deut-sche
Bundesrepublik Deutschland	1984	51 474	14 835	77,6	22,4
(Gebietsstand v o r dem	1985	44 728	14 083	76,1	23,9
3. 10. 90)	1986	41 009	14 504	73,9	26,1
	1987	39 346	15 444	71,8	28,2
	1988	36 058	15 759	69,6	30,4
	1989	38 768	17 327	69,1	30,9
	1990	42 915	19 585	68,7	31,3
alte Bundesländer einschl.	1991	45 872	19 333	70,4	29,6
Gesamt-Berlin	1992	47 743	21 294	69,2	30,8
Bundesrepublik Deutschland (Gebietsstand s e i t dem 3. 10. 90)	1992	58 793	21 687	73,1	26,9

Tatverdächtige Jugendliche (14 bis unter 18 Jahre)

Die Zahl der tatverdächtigen Jugendlichen betrug 1992 in der Bundesrepublik Deutschland 186 981.
Die Tatverdächtigenzahlen der Jugendlichen und ihr Anteil an den Tatverdächtigen ingesamt entwickelten sich wie folgt:

Bereich	Jahr	Tat-verdächtige Jugendliche	Anteil an allen Tatverdächti-gen in v. H.
Bundesrepublik Deutschland	1984	157 360	12,5
(Gebietsstand v o r dem	1985	147 173	11,4
3. 10. 90)	1986	137 042	10,5
	1987	127 706	9,9
	1988	120 968	9,2
	1989	124 618	9,1
	1990	141 244	9,8
alte Bundesländer einschl.	1991	139 709	9,5
Gesamt-Berlin	1992	151 103	9,6
Bundesrepublik Deutschland (Gebietsstand s e i t dem 3. 10. 90)	1992	186 981	10,2

Der Ausländeranteil an den tatverdächtigen Jugendlichen lag 1992 in der Bundesrepublik Deutschland bei 28,4 Prozent.

Tatverdächtige Jugendliche (Deutsche/Nichtdeutsche)

Bereich	Jahr	Deutsche	Nichtdeutsche	Anteil in v. H. Deutsche	Anteil in v. H. Nichtdeutsche
Bundesrepublik Deutschland (Gebietsstand v o r dem 3. 10. 90)	1984	133975	23385	85,1	14,9
	1985	121901	25272	82,9	17,2
	1986	110171	26871	80,4	19,6
	1987	99497	28209	77,9	22,1
	1988	90731	30237	75,0	25,0
	1989	89901	34717	72,1	27,9
	1990	97519	43725	69,0	31,0
alte Bundesländer einschl. Gesamt-Berlin	1991	95630	44079	68,4	31,6
	1992	101416	49687	67,1	32,9
Bundesrepublik Deutschland (Gebietsstand s e i t dem 3. 10. 90)	1992	133862	53119	71,6	28,4

Tatverdächtige Heranwachsende (18 bis unter 21 Jahre)

Im Berichtsjahr 1992 wurden in der Bundesrepublik Deutschland 192959 Heranwachsende als Tatverdächtige ermittelt. Die Tatverdächtigenzahlen der Heranwachsenden und ihr Anteil an den Tatverdächtigen insgesamt entwickelten sich wie folgt:

Bereich	Jahr	Tatver-dächtige Her-anwachsende	Anteil an allen Tatverdächti-gen in v. H.
Bundesrepublik Deutschland	1984	148657	11,9
(Gebietsstand v o r dem	1985	151880	11,8
3. 10. 90)	1986	152332	11,7
	1987	147017	11,4
	1988	141419	10,8
	1989	141454	10,3
	1990	149823	10,4
alte Bundesländer einschl.	1991	150286	10,2
Gesamt-Berlin	1992	160739	10,2
Bundesrepublik Deutschland (Gebietsstand s e i t dem 3. 10. 90)	1992	192959	10,5

Der Ausländeranteil an den tatverdächtigen Heranwachsenden lag 1992 in der Bundesrepublik Deutschland bei 38,5 Prozent.

Tatverdächtige Heranwachsende
(Deutsche/Nichtdeutsche)

Bereich	Jahr	Deut-sche	Nicht-deut-sche	Anteil in v. H.	
				Deut-sche	Nicht-deut-sche
Bundesrepublik Deutschland	1984	125 258	23 399	84,3	15,7
(Gebietsstand v o r dem	1985	125 835	26 045	82,9	17,1
3. 10. 90)	1986	124 224	28 108	81,5	18,5
	1987	119 632	27 385	81,4	18,6
	1988	111 684	29 735	79,0	21,0
	1989	104 028	37 426	73,5	26,5
	1990	102 517	47 306	68,4	31,6
alte Bundesländer einschl.	1991	98 652	51 634	65,6	34,4
Gesamt-Berlin	1992	93 641	67 098	58,3	41,7
Bundesrepublik Deutschland	1992	118 744	74 215	61,5	38,5
(Gebietsstand s e i t dem					
3. 10. 90)					

Tatverdächtige Jungerwachsene (21 bis unter 25 Jahre)

Die absolute Zahl der tatverdächtigen Jungerwachsenen betrug 1992 in der Bundesrepublik Deutschland 265 124. Die Tatverdächtigenzahlen der Jungerwachsenen und ihr Anteil an den Tatverdächtigen insgesamt entwickelten sich wie folgt:

Bereich	Jahr	Tatverdächtige Jungerwachsene	Anteil an allen Tatverdächtigen in v. H.
Bundesrepublik Deutschland	1984	162 297	13,0
(Gebietsstand v o r dem	1985	173 568	13,4
3. 10. 90)	1986	179 493	13,8
	1987	179 618	13,9
	1988	182 954	13,9
	1989	182 727	13,8
	1990	197 888	13,8
alte Bundesländer einschl.	1991	205 077	14,0
Gesamt-Berlin	1992	230 712	14,6
Bundesrepublik Deutschland	1992	265 124	14,5
(Gebietsstand s e i t dem			
3. 10. 90			

Der Ausländeranteil an den tatverdächtigen Jungerwachsenen lag 1992 in der Bundesrepublik Deutschland bei 41,6 Prozent.

Tatverdächtige Jungerwachsene
(Deutsche/Nichtdeutsche)

Bereich	Jahr	Deut-sche	Nicht-deut-sche	Anteil in v. H. Deut-sche	Nicht-deut-sche
Bundesrepublik Deutschland	1984	132248	30049	81,5	18,5
(Gebietsstand v o r dem	1985	137240	36328	79,1	20,9
3. 10. 90)	1986	138030	41463	76,9	23,1
	1987	137569	42049	76,6	23,4
	1988	137254	45700	75,0	25,0
	1989	135178	53549	71,6	28,4
	1990	135280	62608	68,4	31,6
alte Bundesländer einschl.	1991	133907	71170	65,3	34,7
Gesamt-Berlin	1992	130709	100003	56,7	43,3
Bundesrepublik Deutschland (Gebietsstand s e i t dem 3. 10. 90)	1992	154811	110313	58,4	41,6

Tatverdächtige Erwachsene (ab 21 Jahren)

1992 wurden in der Bundesrepublik Deutschland 1372649 Erwachsene als Tatverdächtige ermittelt. Die Tatverdächtigenzahlen der Erwachsenen und ihr Anteil an den Tatverdächtigen insgesamt entwickelten sich wie folgt:

Bereich	Jahr	Tat- verdächtige Erwachsene	Anteil an allen Tatverdächti- gen in v. H.
Bundesrepublik Deutschland	1984	881 887	70,3
(Gebietsstand v o r dem	1985	933 135	72,3
3. 10. 90)	1986	962 023	73,6
	1987	960 928	74,5
	1988	999 876	76,1
	1989	1 048 795	76,5
	1990	1 084 356	75,4
alte Bundesländer einschl.	1991	1 111 552	75,8
Gesamt-Berlin	1992	1 200 858	75,9
Bundesrepublik Deutschland (Gebietsstand s e i t dem 3. 10. 90)	1992	1 372 649	74,9

Der Ausländeranteil an den tatverdächtigen Erwachsenen lag 1992 in der Bundesrepublik Deutschland bei 29,3 Prozent.

Tatverdächtige Erwachsene (Deutsche/Nichtdeutsche)

Bereich	Jahr	Deut-sche	Nicht-deut-sche	Anteil in v. H. Deut-sche	Nicht-deut-sche
Bundesrepublik Deutschland	1984	735 895	145 992	83,4	16,6
(Gebietsstand v o r dem	1985	766 667	166 468	82,2	17,8
3. 10. 90)	1986	779 490	182 535	81,0	19,0
	1987	773 640	187 288	80,5	19,5
	1988	788 863	211 013	78,9	21,1
	1989	802 254	246 541	76,5	23,5
	1990	811 389	272 967	74,8	25,2
alte Bundesländer einschl.	1991	821 053	290 499	73,9	26,1
Gesamt-Berlin	1992	829 629	371 229	69,1	30,9
Bundesrepublik Deutschland (Gebietsstand s e i t dem 3. 10. 90)	1992	971 086	401 563	70,7	29,3

4.3 Nichtdeutsche

Bewertungsprobleme

1992 besaß fast jeder dritte (30,0 v. H.) von der Polizei ermittelte Tatverdächtige nicht die deutsche Staatsbürgerschaft. Ein Vergleich der tatsächlichen Kriminalitätsbelastung der nichtdeutschen Wohnbevölkerung mit der deutschen ist jedoch schon wegen des doppelten Dunkelfeldes in der Polizeilichen Kriminalstatistik und in der Bevölkerungsstatistik, die bestimmte Ausländergruppen wie vor allem Illegale, Touristen und Stationierungsstreitkräfte nicht enthält, nicht möglich.

Die Kriminalitätsbelastung der Ausländer und Deutschen ist zudem aufgrund der unterschiedlichen strukturellen Zusammensetzung (Alters-, Geschlechts- und Sozialstruktur) nicht vergleichbar.

Zu berücksichtigen ist weiterhin ein beachtlicher Anteil ausländerspezifischer Delikte. So liegt für die Bundesrepublik der Ausländeranteil an den Tatverdächtigen bei Straftaten gegen § 92 des Ausländergesetzes und das Asylverfahrensgesetz naturgemäß mit 97,2 Prozent sehr hoch. Jeder vierte nichtdeutsche Tatverdächtige ist wegen Verstoßes gegen das Ausländergesetz oder Asylverfahrensgesetz ermittelt worden.

Trotz dieser Einschränkungen sind jedoch bei einigen Straftatengruppen überproportional hohe Anteile nichtdeutscher Tatverdächtiger erkennbar. Ihr Tatverdächtigenanteil betrug 1992 zum Beispiel am Taschendiebstahl 74,1 Prozent, am Straßenraum (ohne Handtaschenraub) 34,7 Prozent oder am illegalen Handel und Schmuggel von Heroin 41,0 Prozent.

Besonders hohe Anteile nichtdeutscher Tatverdächtiger
gibt es bei folgenden Straftaten(gruppen):

Schlüssel	Straftaten(gruppen)	Tatverdächtige insgesamt	Nichtdeutsche Tatverdächtige	in v. H.
7250	Straftaten gegen Ausländer- und Asylverfahren	138773	134824	97,2
90	Taschendiebstahl	5312	3934	74,1
6610	Glücksspiel	2943	1940	65,9
7342	Btm-Anbau, -Herstellung und -Handel als Mitglied einer Bande	395	260	65,8
7332	Illegale Einfuhr von Kokain (in nicht geringer Menge)	681	389	57,1
5400	Urkundenfälschung	51952	29453	56,7
1440	Menschenhandel	232	129	55,6
5520	Inverkehrbringen von Falschgeld	603	330	54,7
1113	Vergewaltigung durch Gruppen	320	171	53,4

Nichtdeutsche Tatverdächtige insgesamt

1992 wurden für die Bundesrepublik Deutschland 550 583 nichtdeutsche Tatverdächtige registriert. Ihr Anteil an allen Tatverdächtigen betrug damit 30,0 Prozent. In den alten Bundesländern einschließlich Gesamt-Berlin betrug der Anteil Nichtdeutscher an allen Tatverdächtigen 32,2 Prozent (1991: 27,6 v. H.).

Die nachfolgende Übersicht zeigt die Entwicklung der nichtdeutschen Tatverdächtigen seit 1984 (Einführung der echten Tatverdächtigenzählung).

Entwicklung der nichtdeutschen Tatverdächtigen

Bereich	Jahr	Nichtdeutsche Tatverdächtige	Anteil an allen Tatverdächtigen in v. H.
Bundesrepublik Deutschland	1984	207 612	16,6
(Gebietsstand v o r dem	1985	231 868	18,0
3. 10. 90)	1986	252 018	19,3
	1987	258 329	20,0
	1988	286 741	21,8
	1989	336 011	24,5
	1990	383 583	26,7
alte Bundesländer einschl.	1991	405 545	27,6
Gesamt-Berlin	1992	509 305	32,2
Bundesrepublik Deutschland (Gebietsstand s e i t dem 3. 10. 90)	1992	550 583	30,0

Anlaß des Aufenthaltes

Die in den alten Bundesländern einschließlich Gesamt-Berlin ermittelten 509 305 nichtdeutschen Tatverdächtigen verteilten sich nach Art und Anlaß ihres Aufenthaltes wie folgt:

Anlaß des Aufenthaltes nichtdeutscher Tatverdächtiger	1992**)		1991**)		1990*)		1984*)	
	Anzahl	in v. H.	Anzahl	in v. H.	Anzahl	in v. H.	Anzahl	in v. H.
Illegal	58 452	11,5	43 455	10,7	47 585	12,4	28 337	13,6
Legal	450 853	88,5	287 615	70,9	325 998	87,6	179 273	86,4
davon:								
– Asylbewerber	172 728	33,9	108 355	26,7	86 875	22,6	15 952	7,7
– Arbeitnehmer	91 497	18,0	82 950	20,5	79 035	20,6	67 630	32,6
– Tourist/ Durchreisender	44 034	8,8	41 963	10,3	47 875	12,5	13 911	6,7
– Student/ Schüler	37 235	7,3	37 284	9,2	36 990	9,6	30 441	14,7
– Gewerbetreibender	10 206	2,0	9 217	2,3	7 512	3,6		
– Stationierungsstreitkräfte und Angehörige	6 204	1,2	7 846	1,9	8 653	2,3	9 304	4,5
– Sonstige***)	88 149	17,3	74 475	18,4	67 841	17,7	34 523	16,6
Nichtdeutsche Tatverdächtige insgesamt	509 305	100,0	405 545	100,0	383 583	100,0	207 610	100,0

*) Die Daten beziehen sich auf die Bundesrepublik Deutschland (Gebietsstand vor dem 3. 10. 90).

**) Die Daten beziehen sich nur auf die alten Bundesländer einschl. Gesamt-Berlin.

***) Die »Sonstigen« umfassen eine heterogen zusammengesetzte Restgruppe, zu der zum Beispiel Erwerbslose, nicht anerkannte Asylbewerber, Flüchtlinge und andere Personengruppen gehören.

Der Anteil der Asylbewerber (Personen, für die ein Asylverfahren im Bundesgebiet anhängig ist) an den nichtdeutschen Tatverdächtigen ist in den alten Bundesländern einschließlich Gesamt-Berlin beträchtlich auf 33,9 Prozent gestiegen; 1984 betrug ihr Anteil nur 7,7 Prozent.

Asylbewerber stellten damit 1992 die größte Teilgruppe unter den nichtdeutschen Tatverdächtigen. Die Anteile der anderen Gruppen waren rückläufig: zum Beispiel ging der Anteil der hier lebenden Arbeitnehmer deutlich auf 18,0 Prozent zurück; 1984 betrug ihr Anteil noch 32,6 Prozent.

Bei den Asylbewerbern ist zu berücksichtigen, daß 30,8 Prozent der Tatverdächtigen gegen das Ausländergesetz und das Asylverfahrensgesetz verstießen. Gegen zwei Fünftel aller tatverdächtigen Asylbewerber wurde wegen »einfachem« Ladendiebstahl ermittelt. Allerdings stellten Asylbewerber auch etwa jeden zehnten Tatverdächtigen (Deutsche eingeschlossen) bei Diebstahl unter erschwerenden Umständen, bei Raub, bei Handel mit und Schmuggel von Heroin, bei Vergewaltigung und bei Mord und Totschlag. Bei Handel mit und Schmuggel von Kokain war jeder sechste Tatverdächtige ein Asylbewerber.

Jeder neunte (11,5 v. H.) nichtdeutsche Tatverdächtige hielt sich illegal in den alten Bundesländern einschließlich Gesamt-Berlin auf (1991: 10,7 v. H.).

Staatsangehörigkeiten

Nach Nationalitäten aufgegliedert setzt sich die Gesamtzahl der 1992 in den alten Bundesländern einschließlich Gesamt-Berlin ermittelten 509 305 nichtdeutschen Tatverdächtigen prozentual wie folgt zusammen:

Staats-angehö-rigkeit	Anzahl	v. H.-Anteil an den nichtdeutschen Tatverdächtigen								
		1992*)	1991*)	1990	1989	1988	1987	1986	1985	1984
Türkei	90 995	17,9	20,8	21,4	23,9	24,7	25,4	25,3	26,3	29,0
Jugoslawien	83 270	16,3	12,9	12,1	12,5	12,7	11,9	10,9	11,2	11,7
Rumänien	74 994	14,7	9,8	6,5	1,8	1,3	1,0	0,8	0,7	0,6
Polen	41 444	8,1	8,8	14,0	13,3	9,4	7,2	5,6	5,6	4,6
Italien	21 733	4,3	5,3	5,5	6,2	7,3	8,0	7,7	8,1	8,5
Sowjetunion	11 554	2,3	1,7	1,0	0,4	0,3	0,2	0,1	0,1	0,1
Tschechoslowakei	10 216	2,0	2,7	2,6	1,7	1,5	1,3	1,2	1,4	1,6
Griechenland	9 469	1,9	2,2	2,2	2,5	2,8	3,1	3,1	3,5	3,7
Libanon	9 401	1,8	2,8	3,4	2,8	2,6	2,9	4,1	2,1	1,3
Marokko	8 022	1,6	1,6	1,4	1,3	1,3	1,2	1,1	1,1	1,0
USA	7 393	1,5	2,1	2,5	3,0	3,6	4,1	4,1	4,4	4,7
Iran	6 919	1,4	2,0	2,3	2,7	3,6	3,4	2,9	2,4	1,7
Albanien	6 686	1,3	1,2	0,4	0,0	0,0	0,0	0,0	0,0	0,0
Nigeria	6 471	1,3	1,4	0,8	0,4	0,3	0,2	0,2	0,2	,1
Algerien	5 688	1,1	0,6	0,5	0,4	0,3	0,2	0,2	0,3	0,3
Österreich	5 480	1,1	1,3	1,6	2,1	2,0	1,9	2,0	3,0	3,3
Ghana	5 316	1,0	1,6	1,6	1,6	1,5	2,4	3,3	2,5	2,0
GB und Nordirland	5 142	1,0	1,2	1,2	1,3	1,6	1,7	1,8	1,9	2,2
Sonstige**)	85 345	16,8	18,2	18,2	21,8	23,0	23,7	25,4	25,2	23,6
Nichtdeutsche Tatverdächtige insges.	509 305	100,0 (509305)	100,0 (405545)	100,0 (383583)	100,0 (336016)	100,0 (286744)	100,0 (258329)	100,0 (252018)	100,0 (231868)	100,0 (207612)

*) alte Bundesländer einschließl. Gesamt-Berlin. Bis einschließlich 1990 Bundesrepublik Deutschland (Gebietsstand v o r dem 3. 10. 90).
**) einschließlich ungeklärte Nationalitäten sowie Staatenlose.

Die neuen Staaten auf dem Gebiet der früheren Sowjetunion und des früheren Jugoslawien konnten im Berichtsjahr 1992 noch nicht gesondert berücksichtigt werden. Die
Anteile der einzelnen Staatsangehörigkeiten haben sich
langfristig erheblich verändert. Stark gesunken sind die Anteile der türkischen, italienischen, griechischen oder US-
amerikanischen Tatverdächtigen, gestiegen sind dagegen
die Anteile der Tatverdächtigen zum Beispiel aus dem früheren Jugoslawien und insbesondere Rumänien.

Nichtdeutsche Tatverdächtige			
Jahr	Tatverdächtige insgesamt	davon: Nichtdeutsche Anzahl	in %
1980	1 423 962	212 915	15,0
1981	1 525 153	244 625	16,0
1982	1 611 445	252 195	15,7
1983*			
1984	1 254 213	207 612	16,6
1985	1 290 999	231 868	18,0
1986	1 306 910	252 018	19,3
1987	1 290 441	258 329	20,0
1988	1 314 080	286 741	21,8
1989	1 370 962	336 011	24,5
1990	1 437 923	383 583	26,7

alte Bundesländer einschl. Gesamt-Berlin			
1991	1 466 752	405 545	27,6

Bundesgebiete einschl. neuer Bundesländer			
1991	1 602 917	415 737	25,9

alte Bundesländer einschl. Gesamt-Berlin			
1992	1 581 734	509 305	32,2

Bundesgebiet einschl. neuer Bundesländer			
1992	1 833 069	550 583	30,0

* Zum 01. 01. 83 hatten Bund und Länder die Einführung der echten Tatverdächtigenzählung beschlossen, um die bisherige Mehrfachzählung von innerhalb eines Jahres wiederholt ermittelten Tatverdächtigen zu vermeiden. Da mehrere Bundesländer diesen Änderungstermin nicht einhalten konnten, war eine Zusammenfassung der Tatverdächtigenzahlen auf Bundesebene im Jahr 1983 nicht möglich.

LANDGERICHT KÖLN

IM NAMEN DES VOLKES

URTEIL

In der Strafsache gegen

1. ███████████████████████████████
   ███████████████████████████████
   ███████████████████████████████
   ███████████████

- in dieser Sache am 5. 4. 1990 festgenommen und seit diesem Tage in Untersuchungshaft – zur Zeit in der Justizvollzugsanstalt Köln – und zwar zunächst aufgrund des Haftbefehls des Amtsgerichts Köln vom 4. 4. 1990 – 503/Gs 1422/90 – und seit dem 18. 9. 1990 aufgrund des Haftbefehls des Amtsgerichts Köln vom 13. 9. 1990 – 503 Gs 3532/90 –, abgeändert durch Beschluß des Oberlandesgerichts Köln vom 2. 11. 1990 – HEs 158/90 (248/90); Unterbrechung der Untersuchungshaft zum Zwecke der Vollstreckung einer Ersatzfreiheitsstrafe von 15 Tagen aus dem Urteil AG Köln – 706 Cs 189/90 – in der Zeit vom 6. 3. bis 20. 3. 1991.

Diese Haftempfindlichkeit resultiert einerseits aus der Tatsache, daß die Angeklagten als »Zigeuner« außerordentlich freiheitsliebend und gewohnt sind, sich in allen europäischen Ländern frei zu bewegen und sie daher gegen Freiheitsbeschränkungen jeder Art besonders empfindsam sind. Hinzu kommt, daß sie den Strafvollzug in einem für sie fremden Land erfahren, was – nicht nur wegen mangelnder Sprachkenntnisse – zu einer Isolation im Vollzug geführt haben dürfte. Andererseits sind sie zudem sämtlich Erstverbüßer, auf die Haft regelmäßig sehr eindringlich wirkt.

3.

Zugunsten aller Angeklagten wurde darüber hinaus berücksichtigt, daß ihr Unrechtsbewußtsein im Hinblick auf ihre eigenen, gleichgelagerten Kindheitserfahrungen herabgesetzt war. Die Angeklagten haben sich – unwiderlegbar – dahingehend eingelassen, sie seien in ihrer Kindheit von ihren Eltern zu Diebstählen angehalten worden, und das Stehlen sei unter den Zigeuner üblich und schon immer von den Eltern an die Kinder weitergegeben worden. Die Angeklagten sind daher selbst Opfer elterlichen Versagens gewesen. Trotz der Herabsetzung des Unrechtsbewußtseins war den Angeklagten aber bei Tatausführung vollkommen klar, daß sie nach deutschen Gesetzen Unrecht begehen und dafür bestraft werden würden, was sich insbesondere dadurch manifestiert, daß sie strafunmündige Kinder eingesetzt haben, um der eigenen Bestrafung zu entgehen.

4.

Strafmildernd wurde ferner in Ansatz gebracht, daß den Angeklagten die Durchführung der Taten auch sehr leicht gemacht worden war. Insbesondere das Verhalten von Bediensteten des Jugendamtes der Stadt Köln hat dazu beigetragen, bei den Angeklagten den Eindruck zu erwecken, die ganze Sache werde von den Behörden nicht so ernst genommen. Denn einerseits wurden die von der Polizei festgenommenen und an das Jugendamt überantworteten Kinder unmittelbar wieder an die Angeklagten und die anderen Roma-Angehörigen zurückgeführt, selbst wenn das Kind bereits an einem Tag wiederholt aufgefallen war; Konsequenzen blieben also aus. Andererseits wurden die Angeklagten nur allgemein ermahnt, auf ihre Kinder zu achten. Die wegen der Auffälligkeit der Kinder notwendige Belehrung der der deutschen Sprache nur unvollkommen mächtigen Angeklagten in Gegenwart eines Dolmetschers, in der sie unmißverständlich auf die Folgen ihres Handelns hingewiesen wurden, hat nicht stattgefunden. Aber auch die privatrechtlich organisierte Kölner Roma-Initiative, die auf dem letzten Kölner Lagerplatz der Roma-Angehörigen, dem sogenannten Schiffhof, Geschäfts- bzw. Betreuungsräume in einem feststehenden Steinhaus unterhielt, muß vorgehalten werden, daß sie die Angeklagten nicht auf die möglichen strafrechtlichen Folgen ihres Tuns hingewiesen und nicht auf eine Änderung des strafbaren Lebenswandels hingewirkt hat. Nach der glaubhaften Einlassung der Angeklagten sind die Beuteverkäufe an die gesondert verfolgten Hehler,▆▆▆▆ ▆▆▆▆▆▆▆und▆▆▆▆▆▆▆▆▆zu jeder Tages- und Nachtzeit zum Teil offen auf dem Platz abgewickelt worden, vereinzelt sogar in der Form, daß der Hehler▆▆▆▆mit einer Goldwaage über den Platz lief, um die Beutestücke zu taxieren. Die Kammer ist davon überzeugt, daß eine derart »dreiste Offenheit« beim Absatz der Beute sicherlich bei verantwortungsbewußtem Handeln der sozialen Einrichtungen, die den direkten Kontakt zu den Zigeunern hatten, nicht möglich gewesen wäre.

Schließlich haben auch die Medien und Angehörige von Organisationen, die sich der Betreuung von Roma widmen bzw. gewidmet haben, aus falsch verstandener Rücksichtnahme, möglicherweise auf dem Hintergrund des verbrecherischen Vorgehens gegen Zigeuner während der NS-Zeit, indirekt zu einer gewissen Förderung der Taten beigetragen, indem sie durch ihre Berichterstattung einseitig Diskriminierungen und Benachteiligungen der Roma-Angehörigen in den Vordergrund gestellt haben, obwohl die Angeklagten, wie sie der Kammer wiederholt mitgeteilt haben, von den Behörden in Deutschland, insbesondere in Köln, gut behandelt und ausreichend versorgt worden sind.

5.
Schließlich wurde allen Angeklagten strafmildernd zugute gehalten, daß sie bisher ein straffreies Leben geführt haben – so die Angeklagten ▬▬▬ und ▬▬▬ ▬▬▬ – bzw. nur geringfügig vorbestraft sind. Die Bestrafungen der Angeklagten ▬▬▬ , ▬▬▬ und ▬▬▬ , überwiegend wegen verkehrsrechtlicher Vergehen, hat die Kammer unberücksichtigt gelassen, da es sich insoweit einerseits um geringe Verstöße handelte und sie andererseits keinen Bezug zu der hier abgeurteilten Taten haben.

... In Betracht kam die Entziehung der Fahrerlaubnis bei genannten Angeklagten, da sie rechtswidrige Taten in Zusammenhang mit dem Führen eines Kraftfahrzeuges begangen haben. Sie haben Fahrzeuge benutzt, um die Kinder zu den jeweiligen Tatorten zu fahren. Die Vielzahl der Taten und insbesondere deren Ausprägung als – teilweise mehrtägige – Touren mit Tatorten in verschiedenen Städten war nur möglich, weil Kraftfahrzeuge gezielt eingesetzt worden sind. Der PKW war neben dem Telefon das wichtigste Einsatzmittel. Ohne das Fahrzeug wären die Taten im gesamten Bundesgebiet nicht möglich gewesen. Dennoch hat die Kammer bei ihnen von der Entziehung der Fahrerlaubnis abgesehen. Die Ungeeignetheit der Angeklagten zum Führen von Kraftfahrzeugen konnte zum Zeitpunkt der Aburteilung nicht zweifelsfrei festgestellt werden. Es liegt insofern kein Regelfall i.S.v. § 69 Abs. 2 Nr. 1 – 4 StGB vor. Zwar ergibt sich aus den abgeurteilten Taten zum Tatzeitpunkt eine mangelnde Eignung im Sinne einer fehlenden charakterlichen Zuverlässigkeit, doch liegen selbst die zeitlich nähesten Taten fast 2 Jahre zurück, und alle Angeklagten haben – unterschiedlich lange – Untersuchungshaft erlitten. Es besteht daher zumindest die berechtigte Vermutung, daß der zurückliegende Zeitraum seit der letzten festgestellten Tat zu einer charakterlichen Festigung im Hinblick auf die Verwendung des Kraftfahrzeuges als Fortbewegungsmittel und nicht als Mittel zur Begehung rechtswidriger Taten geführt hat.

Die Entscheidung über die Kosten des Verfahrens erging nach § 465 Abs. 1 StPO.

unbekannt unbekannt unbekannt

Ausgefertigt:

Justizangestellte
als Urkundsbeamtin der Geschäftsstelle

Register

bisher erschienen

Peter Scherer
Das Netz
Organisiertes Verbrechen
in Deutschland

Ullstein Buch 36610, DM 19,90

„Die Lektüre dieses Buches läßt einem kalte Schauer
über den Rücken fließen."
DIE WELT

 **bisher erschienen:**

Werner Bruns
Sozialkriminalität in Deutschland

Ullstein Buch 36615, DM 19,90

„Das Buch hat seinem Autor unverdient Publizität ver-schafft . . . So reiht sich das Werk ein in die von Bonn entfachte Mißbrauchskampagne."
DIE WELT

Uwe Greve
Parteienkrise
CDU am Scheideweg

Ullstein Buch 36612, DM 24,90

„Das Buch handelt von den Mankos und Miseren der CDU. Greves Kritik ist die Kritik eines wohlwollenden Insiders, und sein Rat ist der Rat eines Gutmeinenden. Wer aus solch einer Grundhaltung schreibt, kann offener und schonungsloser sein . . . Viele konservative Mitglieder und Wähler der CDU werden sich wiederfinden . . . Greves Buch kann dazu beitragen, die Funktionärsdämmerung zu befördern."
Heinrich Lummer, WELT AM SONNTAG

„,CDU am Scheideweg' ist nahezu ein Lehrbuch. Es sei allen anempfohlen, die ihre Hoffnung nicht aufgegeben haben, daß die heutigen Parteien ihre Krise zu bewältigen imstande sind. Es ist besonders denjenigen zu empfehlen, deren Sympathie der CDU gilt."
Horst Gibtner, NEUE ZEIT

„Die Diskussion wird angeregt, und wenn sein leidenschaftliches Engagement ansteckt, ist seinem und unserem Anliegen gedient."
Konrad Löw, Deutsche Tagespost

Wolfgang Kowalsky
Rechtsaußen
... und die verfehlten Strategien der deutschen Linken

Ullstein Buch 36601, DM 19,90

„In diesem Buch geht es um ein großes Streitthema der gegenwärtigen politischen Diskussion: um Ausländerfeindlichkeit, Rassismus, die neue und die alte Rechte, vor allem aber um die probate Antwort darauf."
Die Zeit

„Ketzerische Thesen"
Der Spiegel

„Gnadenlos lästert IG-Metaller Wolfgang Kowalsky über Antifa-Gruppierungen und andere bunt-alternative Initiativen ... Querbeet mäht der wilde Reiter alle Theoretiker, die sich in ihrer Arbeit den Kontinuitätslinien zwischen dem Nazideutschland und der nachfolgenden Bundesrepublik verschrieben haben, nieder."
die tageszeitung

„Vor Wolfgang Kowalskys als ‚Report' getarnter Polemik muß gewarnt werden."
Frankfurter Rundschau